AF557476

Edition Roter **Drache**
K R I M I

Dieses Buch wurde klimaneutral gedruckt und versendet.

1. Auflage Februar 2023

Edition Roter Drache, Holger Kliemannel, Am Hügel 7, 59872 Meschede

edition@roterdrache.org; www.roterdrache.org

Buchgestaltung: Holger Kliemannel

Totenkopf von dgim-studio auf Freepik

Titelbild und Innenillustrationen: channarongsds uf Freepik.com

Umschlaggestaltung: Anke Koopmann, www.designomicon.de

© Foto S. 319 by Barbara Dünkelmann

Hergestellt in der EU

ISBN 978-3-96815-056-7

INHALT

CUVÉE À TROIS

Ich halte den Druck nicht mehr aus«, schrieb sie. »Ihr habt in mir immer nur die strahlende, die beneidenswerte, die erfolgreiche Annet – «

Sie ließ den Kuli fallen, sprang auf, zerrte an den Gummihandschuhen, die zerrissen, zerknüllte den Brief, feuerte ihn in die Spüle, fingerte auf Zehenspitzen auf der Ablage nach Streichhölzern. Eins, das zweite zerbrach an der Reibefläche, erst das dritte flammte auf, sie ließ es in den Papierball fallen, der augenblicklich Feuer fing, atmete tief durch, musste husten, sah nichts mehr, tastete blind nach der Mischbatterie, es zischte, dampfte, sie rieb sich mit dem Geschirrtuch die Augen, erkannte, dass der Bogen nur angekokelt, der Text vollständig erhalten war, aber das durchnässte Papier ließ sich nicht mehr anzünden, sie riss es in Fetzen, klaubte es zusammen und pfefferte es in den Mülleimer.

Erst nach einem Spaziergang an der Uferpromenade entlang bis zum Rebhäuschen hatte sie sich so weit beruhigt, dass sie am gleichen Abend einen zweiten Versuch startete. Formte sorgfältig, Buchstabe für Buchstabe nach der Vorlage aus dem »Mein-Schulfreunde-Album« Worte, flüchtiger natürlich, in Erwachsenen-Schrift. Am Ende unterschrieb sie konzentriert mit »Ann-Mae«. Es musste das doppelte »n« gewesen sein, das sie aus dem Konzept gebracht hatte. »Ann« wie »Annette«, wie die Droste, nicht sie selbst, die sich nur mit einem »n« schrieb, verstümmelte

Version der Lichtgestalt, die ihr doch in so vielen anderen Punkten glich. Auch in dem, was sie hasste: Klein, kränklich, kurzsichtig. Aber ehrgeizig, immer bewusst, dass ihr irgendwann zuteilwürde – werden *musste*, was ihr gebührte. Der Droste war es erst posthum zuteilgeworden. Lebenslänglich hatte sie sich für andere aufopfern müssen. Die Mutter, Verwandte, den früh verstorbenen Bruder. So wie sie, Anette mit einem »n«, für die Mutter – und für Anton dagewesen war. Anton, der nach wochenlangen Selbstzerfleischungen Arsen geschluckt hatte. Im eigenen Erbrochenen lag, als Anette ihn fand. Nachdem Ann-Mae ihm das Herz gebrochen hatte. Reichte es nicht, dass diese Schlampe alles kriegen konnte? Eins-Nuller-Abiturientin am Droste-Hülshoff-Gymnasium 2015, beste badische Winzer-Azubine im Abschlussjahr 2018, Aspirantin auf die Weinköniginnenwürde 2019.

Es war so bitter!

»Sprichst du dich Änn-Mäi oder Ann-Mäi«?, hatte Frau Menden, die Englischlehrerin die Neue gefragt.

»Ann-Mäi«, sagte Ann-Mae.

»Interessante Kombination.« Frau Menden musste als Sprachwissenschaftlerin immer rumklugscheißern, was was hieß. »*Ann* ist *die Begnadete* und *Mae* kommt von *Bitterkeit*.«

Bei der Vorstellung der übrigen Klasse hatte sie Anette die *Anmutige* genannt – die Klasse kreischte vor Lachen – und Anton den *Wertvollen*. Ihr, Anette, war er es gewesen. Ihr Alter Ego, Zwilling, unmittelbar vor ihr am 12. Januar 1997 geboren, 200 Jahre nach der Droste. Er hatte nichts von ihr gehabt. War groß, gesund, immer gut gelaunt. Im gemeinsamen Schulpraktikum beim Staatsweingut Meersburg waren er und die Begnadete einander in der Lage Bengel – oder war es der Jungfernstieg? – nähergekommen. Früher musste es da Lagen mit dem Namen Lustgarten und Hurenwadel gegeben haben. In romantischer Idylle, mit Blick auf den Bodensee, flankiert von Müller-Thurgau, Riesling und Spätburgunder, hatte der Genuss süßer Früchte seit Jahrhunderten Tradition.

Wie der Einsatz von Fungiziden. Von Arsen, das nicht süß, nicht bitter schmeckte.

Im Jahr darauf hatte die Schlampe Schluss gemacht und das Leben ihres Bruders – *Anettes* Leben! – vergiftet. Weil er mit seinem Schluss gemacht hatte. Anette hätte Ann-Mae die rotgeweinten Augen auf der Beerdigung – die halbe Stufe war gekommen – am liebsten ausgekratzt. Nach dem Abi war sie ihr drei Jahre lang aus dem Weg gegangen. Bis die Mutter starb und sie beim Entrümpeln des Kellers hinter dem Weinregal auf die Dose gestoßen war. Antons Geheimversteck. Wer hatte nach seinem Tod noch etwas wissen wollen von Meersburger Bengel Müller-Thurgau feinherb, Meersburger Bengel Spätburgunder Weißherbst trocken und Meersburger Bengel Spätburgunder, alle Jahrgang 2011? Als sie den Staub von den Etiketten pustete, fiel ihr Blick auf das Behältnis in der Schräge unter der Treppe – und nachdem sie es untersucht und lange gegrübelt hatte, die Entscheidung.

Sie schrieb seit Jahren als freie Mitarbeiterin Beiträge für den Südfinder, Zubrot zum Pflegegeld und zur Rente der Mutter. Dass diese ihr das Häuschen in der Kunkelgasse gleich hinter dem »Bären« vermacht hatte, half nicht über die Tatsache hinweg, dass sie aufstocken musste. Für ein Studium würde es nicht reichen, es war ohnehin zu spät. Sie bat den Chefredakteur um Rücksprache, eine Festanstellung, mehr Aufträge, eine neue Reihe mit Porträts lokaler Persönlichkeiten. Das Erste wurde ihr gewährt, das Zweite rundherum ausgeschlagen, das Dritte – wenn es sich ergebe – zugesagt, das Vierte begeistert angenommen.

Noch am selben Abend vereinbarte sie einen Gesprächstermin, plauderte am Telefon von alten Zeiten, stellte Fragen, gestand, sie habe den Werdegang der anderen immer verfolgt. Musste noch nicht einmal lügen dafür.

Einen ganzen Nachmittag verbrachten sie an Orten der Kindheit: dem Fähranleger, der Burg, dem neuen Schloss und der magischen Säule, die errichtet worden war, als sie sich auf dem Droste kennengelernt hatten. Ann-Mae posierte mit blondiertem Gretchenzopf, blauer Tracht mit rosa Schürze, Dreieckstuch, weißen Strümpfen und schwarzen Schnallenpömps, sogar eine Radhaube mit Seidenband hatte sie dabei. Mit Brauchtum konnte eine Weinkönigin immer punkten. Den Wein – endlich war er zu etwas gut! – steuerte Anette bei. Reine Deko, klar. Während sie sich mit Fassbrause im »Alten Fass« erfrischten, begutachtete die Fürstin in spe lächelnd die Flasche aus Anettes Korb. »Ein guter Jahrgang.« Nachdenklich: »Damals im Praktikum kriegten wir den als Abschlussgeschenk ...«

Anette war gewappnet. Lachte. »Genau. Bei uns ist er halt stehengeblieben. Mutter vertrug keinen Alkohol. Und ich allein breche keine Flasche an.«

Stirnrunzeln. »Keine Freundin? Keinen Freund, mit dem du mal anstößt?«

»Ich vertrag's auch nicht sonderlich.« *Wage es, mich nach nicht vorhandenen Partnern zu fragen, du promiske Gumsle!*

Ann-Mae guckte wie Mutter Theresa. »Hast du denn keinen Partner?«

Anette erwog kurz, ihr die Flasche über den Kopf zu ziehen. Aber so etwas sollte wohlüberlegt sein. Nicht in aller Öffentlichkeit. Auch wenn man ihr sicherlich Affekt zugutehalten würde.

»Sollte nicht *ich* das Interview führen?«

»Ja, natürlich. Aber ich bin doch auch neugierig, wie es dir in der Zwischenzeit ...«

Nichts als PR. Anettes Fragen kratzten kaum an der Oberfläche. Wen interessierte schmutzige Wäsche, wenn es um Wein ging, um die Schönheit der Region, um eine ambitionierte junge Frau, hier aufgewachsen, die den Weinbau von Kinderschuhen an – die Eltern bewirtschafteten mehrere Lagen auf Stettener Gebiet – gelernt, nach dem Abitur am Droste-Hülshoff-Gymnasium im Staatsweingut Meersburg ihre Ausbildung gemacht hatte und nun Betriebswirtschaftslehre in Sigmaringen studierte. – Single?

Koketter Augenaufschlag, glockenhelles Lachen: »Im Moment hätte ich gar keine Zeit für einen Partner – leider.«

Hattest du das je? Gab es je jemanden, der dir genügt hätte?

Anette notierte Antworten, die sie bereits recherchiert hatte, es ging um Formulierungen, O-Töne. Vertrauensbildende Maßnahme.

Äußerte Bewunderung: »Wie kannst du dir das bloß alles merken? … Dass du das geschafft hast! … Ich hätte mich nie getraut … Hast du gar keinen Bammel?«

Ann-Mae ging es um Wein. Nein, nicht um Wein. Es ging darum zu zeigen, dass es ihr um Wein ging. Anette, die doch nichts als reinen Wein eingeschenkt haben wollte, ließ sie schwätzen. Teaser-Aktion. Vorspiel zu einem einzustielenden Happening ohne Happy End. Für eine von ihnen.

»Wir *müssen* uns wiedersehen«, zwitscherte Ann-Mae, als Anette sich bedankte.

»Gern«, log diese. Frohlockte innerlich. »Hast du am Samstagabend Zeit? Auf einen Spaziergang?«

»Ich bringe dir einen Wein mit, den du lieben wirst. Du musst versprechen, dass du ihn kostest.«

Anette lächelte. »Wenn ich ihn nicht allein trinken muss ... Ich bringe auch einen mit. Lass dich überraschen.«

Sie trafen sich am Samstagabend am Fürstenhäuschen, dem letzten Wohnsitz der Droste, suchten und fanden im Weinberg ein lauschiges Plätzchen zwischen dem Grün der Weinstöcke. Anette packte eine leichte Decke, zwei Gläser und eine Flasche Cuvée Annette aus. *Die* Flasche. Die Anton ihr geschenkt hatte. »Trink sie«, hatte er gesagt, »wenn du dein erstes Buch veröffentlicht hast.«

Sie hatte kein Buch veröffentlicht. Nur ein armseliges Porträt einer armseligen Ambitionierten, die über seine Leiche gegangen war.

Ann-Mae lachte. »Wie cool ist das denn? Genau der Wein, den ich für dich ausgesucht hatte! Hast du nicht immer für die Droste geschwärmt?« Sie zog ebenfalls eine Cuvée Annette aus ihrem Beutel.

»Lass *mich* ...«, wehrte Anette ab, die Hand an der Stofftasche, sich zum hundertsten Mal vergewissernd, dass der Briefumschlag darin war.

Ann-Mae hatte den Schraubverschluss bereits geöffnet und die Flasche angehoben.

Anette fühlte, wie ihre Gesichtszüge entglitten, während die andere einschenkte. Sie hätte sich ohrfeigen können. *Warum bist du immer so zögerlich?* Nun würden sie erst eine ganze Flasche leeren müssen, ehe sie zum Zuge kommen konnte. – Egal! Wenn sie am Ende sternhagelvoll wären, würde Ann-Mae umso leichter übersehen und -hören, dass der Verschluss von Anettes Cuvée Annette nicht mehr jungfräulich war.

»Etwas ganz Besonderes«, schwärmte Ann-Mae und hob ihr Glas.

Anette zwang sich zu einem Lächeln. Sie stieß mit ihr an und nippte.

Ann-Mae ließ sich den Tropfen auf der Zunge zergehen. »Hmmm! Großartiger Verschnitt, nicht? Ich frage dich, die du so für die Droste schwärmst: Hatte sie nicht auch »zwei Seelen, ach, in ihrer Brust …«? Hat sie nicht hier in Meersburg Sonne, Lebensfreude gesucht, wollte dem trübsinnigen »gebirgichten« Westfalen entkommen, das ihr Schreiben auf der anderen Seite so geprägt hat? Dieser Wein ist untypisch für die Region. Er vereinigt gleich drei unterschiedliche Charaktere: Spätburgunder, Regent und Dornfelder – wie du und ich. Und« – sie suchte Anettes Blick, hob erneut das Glas – »Anton.«

Anette, die einen tiefen Schluck genommen hatte, musste husten. *Du wagst es, seinen Namen …* Die Wut gab ihr Kraft. Mit Nachdruck begann sie: »Anton war ein fantastischer Mensch. Voller Liebe ...«, die Stimme versagte, sie trank hastig mehrere Schlucke.

Ann-Maes Gesichtsausdruck war ernst geworden. Sie trank bedächtig. »Stimmt«, sagte sie schließlich. »Er hat dich und deine Mutter aufopferungsvoll geliebt.«

Dich nicht? In Anette brodelte es derart, dass sie keine Worte fand. Sie leerte schweigend das Glas, den Blick auf den Bodensee gerichtet. *Einfach versinken können …*

»Er *wurde* geopfert«, wisperte sie schließlich.

Ann-Mae schenkte nach. »Kann man so sehen«, sagte sie. »Aber letzten Endes war es *seine* Entscheidung. *Ich* hab schließlich die Reißleine gezogen.«

Die Reißleine gezogen! Du! Anette stöhnte. Sie würde nie die Wortgewalt der Droste erreichen! Aber hieß es nicht, diese habe auch nur auf dem Papier so wohlfeile Formulierungen finden können? Sie stürzte das nächste Glas in sich hinein. Dann sagte sie entschlossen: »Er war immer ein Optimist gewesen. Durch und durch. Bis *du* kamst.«

Ann-Mae schwieg. Leerte ihr Glas. Eine zarte Röte legte sich über ihr Gesicht. Dem Wein geschuldet? Der untergehenden Sonne? Oder war das tatsächlich Scham? Sie prüfte die Flasche und goss die Neige in Anettes Glas.

Anettes Stunde war gekommen. Die Hand um den Verschluss ihres Cuvée – Antons Vermächtnis im doppelten Sinne! – gelegt, räusperte sie sich, das fehlende Knacken beim Aufdrehen übertönend. Sie goss Ann-Maes Glas randvoll. »Wohl bekomm's!«

Diese zögerte. Sie hielt Anettes Blick stand. »Das klassische Problem bei Depressiven«, sagte sie. »Sie entwickeln eine unglaubliche Mimikry.«

Während Anette Wein und Worte langsam in sich sickern ließ, trank Ann-Mae ihr Glas in einem Zug leer und beugte sich vor.

»Er ist schier zerbrochen an der Verantwortung«, sagte sie. Ihre Stimme klang sanft, fast einlullend. »Der Tod eures Vaters, die Krankheit der Mutter, du mit deiner – na, nennen wir es *Grübelei*! Du glaubst doch nicht im Ernst, dass ihm das sonst wo vorbeigegangen ist? Sein vermeintlicher Optimismus galt *euch*! Er versuchte, *euren* Laden aufrechtzuerhalten! Ich war diejenige, bei der er sich zum ersten Mal *auskotzen* konnte!«

Auskotzen! Es fühlte sich genauso an, wie es klang. Anette spürte Bitterkeit in sich aufsteigen. Was wollte diese widerwärtige Fotze ihr verklickern? Gleichzeitig fühlte sie sich auf einmal ganz leicht und frei. Alkohol mochte keine Lösung sein, aber er löste die Zunge. Sie kicherte.

»Weißt du eigentlich, wessen Wein du da trinkst? *Seinen!* Er hatte ihn mir persönlich geschenkt. *Mir.* Seiner Schwester. Sein letztes Vermächtnis. Und noch etwas hat er mir hinterlassen. Ich habe es kürzlich erst gefunden ...« Sie tastete erneut nach dem Beutel mit dem Brief. Besser noch ein wenig warten, bis es wirkte! Sie schenkte nach. Sich selbst auch, damit es nicht auffiel.

Ann-Mae konnte ein Aufstoßen nicht unterdrücken. Sie legte die Hand ans Herz – oder war es der Magen? »Meine Flasche war auch von ihm«, sagte sie. »Er hatte sie für mich persönlich abgefüllt. Sein Abschiedsgeschenk.« Ihre Augen füllten sich mit Tränen. Sie prostete Anette zu, nippte aber nur. »Trink doch«, sagte sie sanft. Rülpste unwillkürlich. Kicherte unter Tränen. »Ich sollte an ihn denken, wenn ich den Wein trinke, hat er gesagt.« Ein Schluchzer entrang sich ihrer Kehle. »Glaub mir, ich hab die Flasche die ganze Zeit nicht anrühren können. Bis du mir dieses Treffen vorschlugst. Da dachte ich: Einmal muss es sein. Einmal müssen wir reden. Einmal muss es doch raus ...« Sie setzte das Glas ab, schloss die Augen, wandte sich zur Seite, stützte sich mit beiden Händen ab und erbrach. Mehrfach.

Anette starrte sie an. Etwas arbeitete in ihr. Sie war keinen Alkohol gewöhnt, sagte sie sich. Sie hatte ihn viel zu schnell runtergekippt. Oder war es ihr Kopf, der sie schwindeln ließ? Anton – *depressiv? Ihretwegen?* Welches Gift hatte diese Hexe ihr da eingeträufelt? Was für ein grauenhafter Gedanke! Irgendetwas fuhr Karussell in ihr. Alles drehte sich. Sie warf sich auf die Seite. Würgte. Die Welt wurde schwarz.

Etwas klatschte gegen ihre Wange. Mühsam öffnete sie die Augen. Wer hatte sie geschlagen? Warum wirkte Ann-Maes Gesicht so grün? Dicke Schweißtropfen perlten von ihrer Stirn – oder waren es Tränen? Das Gesicht verschwamm, geriet zur Fratze.

»Anette«, keuchte Ann-Mae. »Die Flasche, die Anton mir da abgefüllt hat ...« Sie brach zusammen. Auf ihr.

Anette lag da. Halbtot. Lebendig begraben unter dem Körper derjenigen, die ihr Leben gleich zigfach zerstört hatte. Begraben unter einem Berg von Hass. Ihrem eigenen. Ann-Maes. Und Antons. *Anton*. Der nicht nur sich selbst gerichtet hatte, sondern sie alle drei. *Ich folge dir, lieber Bruder!*

Die Zeilen der Droste kamen ihr in den Kopf:

Kein Wort, und war es scharf wie Stahles Klinge,
soll trennen, was in tausend Fäden eins,
so mächtig kein Gedanke, dass er dringe
in den Becher reinen Weins.

Bevor sie die Augen endgültig schloss.

Kulinarischer Aufhänger: Badischer Wein

Erstveröffentlichung in: Anne Grießer (Hg.): *Mörderisch im Abgang. 23 Weinkrimis aus Südwest.* Wellhöfer Verlag Mannheim 2019

PLAUENS EHRE

Ein Einlass wie in eine Höhle. Die runde steinerne Fassung der zweiflügeligen Tür erinnerte an die Torzufahrt, die dort früher gewesen sein musste. Imposant und heimelig zugleich. Zufluchtsstätte. Ich betrat die Höhle des Löwen, des »Goldenen Löwen«, wie die geschwungenen Buchstaben über dem Emailschild mit der Nummer 14 verkündeten.

Drinnen dominierten Holz und Grün. Der Gewölbe-Schankraum war voll besetzt. Nur am ersten Tisch links gab es noch einen Platz. Fünf junge Männer, in ein Würfelspiel vertieft.

»Darf ich?«, fragte ich, die Hand an der Stuhllehne.

Sie sahen auf. »Bist du solo?«, fragte einer.

Ich blickte mich um. »Hab ich einen neben mir gehen?«, konterte ich

Keiner lachte. Alle guckten.

»Keine Frau, kein Kind, keine Freunde. Bin frisch zugezogen und Single in jeglicher Hinsicht«, besserte ich nach.

Sie nickten wohlwollend, und ich setzte mich hin.

Während ich nach der Kellnerin Ausschau hielt, versuchte ich zu verstehen, was sie spielten. Ich tippte auf Kniffel, aber sie hatte sechs statt fünf Würfel. Offensichtlich ging es darum, die Zahlen von 1 bis 12 vollständig zu erwürfeln. »Sachsenkniffel« nannten sie es auf mein Nachfragen hin. Pro Runde hatte jeder drei Würfe und konnte die

Zahlen beiseitelegen, die er für das Erreichen der Reihe festhalten wollte.

Als ich mit meinem schäumenden Sternquell einen Gruß andeutete, prosteten sie zurück. Von dem Moment an gehörte ich dazu. Zumindest taten sie so. In der nächsten Würfelrunde reichten sie mir den Becher und ließen mich mitspielen.

Vor einem halben Jahr noch wäre Würfelspiel das Letzte gewesen, wofür ich mich interessiert hätte. Aber was macht man, wenn man nach dem Studium keine Stelle findet und ungebunden ist? – Man nimmt, was man kriegen kann. Auch Plauen. Und wenn man erst mal da ist, muss man sehen, wo man bleibt.

»Guido«, sagte ich.

Mein Gegenüber nickte. »Dominik.«

Die anderen stellten sich der Reihe nach vor. Alexander war der mit dem leicht rötlichen Stich in den Haaren, Ernst – was es für altmodische Namen hier gab –, Ingo mit Igelfrisur und Paul, der Stillste und Größte in der Runde.

Ernst wies auf eine kleine Standarte neben der Salz-Pfeffer-Servietten-Besteck-Menage auf einem Tellerchen. »Unser Stammtisch.« Ein Dreieckswimpel mit fünf in Grün auf Weiß – passend zum Stil der Kneipe – applizierten Großbuchstaben. In Kreuzform stand da von links nach rechts P-E-I und von oben nach unten, das zentrale E doppelt nutzend, D-E-A. Offensichtlich ein Akronym-Bild mit den Anfangsbuchstaben der Teilnehmer der illustren Runde.

»Was seid ihr denn für'n Verein?«, erkundigte ich mich. »Knobeln im Dienste des Kreuzes?«

Mit meinem Humor taten sie sich schwer. Umso mehr berührte mich die Ernsthaftigkeit der Debatte, die meine Frage anstieß. Nein, mit Kirche hätten sie überhaupt nichts im Sinn. Es gehe um die Buchstaben. Die drei Vokale und zwei Konsonanten führten, egal wie hintereinander gelesen, in die Irre: ADIPE klinge nach Bierbäuchen. IDEPA nach Drogeriekette. Daher die Kreuzanordnung.

»Was ist denn überhaupt die Idee dahinter? Oder seid ihr einfach ein zusammengewürfelter Haufen?«, fragte ich.

»Wir sind Junggesellen«, sagte Dominik.

»Überzeugte«, ergänzte Ernst.

»No woman, no cry.« Das war Ingo.

»In Ewigkeit. Amen.« Blitzte da bei Alexander nicht doch so etwas wie Ironie auf?

Paul nickte.

Jeden Montagabend trafen sie sich nach der Arbeit. Genau genommen fast täglich. Wo sollten eingefleischte Junggesellen sonst hin, wenn nicht in die Kneipe? Aber der Montag war Pflicht, die anderen Tage sah man sich eher zufällig. Ernst, den Ältesten, sah ich fast jeden Abend im »Goldenen Löwen«, Paul war in der Regel nur montags da. Er spielte bei Homesquad Plauen Basketball und trainierte dreimal die Woche.

Nachdem ich das Plauener gastronomische Angebot eine Weile geprüft hatte, kehrte ich immer häufiger im »Goldenen Löwen« ein, erkor ihn gewissermaßen zu meinem Wohnzimmer. Meine Stelle am Gymnasium Dresden-Plauen ließ mir wenig Zeit eigene Kochkünste zu entwickeln, meine Bezüge ermöglichten auf der anderen Seite, dass ich kochen ließ. Nachdem ich die Nachmittage allein am Schreibtisch verbracht hatte, genoss ich die unverbindliche Gaststätten-Geselligkeit. Zumal mich die einfache, kräftig-deftige vogtländische Küche begeisterte. Nie zuvor hatte ich so viele »Erdeppel«-Variationen genossen. In meinem Elternhaus in Düren war ich mit Pizza, Spaghetti und Gyros großgeworden. Regionale Küche? Was war das! Kartoffeln gab es in Form von Fritten.

In die »Bambes« im »Goldenen Löwen« hätte ich mich reinsetzen können.

Der Junggesellen-Tisch wurde mein Stammplatz. Früher oder später stießen die anderen dazu, sodass ich de facto einer von ihnen wurde.

Ich hatte nichts gegen Frauen. Aber gegen Stress. Mit Diskos oder Flirt-Chats hätte man mich jagen können. Die Schüler brachten genügend Adrenalin in meinen Alltag. Meinen Feierabend brauchte ich, um runterzupegeln. Mit einem geregelten Tagesablauf, Gemütlichkeit und dosierter Geselligkeit war ich rundum glücklich und vermisste nichts.

Am ersten Montag im August wurde ich dreißig und schmiss eine Lokalrunde. Meine Junggesellen revanchierten sich mit einem neuen Wimpel, auf dem in einer Reihe von oben nach unten verlaufend die Buchstaben P-E-G-I-D-A angeordnet waren. Ich kriegte einen Kloß in den Hals, so gerührt war ich. Wir stießen an, die Jungs skandierten »PEGIDA, PEGIDA!«, und das ganze Lokal fiel ein. Ich, der Zugewanderte, Fremde, wurde hier, im tiefsten Vogtland so herzlich aufgenommen, wie ich mich nie im Leben zuvor irgendwo zuhause gefühlt hatte.

Dominik war an dem Abend dabei. Er hatte sich in der letzten Zeit auffällig rar gemacht. Ich schätze an Männern ja, dass sie sich nicht so leicht hinter dem Rücken anderer das Maul zerreißen. Zumindest habe ich nichts dergleichen erlebt. Nun war ich natürlich fremd und kannte keinen, der mir außerhalb unserer geselligen Runden Klatsch und Tratsch hätte zutragen können. Die übrigen waren da sicherlich anders vernetzt. An den Mienen, die sie zeigten, wenn sein Name fiel, konnte man ablesen, dass etwas im Busch war.

Am Montag in der Woche darauf ließ er die Katze aus dem Sack.

Er erschien spät, ging erst zur Theke, kam dann an unseren Tisch, grüßte, indem er einmal herumging und jeden einzelnen an sich drückte. Das war nicht vollkommen ungewöhnlich, aber doch auffallend. Die Jungs hatten keinerlei Berührungsängste. Man umarmte sich gern, aber doch eher beiläufig, aus der Situation heraus.

Die Kellnerin brachte ein Tablett mit sechs Humpen Bier, reichte sie rum und machte Striche auf Dominiks Deckel. Er wartete, bis sie weg war, griff seinen Humpen und stand auf. »Freunde«, sagte er und musste sich räuspern. »Freunde, einmal muss die Katz aus dem Sack.«

Ingo, mir gegenüber, zog den Kopf zwischen die Schultern und machte ein Gesicht, als wenn er in eine Zitrone gebissen hätte.

»Ich fürchte, das wird jetzt so eine Art Abschied«, sagte Dominik. Er machte eine Pause, in der er zu überlegen schien, wie er sich ausdrücken sollte, dann sagte er schnell: »Mich hat's erwischt«, und setzte sich wieder hin.

Für einen Moment herrschte Schweigen. Dominik hob den Humpen und guckte sich um.

Ernst, der neben ihm saß, brach unvermittelt in dröhnendes Gelächter aus. »Eine Frau! Was bist du denn für eine Flasche!« Er haute Dominik auf die Schulter. Dann deutete er auf den Wimpel. »Was machen wir jetzt mit unserer nigelnagelneuen Standarte? Du kannst uns nicht verlassen! Das ist eine Sache der Ehre!«

»Genau!« Ingo grinste hämisch. »Plauens Ehre geht in den Arsch!« Bei jedem Wort klopfte er nachdrücklich mit der Faust auf den Tisch.

Ich starrte ihn an. Es klickerte. »Jau«, rief ich. »Plauens Ehre geht in den Arsch!« *P-E-G-I-D-A*. Kaum war es raus, tat es mir leid.

Alexander schüttelte den Kopf. »Plauens Ehre geht in das *Amt*«, sagte er und hob sein Bier in Dominiks Richtung.

»Ganz so weit ist es noch nicht«, versuchte der zu beschwichtigen.

Da endlich hoben alle die Humpen und prosteten ihm zu.

»Ich hoffe aber, dass ihr nächsten Montag vorbeikommt, um auf unsere Verlobung anzustoßen. Um Maike kennenzulernen«, sagte Dominik.

»*Verlobung!* So weit sind wir also schon!« Ingo setzte das Bier ab, dass es rumpelte, lehnte sich zurück, Arme verschränkt, Schaum vorm Mund.

»Maike heißt sie?«, versuchte ich, Ingos Empörung zu überbrücken. Ich guckte Paul an. Dessen düstere Miene half auch nicht weiter.

Die Stimmung wirkte gedrückt. Man würfelte, trank, sprach nicht viel.

Dominik war am Ende der Erste, der ging.

Es gab nicht viel zu bereden, als er weg war. Natürlich würden wir nächsten Montag unsere Zusammenkunft verlegen. Er war nun mal einer von uns. Aber irgendwie jetzt ja auch nicht mehr.

Dominiks Dreizimmerwohnung lag mitten in der Fußgängerzone, gleich über dem türkischen Obst- und Gemüseladen. Wir trafen uns vor dem Haus und warteten auf Paul, der als Letzter eintraf.

»Wartet«, sagte Ingo. »Er soll einen würdigen Junggesellenabschied kriegen!« Damit ging er in den Laden und kam nach kurzer Zeit mit drei prallen Tüten wieder raus. »Munition!«, sagte er und drückte eine Ernst in die Hand, eine Alexander. Dann zog er eine Tomate aus seiner Tüte, holte weit aus und warf. Der erste Versuch verfehlte das Fenster in der ersten Etage. Die Tomate zerpratschte an der Einfassung. Rote Schlieren rannen die Fassade runter.

»Jawoll!«, schrie Alexander, bewaffnete sich ebenfalls, und diesmal saß der Treffer.

Ich zückte mein Handy und filmte, wie Ernst als Nächster eine Tomate platzierte. Zwei große rote Flecken auf Glas. Wie Blut, schoss es mir durch den Kopf. Ich hielt drauf.

Ingo schrie: »Plauens Ehre geht in den Arsch!«

Oben wurde das Fenster geöffnet und – platsch! – Dominik war getroffen.

»PEGIDA!«, schrie Ingo. Die anderen skandierten: »PEGIDA! PEGIDA!«

Dominik versuchte, die hereinprasselnden Tomaten abzufangen. Neben ihm tauchten Köpfe auf, die sich wieder wegduckten. Das Fenster wurde geschlossen. Gesichter der Partygäste hinter den Scheiben zuckten vor dem Tomatenregen zurück, dann wurde es wieder aufgerissen. Ein Schwall Wasser ergoss sich über Paul, der nicht aufgepasst hatte.

»PEGIDA! PEGIDA!«, schrie es von unten. »Plauens Ehre geht in den Arsch!« Menschen blieben stehen, strömten zusammen. Schaulustige, die die Tomatenschlacht zunächst belustigt oder verärgert beobachteten, griffen ein. Einzelne schrien: »Aufhören! Haut ab! Geht nach Hause, ihr Idioten!« Andere fielen in die »PEGIDA«-Rufe ein, ließen sich Tomaten anreichen und feuerten aus lauter Gaudi drauflos. Der türkische

Gemüsehändler stürzte aus dem Laden und fiel Ingo, der gerade ausholte, in den Arm. Seine Auslagen waren dank der Markise darüber bisher unbeschadet geblieben, aber es war ihm wohl eine Sache der Ehre, dass man seine Handelsware als Wegwerfgut missbrauchte, zumal es gegen die Fassade seines Haus ging. Die Lage geriet außer Kontrolle. Ich hielt auf den Tumult, fasziniert und erschreckt zugleich. Der Türke rang mit Ingo, wurde aber mit Ernsts Hilfe zurückgedrängt. Ein paar Jugendliche griffen in die Obst- und Gemüsekisten und fanden weitere Munition, die an der Fassade des Hauses zerschmetterte. Aus purer Freude am Krawall wurde das Gebäude nun großflächig unter Beschuss genommen. Einzelne Kartoffeln erreichten die zweite Etage. Salatköpfe platschten gegen die Schaufensterscheibe des Gemüseladens. In der Ferne jaulten Polizeisirenen auf. Unter dem Geheul der sich nähernden Martinshörner verabschiedete sich in der zweiten Etage ein Blumentopf von einer Fensterbank. Unten stand der Gemüsehändler wie Lots Weib zur Salzsäure erstarrt neben seinen Auslagen. Sein Blick ging fassungslos in die Runde, fand mich. Ich zoomte, bannte seinen entsetzten Blick, erwischte genau den Moment, als es krachte. Treffer, versenkt. Der Mann ging mit dem zerschellten Blumentopf zu Boden. Eine Blutlache breitete sich aus.

Die Sirenen waren ohrenbetäubend.

Erst am Wochenende war ich wieder so weit klar, dass ich Paul anrufen konnte. Ob ich zu ihm kommen sollte oder er zu mir. Eine halbe Stunde später öffnete er mir die Tür. Sehr bleich.

»Ich möchte es verstehen«, sagte ich.

Er schwieg.

Ich zeigte ihm die Aufnahmen auf meinem Laptop. Ließ ihm Zeit. Zeigte alles. Von da an, wo ich begonnen hatte zu filmen.

Ernst, der ausholt und die Scheibe trifft. Ingos Geschrei: »Plauens Ehre geht in den Arsch!« Dominiks Gesicht, der Treffer. Das Geschrei. Das Wasser, das sich über Paul ergießt.

Pauls Augen füllten sich mit Tränen.

Der Gemüsehändler.

Pauls Gesicht war nass.

Ernst schubst den Türken zurück.

Pauls Tränen hörten nicht mehr auf zu laufen.

Das sich ausbreitende Chaos. Paul, der in die Auslage greift. Eine Kartoffel. Ausholt. Sirenengeheul. Die Kartoffel kickt den Blumentopf vom Sims.

Paul schlug die Hände vor die Augen.

»PEGIDA! PEGIDA!«-Rufe im Hintergrund.

Paul fing an zu wimmern, stammelte Worte. »Erkan« verstand ich, der Rest ging in Schluchzen unter. »Eske« – erneutes Schluchzen. Paul, der große Paul, kauerte sich auf dem Sofa zusammen wie ein kleines Kind, zog die Beine an, umschlang mit beiden Armen die Unterschenkel und wiegte sich hin und her, ein Bündel Mensch, das gebetsmühlenartig Sätze vor sich hin stammelte, die ich erst nach und nach verstand. »Plauens Erkan geht in den Arsch«, wimmerte Paul. Und: »Plauens Eske geht in das Amt.«

Erkan Yilmaz war der Name des Gemüsehändlers. Aber wer war Eske?

Ich musste ihm fast eine halbe Flasche Starker Vogtländer einflößen, bis das Schluchzen nachließ und er zu reden begann, die Zunge schwer von Alkohol. Was er erzählte, war die uralte Geschichte von Romeo und Julia, von Pyramus und Thisbe, von Hero und Leander. Von den Liebenden, die nicht zusammenkommen können, weil die Familie dagegen ist. Hier: Der ältere Bruder. Erkan. Die Schwester, Eske, die einem Mann, einem guten Kunden, nahegekommen ist, zu nahe, sodass sie in die Verbannung nach Izmir geschickt wird. Übers Mittelmeer, das Wasser so tief.

Die Gelegenheit: Der Mann direkt unterhalb des Fensters. Der Blumtentopf auf dem Sims. Der Erdappel. Der andere Mann, blind vor Wut. Wie sein biblischer Namensvetter, der, vom Blitz der Erkenntnis getroffen, erblindet. Als der Apostel predigt, fällt der Knabe Eutychos vom Fenstersims, wird tödlich verletzt und von Paulus zum Leben wiedererweckt.

Der andere Paul, der einen Menschen aus dem Leben geworfen hatte, schwieg.

Erkan war tot und durch nichts wieder lebendig zu machen. Meine Kamera hatte den Hergang gebannt. Denkzettel als Damoklesschwert. Was jeder andere für einen unglücklichen Treffer halten mochte, dessen Urheber nicht mehr auszumachen war, hatte sie dokumentiert. Wer konnte an der Zielgenauigkeit des Power Forward beim Basketball zweifeln?

Und doch: Hätte es die Tragödie gemindert, wenn der Werfer zur Rechenschaft gezogen worden wäre?

Ich flößte Paul einen weiteren Starken Vogtländer ein, überließ ihn Morpheus' Armen, schlich mich nach Hause und löschte die Aufnahme.

Was sich nicht mehr löschen ließ: Die Videoaufnahmen vieler anderer, die im Netz kursierten und tausendfach geteilt wurden. Die Bilder von Menschen vor einem türkischen Gemüseladen zeigten. Deutsche, die »PEGIDA« skandierten. Angriff, Aggression, Ausschreitung und ein toter Mensch mit Migrationshintergrund. An einem unseligen Montag im September 2014. Dem viele weitere Montage folgten, an denen Menschen auf die Straße gingen, aufgestachelt durch ein Ereignis, das sie in ihrer Borniertheit nicht zu deuten wussten.

Kulinarischer Aufhänger: Bambes

Erstveröffentlichung in: Petra Steps (Hg.): *Vogtländisches Blut(bad).* 25 Krimi, 25 Rezepte. Wellhöfer Verlag Mannheim 2015

GOLDJUNGE

Meine Kindheit war nicht sonderlich schön. Wenn da nicht Oskar gewesen wäre. Oskar ist mein Vater. Er war es. Jetzt ist er ja tot.

Oskar hat sein Leben *verspielt*, wie meine Mutter sagte. Nein, sie sagte nicht *Oskar*, sie sprach von ihm stets als *dein Vater*. *Er* bestand darauf, dass ich ihn mit Vornamen ansprach. Meine Mutter hieß *Mutter* für mich. Sie hat viele Jahre nach seinem Tod eine Überdosis Schlaftabletten geschluckt, und ich rätselte seitdem, ob das das Gegenteil von ver*spielt* sei. Hat sie sich ver*wirklicht*?

Zu ihr gibt es nicht viel zu sagen. Sie trennte sich von meinem Vater, weil er ein *Doppelleben* geführt hatte, wie sie es ausdrückte. Als kleiner Junge habe ich gedacht, mein Vater würde doppelt leben, also zweimal so viel wie andere. Erst mit seinem frühzeitigen Tod verstand ich, dass da etwas nicht stimmen konnte.

Das Leben meiner Mutter war tatsächlich *einfach*. Daher konnte sie mit dem meines Vaters nicht mithalten, alterte doppelt so schnell, blieb gewissermaßen auf der Strecke. Der Augenschein bestätigte es. Meine Mutter hatte mit Ende dreißig graue Strähnen, Falten, schmale Lippen, einen krummen Rücken, während Oskars Haare blauschwarz-glänzend schimmerten. Seine Gesichtszüge wirkten immer glatt, ein winziges Lächeln schien in Mund- und Augenwinkeln zu stecken, sein Gang federte.

Was er jemals an ihr gefunden haben mochte, frage ich mich bis heute, aber nachdem ich von meiner Mutter eine schallende Ohrfeige auf diese Frage hin erhalten hatte, behielt ich sie für mich.

Mein Mutter-Leben hieß: Klappbett in einem Wohnküchenschlauch, schmuddeliges Linoleum, Kohlgerüche, gesprungene Scheiben in der Etagentoilette des Hinterhauses und viel Alleinsein, weil meine Mutter dauernd irgendwo Putzen ging.

Oskars Leben, in das ich jedes Wochenende eintauchte, war eine rotsamtene plüschige Bar mit Kristallleuchtern, Pianomusik, Frauen mit Glitzerschmuck, Paillettenkleidern, betörenden Gerüchen und langen Zigarettenspitzen, die sie zwischen Fingern mit lackierten Nägeln an dunkelrote Lippen führten, und die Oskar und mich mit gurrendem Lachen umschwärmten. Er arbeitete dort. Obwohl ich ihn nie arbeiten sah. Er unterhielt sich immer nur mit irgendwelchen vornehm gekleideten Männern, die dort aus und ein gingen, und verschwand von Zeit zu Zeit in den Hinterzimmern, die mir verboten waren. Dabei gab es dort ein Spielzimmer, wie mir gesagt wurde, außerdem viele Schlafzimmer für die Damen. Sie gingen oft zum Schlafen, ohne im mindesten müde auszusehen, und blieben nicht lange weg. Auch gingen sie nie allein, sondern stets in Begleitung eines Herrn, oft auch zu mehreren.

Das Spielzimmer war nur für Erwachsene und für mich jedenfalls verboten. Ich stellte mir vor, dass dort riesige bunte Bauklötze zu Türmen verbaut stünden, die mir hätten gefährlich werden können, wenn sie eingestürzt wären, oder dass es große Modelleisenbahnanlagen gäbe, die für meine Kinderfinger zu filigran und teuer waren. In der Nähe meines Mutter-Hauses gab es damals ein Spielwarengeschäft mit Märklin-Loks, an dessen Scheiben erwachsene Männer sich die Nasen plattdrückten. Vielleicht spielten sie aber auch »Räuber und Gendarm«, und Oskar hatte Sorge, es könne mir Angst machen. Einige der Herren trugen nämlich Pistolen unter ihren Jacketts, wie mir nicht entging, weil sie sie gelegentlich aufknöpften, wenn die Luft sich aufgeheizt hatte. Es gab in der

Bar keine Fenster, da sie sich in einem Keller befand, den man nur über eine von zwei grimmig dreinschauenden Männern bewachte Treppe in einem Hinterhaus erreichen konnte.

Die meisten Schlafzimmer lernte ich mit der Zeit kennen, weil ich mich sonntagmorgens immer in einem von ihnen wiederfand, nachdem ich auf dem Sofa in der Bar eingeschlafen war. Es waren prachtvolle Gemächer mit Himmelbetten, Seidendecken, Spitzenvorhängen, Spiegeln an den Wänden, roten Lampen und erfüllt von den Düften der Damen. Wenn ich aufstand und den Gängen in Richtung Musik folgte, fand ich an der Bar alles so vor, wie in dem Moment, als mir die Augen zugefallen waren, nur die Menschen wechselten, kamen aber fast alle früher oder später in einer anderen Konstellation wieder zusammen. Mein Vater steckte mir dann einen Umschlag mit Geldscheinen in die Brusttasche meines Hemds und brachte mich nach Hause, wo ich den Brief meiner Mutter aushändigte. Es handelte sich um Bar-Geld, und das war der einzige Grund, weshalb meine Mutter duldete, dass mein Vater mich mitnahm, da bin ich mir ganz sicher. Denn immer, wenn ich von dort zurückkam, riss sie mir als erstes die Kleider vom Leibe und stopfte sie in einen Zuber, als seien sie schmutzig. Die Geste vermittelte mir zumindest deutlich ihren Widerwillen gegen Vaters Bar-Leben.

Oskar schickte mir nicht nur Bar-Geld mit, sondern überschüttete mich auch mit Münzen. Die ließ er sich von den Damen geben und überreichte sie mir. Ich durfte sie in den Schlitz eines goldenen Porzellanschweins stecken, das in einem Regal hoch oben zwischen den Spirituosen stand. Es war *mein* Geld und *mein* Schwein, und nur Oskar durfte es anfassen und herunterholen, damit ich es befüllte. Dann verschwand er damit in das Spielzimmer, um mein Geld zu vermehren, weil ich sein *Goldjunge* sei. So nannte er mich zumindest immer. Es war und blieb sein Geheimnis, wie er das Geld im Spiel vermehrte. Wenn er das goldene Schwein wieder zurückbrachte, war es ganz leicht. Weil aus den Münzen Scheine geworden seien, behauptete Oskar. Ich habe nie einen Blick hineinwerfen können.

Außerdem gab er mir flüssiges Gold zu trinken. Danziger Goldwasser, das er eigens von Westpreußen für mich kommen ließ, wie er sagte. Eine klare Flüssigkeit, die träger als Wasser im Glas hin und her schwappte, wenn ich es anhob. Es schwammen tatsächlich kleine Goldflöckchen darin. Pures Gold, das ich mir bei jedem Schluck genüsslich auf der Zunge zergehen ließ, mir ausmalend, dass das edle Metall sich in immer dickeren Schichten in mir ablagern und mir irgendwann durch die Haut schimmern würde, Manifestation meines Vaters *Goldjungen*.

So weit sollte es nicht kommen. Aber jeden Abend, den ich bei Oskar in der Bar verbrachte, durfte ich ein ganzes Glas Goldwasser trinken, allerdings nur Schlückchen für Schlückchen, wie er mir einschärfte, weil ich sonst einen Schock kriegen und zur Goldsäule erstarren würde. Die Damen sollten ein Auge auf mich haben, während er in den Hinterzimmern war, ordnete er an. Sie lachten und scharten sich um mich.

Ich nippte vorsichtig das süßliche, zugleich atemberaubend scharfe Getränk, während sie mir über den Kopf streichelten und Fragen stellten, die ich mehr schlecht als recht beantwortete, weil ich kaum verstand, was sie meinten, zumal nur wenige deutsch sprachen. Sie nannten mich mit merkwürdig gutturalem g, einem an ein u grenzenden dunklen o und rollenden l, ihren *Goldjungen*, sie kicherten und kitzelten mich und redeten unausgesetzt in einem merkwürdigen Kauderwelsch auf mich ein, und ich genoss es. Alle schienen Oskar zu bewundern und behandelten auch mich trotz ihrer Neckereien stets respektvoll. Ihr Geplauder, Lachen, die tiefen Stimmen der Herren und die unaufhörlich unter den Fingern eines schwarz befrackten Musikers aus den Tasten des Pianos perlende Musik vermengten sich zu einem angenehmen Geräuschebrei, der mich früher oder später in den Schlaf wiegte.

Eines Morgens, als ich in einem der Himmelbetten erwachte, wusste ich sofort, dass etwas anders war als sonst. Erst als ich auf dem Flur stand, wurde mir klar, was es war: Die Musik, die sonst Tag und Nacht die unterirdischen Räumlichkeiten durchflutete, hatte ausgesetzt, und ich war unsicher, in welche Richtung ich gehen musste, um zur Bar zu gelangen. Gedämpfte Stimmen wiesen mir schließlich den Weg, der an dem Spielzimmer vorbeiführte. Die Stimmen kamen von dort, und jetzt hörte ich auch, dass es nicht nur Stimmen waren, sondern auch ein anderes Geräusch, das ich bis dahin nur von meiner Mutter kannte: das leise Schluchzen einer Frau.

Die Tür zum Spielzimmer stand zum ersten Mal weit offen, sodass ich einen Blick hineinwerfen konnte. Der Raum sah ganz anders aus, als ich es mir ausgemalt hatte. Er ähnelte der Bar, nur dass es da keinen Tresen gab, sondern einen großen Tisch, um den herum Stühle standen und der mit einem grünen, mit vielen weißen Linien, Feldern und Zahlen versehenen Filz bespannt war. Außerdem befand sich darauf eine Art großer Kreisel, eine runde Vertiefung mit einem Metalltürmchen in der Mitte. Auf der gegenüberliegenden Seite des Tischs lag der regungslose Oberkörper eines Mannes, in dessen Rücken ein Messer steckte. Unvermittelt erkannte ich, dass es Oskars Jackett war, dass mein Vater dort lag und dass er tot, erstochen war. Im gleichen Moment muss ich zu schreien begonnen haben, denn plötzlich fuhren die Herren und Damen, die um den Tisch standen, herum, man eilte auf mich zu, drängte mich aus dem Zimmer und versuchte, mich zum Schweigen zu bringen. Ich weiß nicht mehr, wie ich nach Hause gekommen bin, habe nur ein wirres Durcheinander im Kopf, Gesichter, die sich über mich beugten, mir Wasser, eine Decke anboten, mich einwickelten, aufhoben, wegtrugen. Die ganze Zeit hatte ich das Schreien im Ohr, das wohl aus mir kommen musste, aber vielleicht war es auch nur in meinem Kopf. Als meine Mutter mich schließlich in die Arme schloss, war ich jedenfalls stumm, und ich erinnere mich noch, dass sie mir die Ohren zuhielt, während sie mit dem Mann sprach, der mich abgeliefert hatte. Dann hielt sie mich umklammert, weinte und stieß wieder und wieder das Wort »Scheißkerl!« aus, zumindest meinte ich, das aus ihren Schluchzern heraushören zu können.

Sie sprach später niemals mit mir darüber, und ich war froh, weil ich mir so bewahren konnte, was ich in der Bar meines Vaters Wunderbares erlebt hatte. Den Traum von Glück, Geld und Gold, von Schönheit und Geborgenheit, Bewunderung und Respekt. Es war der glücklichste Teil meiner Kindheit, die wenige Jahre später vom Krieg ausgelöscht wurde.

Kulinarischer Aufhänger: Danziger Goldwasser

Erstveröffentlichung in: Elke Schleich, Olaf Trint (Hg.): *Spirits. Ein literarischer Cocktail.* Stories&Friends Verlag Lehrensteinsfeld 2012

FLAMMENDE HERZEN

Flammende Herzen« standen seit meiner frühesten Kindheit für das, was die Weihnachtszeit ausmachte. Christbaum, Geschenke und Familie waren das Eigentliche. Aber der Duft der Flammenden Herzen läutete diese Hoch-Zeit der Genüsse, der Geselligkeit und der guten Gaben ein und sorgte für eine Atmosphäre der Verzauberung, die das ganze Haus erfasste.

Die Regie in der Küche meines Elternhauses, das gleichzeitig mein Groß- und Urgroßelternhaus war, führte zu der Zeit Oma Hertha. Meine Mutter, Omis Schwiegertochter, war – für die Achtziger-Jahre nicht mehr ganz ungewöhnlich – berufstätig. Als Hausdame im Dreesen, wo sie 1963 ihren Mann kennengelernt hatte – wie Omi sich ein Vierteljahrhundert vorher dort in Opi verguckt hatte, dessen Vater bereits seit dreißig Jahren zum Inventar gehörte. Man kann mit Fug und Recht behaupten, dass das Rheinhotel Dreesen für unsere Familie der Ort war, wo es funkte. Und zwar im doppelten Sinne: Die Männer meiner Familie waren samt und sonders Elektriker und Hausmeister, die Frauen Stubenmädchen. Das, was man heute Facility Manager und Beschäftigte im Housekeeping nennt.

Opi, der seit seinem Renteneintritt im Jahr 1977 den Lehnsessel im Wohnzimmer bewohnte, aus dem er sich nur noch zu den Mahlzeiten und zur Bettzeit herausbequemte, konnte die Weihnachtszeit nicht leiden. Jede räumliche Veränderung sei seinem Herzschrittmacher nicht zuzumuten, behauptete er. Papa kannte trotzdem kein Erbarmen, schleppte pünktlich zum vierten Advent den Sessel auf Opis Zimmer und baute den Weihnachtsbaum an dessen Stelle auf. Opi kam nur noch zu den Mahlzeiten herunter, hockte ansonsten in seiner Stube und schmollte. Bis der Weihnachtsbaum wieder abgebaut wurde.

Omi schickte uns mit kleinen Aufträgen nach oben, um ihn zu besänftigen. Er durfte als Einziger von den »Flammenden Herzen« kosten. Die Dosen mit dem Weihnachtsgebäck standen bis zum Heiligabend in einem Regal im Keller zwischen all dem Elektrokram, den die Männer der Familie Volkmann seit den neunziger Jahren des letzten Jahrhunderts angesammelt hatten. Omi buk zwar Unmengen köstlicher Kekse, zählt sie aber genau ab und überwachte penibel den Bestand. Bis Heiligabend durfte er nicht angetastet werden. Wenn sie mich als den älteren Enkel in den Keller beorderte, wurde ich genau instruiert, wie viele Plätzchen ich für Opi entnehmen durfte.

»Ha!«, sagte Opi grimmig, als ich ihm das Tellerchen mit drei »Flammenden Herzen« vorsetzte. »Hochzeitstag! Hertha backt wieder kleine Brötchen!«

Tatsächlich hatten Omi und Opi in der Vorweihnachtszeit geheiratet, am achtzehnten Dezember 1938. Aber wieso »kleine Brötchen«? »Plätzchen!«, korrigierte ich verärgert, weil der alte Mauler das Vorkoster-Privileg nicht zu würdigen schien.

Opi steckte einen Keks in den Mund, ließ ihn auf der Zunge zergehen und stopfte die anderen gleich hinterher, ohne sich von Franks und meinen hungrigen Blicken stören zu lassen.

»Köstlich«, grunzte er und fuhr mit der Zunge das Gebiss ab, Krümel zwischen den Zähnen herausporkelnd. Wir beobachteten fasziniert und ein wenig schaudernd die wandernde Beule unter der stoppeligen Haut.

»Hochzeit, ach, ja«, seufzte er. »Was für ein Glück!«

»Was meinst du, Opi?«, wollte Frank wissen. »Dass du Oma oder dass sie dich geheiratet hat?«

Opi schloss die Augen und legte den Kopf zurück, als träumte er. Frank nutzte schnell die Gelegenheit mit einem angefeuchteten Finger die Krümel von dem Tellerchen aufzutupfen.

»Sie hatte ja keine Wahl! Aber das Beste draus gemacht! Diese Plätzchen sind wirklich preiswürdig.«

»Wieso keine Wahl?« Das war ich.

»Sie hat mich genommen! Das war doch schlau, oder?« Opi seufzte. »Besser ein Elektriker, der sein Fach versteht, als ein durchgeknallter Gasmann, der alle Herzen und die ganze Welt in Flammen setzt.«

»Was für ein Gasmann?«, hakte Frank nach.

Opi kicherte. »Hertha und das Hitlerchen, nee, nee.«

Franks Finger hielt mitten in der Bewegung inne. Wir guckten uns an. Frank tippte sich an die Stirn.

Ich fragte: »Omi und Adolf Hitler?«

»So ein Männlein!« Opi schüttelte den Kopf. »Aber die Weiber lagen ihm zu Füßen! Der war kein Kostverächter. Wollte immer die Hertha als Zimmermädchen. Aber so blöd war eure Omi dann auch wieder nicht! Die kannte schon den Spatz in der Hand.«

Auch wenn ich nicht alles verstand, was Opi erzählte, das eine schien er sagen zu wollen: Adolf Hitler höchstpersönlich war im Hotel Dreesen in der Rheinstraße in Bonn eingekehrt, und meine Omi, mein Opi und mein Uropa mussten ihn leibhaftig kennengelernt haben!

»Hat Papa ihn auch erlebt?«, fragte ich.

»Na, der wird sich nicht erinnern«, meinte Opi. »Aber er hat sich jedes Mal nach ihm erkundigt.«

»Papa? Nach Hitler?«

»Nee. Hitler nach deinem Papa«, stellte Opi richtig. »Der hat ihm immer Geschenke mitgebracht.«

»Hitler? Papa?«

»Na, der hatte sich einen Narren an unserem Adelbertchen gefressen. Die Hertha hatte einen Stein bei ihm im Brett«, sagte Opa und es schien, als sei er doch ein bisschen stolz, dass das »Männlein« sich für seine Frau und seinen Stammhalter interessiert hatte.

»Was hat er Papa denn mitgebracht?«

»Alles Mögliche. Leckereien. Holzschwerter. Zinnsoldaten.«

»Zinnsoldaten?«, echote Frank.

Ich dachte, er wollte uns vereimern. »Papa hat von Adolf Hitler Zinnsoldaten gekriegt?«

»Können wir die für unsere LGB haben?«, fasste Frank nach.

»Die haben wir gleich nach dem Krieg verkauft. Wer wollte da noch was von Soldaten oder Hitler wissen? Wir hatten Hunger. Und die Amis im Hotel. Die tauschten Souvenirs gegen Schokolade. Der Eisenhower war immer anständig. Der hatte ja selbst Vorfahren aus Deutschland.«

»Der amerikanische Präsident?« Ich hatte im Politikunterricht gerade den Zweiten Weltkrieg gehabt und war schwer beeindruckt. »Der war auch hier?«

»Na, da war er ja noch nicht Präsident«, korrigierte Opi.

Es minderte mein Hochgefühl nicht. Der Hauch der Weltgeschichte hatte mein Elternhaus gestreift. Vielmehr das des Arbeitgebers meiner Familie.

»Wer will denn davon etwas wissen?«, sagte Papa, als ich ihn am gleichen Abend darauf ansprach.

»Ich«, entgegnete ich.

»Ich nicht.« Papa klappte die Zeitung auf und stellte sich taub.

Mama sagte: »Dummes Geschwätz!«, und verschwand ins Bad.

Ich schlich in die Küche. Omi stand mit dem Rücken zu mir an der Anrichte und räumte Geschirr ein.

»Opi sagt, du hättest Adolf Hitler persönlich gekannt.«

Ein Glas klirrte und zersprang auf der marmornen Ablage. Omi fuhr herum, todesbleich. »Lieber Himmel, Tommy, was hast du mich erschreckt! Ich hab dich gar nicht kommen gehört!«

»Ich – ich wollte doch nur –«, stammelte ich.

Ihr Gesichtsausdruck ließ mich verstummen. Sie fixierte mich böse über den Brillenrand. »Du kommst mir gerade recht! Wer hat wieder von den »Flammenden Herzen« genascht?«

»Ich nicht!« Ich verdrückte mich ins Kinderzimmer zu meinem Bruder. Frank war zwölf. Auch wenn der Name »Adolf Hitler« ihm etwas sagte, interessierte ihn das alles eher nicht. Er spielte am liebsten mit der LGB, Lehmanns Groß-Bahn, zu der ich mit neun ein erstes Basis-Set bekommen hatte und das seitdem Jahr für Jahr zu Geburtstagen und Weihnachten ergänzt wurde: Schienen, Weichen, Trafos, Waggons, Loks, Tunnel fanden sich auf unseren Gabentischen. Ich meinte zwar allmählich, dass ich aus dem Alter raus war, in dem man Modelleisenbahnteile geschenkt kriegte, aber Frank freute sich immer noch wie Bolle. Papa half beim Aufbau der Anlage, zeigte uns, wie das mit dem Stromkreis funktionierte, und irgendwie gehörte es einfach dazu, dass wir zu dritt an Heiligabend auf dem Bauch durch die Wohnung rutschten, Schienen verlegten und jubelten, sobald die Bahnen sich in Bewegung setzten. Das würde in diesem Jahr nicht anders sein. Für meinen Vater war das wohl einerseits ein Stück nachgeholte Kindheit – in der Kriegszeit hatte es all das natürlich nicht gegeben. Andererseits wollte er uns in die Geheimnisse des Erwachsenseins einweihen – und das hieß in der Familie Volkmann nun mal: in die Kunst der Elektrizität. Unser Uropa Fritz hatte dieses Handwerk gelernt, als das Rheinhotel Dreesen am 03. Mai 1894 eröffnet hatte – komplett beleuchtet. Damals eine Sensation, die dem Haus vor dem Rheinpanorama die Anmutung eines prächtigen Palastes gab. Als sein Sohn Heinrich, unser Opi, kaum vierzehnjährig bei ihm in die Lehre ging, wirkten beide bei einer vielbestaunten Attraktion mit: dem Kastaniengarten mit seinem elektrisch betriebenen fahrbaren Glasdach. Adelbert, unser Vater, war wiederum dabei, als die Kastanien-Anlage nach der Zerstörung in der Kriegs- und Nachkriegszeit in den fünfziger Jahren neu aufgebaut wurde.

Diese technischen Großtaten des Volkmann-Clans waren uns seit frühester Kindheit überliefert worden – nichts hingegen von der politischen Vergangenheit ihrer Wirkungsstätte. Das Dreesen als Residenz von Nazi-Größen im Dritten Reich!

Beim Frühstück war Omi äußerst schlecht gelaunt. »Sechs ›Flammende Herzen‹!«, knurrte sie. »Sechs Menschen, die in Frage kommen. *Familie*!« Das letzte Wort spuckte sie fast über den Tisch, so verächtlich kam es über ihre Lippen. Der bohrende Blick, der auf mich gerichtet war, sprach allerdings Bände. Keiner schien geneigt, sich auf das Thema einzulassen. Mama verabschiedete sich zum Wochenenddienst. Papa erkundigte sich, was es noch einzukaufen gebe. Frank bot sich an mitzukommen. Er wusste genau, dass dabei immer etwas für ihn abfiel. Opi begab sich aufs Zimmer. Ich verdrückte mich in den Keller, um dem Spüldienst zu entgehen.

Eigentlich wollte ich einen von Franks LGB-Waggons mit Innenbeleuchtung versehen. Mein Taschengeld hatte so gerade für das Birnchenset gereicht. Als ich das Regal nach Werkzeug und Kabeln durchsuchte, fiel mir ein gewickelter Draht in die Hand. Ich kannte ihn von dem Zaun, der die Wiese eingrenzte, auf der die Kühe des benachbarten Bauern weideten.

Mir kam eine Idee.

Eine halbe Stunde später hatte ich mittels des Weidezaundrahts und eines Starterkabels das Backblech, auf dem die Dosen mit den ›Flammenden Herzen‹ standen, unter elektrische Spannung gesetzt. Eine Auto-Fußbodenmatte aus Gummi unter dem Blech verhinderte die Entladung. Wer sich an den Keksen vergreifen wollte, riskierte einen Stromschlag. Harmlos, aber heilsam. Bei aller Liebe – den Denkzettel hatte Frank verdient, fand ich.

Omi war nicht mehr in der Küche. Ich klopfte an ihre Kammertür. Schließlich musste ich sie warnen. Und ihr deutlich machen, dass ich es wirklich nicht gewesen sein konnte. Sie reagierte nicht. Als ich die Tür vorsichtig öffnete, lag sie angezogen auf dem Bett, leise Schnarchgeräusche von sich gebend.

Opi saß im Lehnstuhl, wie immer. Ich setzte mich auf den Boden, mit dem Rücken an sein Bett gelehnt. »Darf ich dich was fragen, Opi?«

Er sah mich lange und nachdenklich an. Schließlich sagte er: »Manchmal ist es gar nicht gut, wenn man alles so genau weiß. Wenn man alt wird, neigt man zum Plaudern.«

»Wie meinst du das?«, fragte ich.

»Na, das mit deiner Omi«, entgegnete er. »Versprich mir, dass du sie in Ruhe lässt. Und deinen Vater auch. Er kann doch nun gar nichts dafür.«

»Wofür denn?« Ich verstand nur Bahnhof.

»Ach, nichts«, sagte Opi. »Ich dachte, du wolltest mich was fragen.«

»Wollte ich ja auch. Aber nicht wegen Omi. Ich wollte wissen, woher der Weidezaundraht im Keller kommt.«

»Ach so«, meinte Opi. Er legte den Kopf zurück und schien in Gedanken zu versinken. »Der muss noch von den französischen Offizieren übrig sein«, sagte er schließlich.

»Hä? Wieso Franzosen? Hast du gestern nicht gesagt, die Amerikaner wären nach dem Krieg hier gewesen?«

»Das war nachher. Die Franzosen waren im Dreesen interniert. In der Winzerstube.«

»Französische Offiziere wurden mit Weidezaundraht in einem Weinlokal eingesperrt?«

»Winzerstube hieß das Lager. Das war eine Außenstelle von Buchenwald.«

»Das Dresen? Ein KZ?«

Eine Weile herrschte Schweigen im Zimmer.

»Denen ging es nicht schlecht«, sagte Opi. »Bei uns wurde keiner gefoltert oder umgebracht.«

Ich schwieg.

Opi suchte meinen Blick. »Mitgegangen, mitgefangen«, sagte er. »Die Alternative war Fronteinsatz. Wir hatten doch keine Wahl. Wupps, hatte man selbst Dreck am Stecken.«

Ich schwieg immer noch.

Opi beugte sich vor. »Ich will, was mich angeht, nichts schönreden, Tommy. Aber vergiss niemals: Dein Vater war ein Kind. Er konnte nichts dafür. Nicht für seinen leiblichen Vater, nicht für mich. Du und dein Bruder, ihr könnt genauso wenig dafür. Man sollte den ganzen Dreck mit ins Grab nehmen. Man wird ihn nicht los, indem man ihn weitergibt. Also behalte es für dich. Okay?«

Mein Kopf dröhnte. Ich nickte mechanisch, ohne zu verstehen, was er von mir wollte. Opi stemmte sich aus dem Lehnstuhl hoch und schlurfte in Richtung Bad. Ich schlich mich aufs Zimmer, warf mich der Länge nach aufs Bett und versuchte meine Gedanken zu ordnen. Opi hatte mir etwas anvertraut, irgendetwas Wichtiges. Etwas, das mit Oma Hertha, mit meinem Vater zu tun hatte und mit den Nazis. Er hatte davon erzählt, dass das Rheinhotel Dreesen am Ende des Kriegs eine Außenstelle des KZ Buchenwald gewesen war, und wenn ich ihn richtig verstanden hatte, hatte er zum Wachpersonal gehört. Mein Opi ein KZ-Scherge! Dabei konnte er Hitler nicht leiden. Das »Männlein«! Aber was hatte er mir zu Omi und Papa sagen wollen? Was sollte das mit dem leiblichen Vater meines Vaters bedeuten?

Als ich Opis Schritte auf der Treppe hörte, war ich noch vollkommen in Gedanken. Erst als die Haustür ins Schloss fiel, schreckte ich auf.

Die Stimme meines Vaters. »Tommy!« Unmissverständliche Order, beim Ausladen der Einkäufe mit anzupacken. Ich flitzte nach unten und verdrängte die düsteren Überlegungen. Omi steckte die Nase aus dem Zimmer, kam in die Küche und überwachte das Einräumen der Lebensmittel. Sie schimpfte mit Papa, der die Backpflaumen vergessen hatte, und tadelte Frank, der alles in den Kühlschrank stopfte, wo es gerade Platz fand.

Nicht lange darauf strömte der Duft des Mittagessens durchs Haus. Linsensuppe. »Tischdecken!«, rief Omi.

Als sie mit der Terrine ins Esszimmer trat, war Opi noch nicht aufgetaucht. »Frank, geh nach deinem Großvater gucken«, befahl mein Vater.

Der kehrte kurz darauf zurück. »Nicht da.«

»Nicht auf dem Zimmer?« Omi runzelte die Stirn. »Klopf mal an der Badezimmertür.«

Frank gehorchte und kam unverrichteter Dinge zurück. »Bad ist leer«, meldete er.

Wir suchten ihn im ganzen Haus. Mein Vater rief mich schließlich in den Keller. Da war er. Eine Blechdose »Flammende Herzen« im Arm saß Opi mit dem Rücken gegen die Wand und lächelte mit geschlossenen Augen. Dass er nicht mehr atmete, stellten wir erst fest, als wir ihn mit vereinten Kräften hochzustemmen versuchten.

Ich erschrak bis ins Mark.

Papa nahm seinen Vater auf den Arm, trug ihn die Treppe hinauf, bettete ihn aufs Sofa und rief den Notarzt.

Der konnte nichts mehr ausrichten. »Das Herz«, sagte er. »Der Schrittmacher hat versagt. Für jemand, der praktisch nur noch im Sessel hockt, sind solche Treppen schon eine Herausforderung.«

Dann widmete er sich Omi, die in Tränen aufgelöst war. Frank klammerte sich an Papa und schluchzte. Mama weinte still vor sich hin, während sie den Tisch abräumte.

Ich war wie gelähmt.

Spät am Abend, als Opi im Wohnzimmer aufgebahrt lag, kamen alle wieder der Küche zusammen. Mama nahm mich in den Arm. »Tommy! Du bist so bleich! Adelbert, guck mal, der sieht doch aus, als wollte er gleich umfallen!«

»Magst du eine Runde spazierengehen?«, fragte Papa. »Frische Luft tut gut.« Er achtete nicht auf den Protest meiner Mutter und zog mich hinter sich her in den Flur. Draußen stapften wir eine Weile schweigend nebeneinander her.

»Ich hab den Draht verräumt«, sagte mein Vater. »Ich vermute, das war wegen Omis Bemerkung beim Frühstück?«

Ich blieb stehen. Auf einmal schossen mir die Tränen in die Augen und waren nicht mehr zu stoppen. Papa nahm mich in den Arm und wiegte mich wie ein kleines Kind.

»Sauberer Aufbau«, brummte er. »Hut ab.«

»Ich hab das doch nicht gewollt!«, schluchzte ich.

»Nein«, sagte Papa. »Es war sein Herz. Irgendwann erlischt das Feuer halt.«

»Ich hatte ihn noch so viel fragen wollen«, flüsterte ich.

»Besser so«, meinte Papa. »Sollte nicht jeder das Recht haben, seine Geheimnisse mit ins Grab zu nehmen?«

Er nahm mein Kinn in die Hand, hob meinen Kopf an und küsste meine Tränen weg.

Vielleicht hat er ja recht.

Aber tief in meinem Herzen lodert seitdem etwas.

Vielleicht werde ich es meinem Enkel einmal erzählen.

Kulinarischer Aufhänger: Flammende Herzen

Erstveröffentlichung in: *Tödliche Zimtsterne*, Hrsg.: Gitta Edelmann und Angelika Schulz-Parthu, Leinpfad Verlag Ingelheim 2015

FLIEGENPILZE

Irgendetwas stimmte nicht. Der Gedanke war ihm vor ein paar Tagen zum ersten Mal in den Sinn gekommen. Er hatte ein längeres Telefonat mit einem Geschäftspartner in Australien, der zu diversen Fragen Rücksprache im Konzern halten musste und ihn daher mehrmals in Warteschleifen versetzte. Urs hatte in den Gesprächspausen begonnen, unruhig hin und her zu gehen. Er hasste solche Momente der erzwungenen Untätigkeit. Die breite Fensterfront seines Büros auf der 17. Etage eines Frankfurter Hochhauses wies nach Nordwesten. Bei klarem Wetter konnte man bis zum Feldberg sehen, aber in der Regel war der Himmel grau und verhangen. Die Welt außerhalb seiner Arbeitssphäre interessierte Urs nicht die Bohne. Er war immer hundertprozentig auf seine Arbeit konzentriert, und das war auch sein ganzes Erfolgsrezept. Diese Fähigkeit war darüber hinaus der Scheidungsgrund für seine erste Frau gewesen, die sich fünfzehn Jahre lang vergeblich bemüht hatte, irgendwelche privaten Belange an ihn heranzutragen, während er bei der Arbeit war. Für Urs gehörte Privatleben in die wenigen Stunden, die er nicht in seinem Büro, in irgendwelchen Büros von Geschäftspartnern, auf Geschäftsreisen, -essen, und bei -gesprächen verbrachte, ja sogar wenn er wochenends in die Lektüre der Wirtschaftsseiten vertieft war, konnte es passieren, dass er das Geplauder seiner Frau über die geplanten Aktivitäten des Tages vollkommen ignorierte und aus allen Himmeln fiel, wenn sie ein paar Stunden später frisch aufgebrezelt für die Vernissage des Künstlers xy in seinem Schlafzimmer erschien und ihn mit Vorwürfen bedachte, dass er sich nicht nur nicht rechtzeitig in Schale geschmissen, mehr noch, nicht die geringste Ahnung hatte, dass dieses Event überhaupt stattfand und dass er, Urs, mit ihr zu dessen Gelingen beitragen sollte.

Evelyne war in dieser Hinsicht wesentlich pragmatischer. Vor acht Jahren hatte er sie in New York auf einem Empfang zur Eröffnung einer Konzernzentrale kennen gelernt, deren Empfangshalle sie bestückt hatte. Es stellte sich heraus, dass sie in Frankfurt zwei Straßen weiter eine Kunsthandlung betrieb. Evelyne stellte keinerlei Erwartungen an ihn, sondern nahm sich, was sie brauchte, und wenn sie es nicht bekam, holte sie es sich woanders. Das galt im Übrigen auch in sexueller Hinsicht. Es war zumindest in den ersten Jahren durchaus vorgekommen, dass sie ihn gelegentlich in seinem Büro überfallen, die Tür beim Eintreten hinter sich verriegelt, das Telefon ausgehängt, die Unterlagen vom Schreibtisch gefegt und ihn quer durch den Raum nach Strich und Faden gefickt hatte. Nachdem ihm durch einen solchen Exzess eine große Fusion durch die Lappen gegangen war, hatte er seine Vorzimmerdamen angewiesen, Evelyne unter keinen Umständen mehr in sein Büro zu lassen. Evelyne eröffnete ihm daraufhin, dass sie sich in Zukunft die Freiheit nehmen werde, sich andere Männer zu genehmigen, wenn ihr danach sei, und Urs hielt das für einen prima Kompromiss. Er war sich sicher, dass sie ohnehin immer schon so verfahren war und dass ihr Geschäftserfolg zum Teil darauf zurückzuführen war, dass sie auf diesem Wege auch bei ihren exklusiven Objekten Einfluss auf die Preisgestaltung nahm. Er selbst brauchte keine solchen Abenteuer, zumal seine Geschäftspartner selten weiblich und noch seltener ansehnlich waren. Untergebene hingegen nahm er in dieser Hinsicht ebenso wenig wahr, wie er den Drang verspürt hätte ein Diktiergerät oder einen Reißwolf zu vögeln. Für Urs hatte das Anbandeln von geschäftlichen Beziehungen genügend erotischen Reiz, er fand Ekstase in schweißtreibenden Verhandlungen und der innere Triumph über eine gelungene Transaktion konnte die sinnliche Intensität eines Orgasmus durchaus übertreffen.

Während der Australier ihn zum dritten Mal dem Gedudel seiner Warteschleife aussetzte, war Urs' Blick zunächst geistesabwesend über das Stadtpanorama vor seinem Fenster gestreift, aber plötzlich hatte ein grüner Fleck am Horizont seine Aufmerksamkeit geweckt. Es musste der Stadtwald sein, der sich unmittelbar an die Randbebauung anschloss, nichts Besonderes, ein Wald wie jeder andere hinter einer Stadt wie jede andere, nichts, was seiner Aufmerksamkeit wert gewesen wäre. Dennoch hatte ihn etwas fasziniert an diesem Grünstreifen, das er sich nicht erklären konnte. Dieser Wald musste mit seinem Leben zu tun haben, aber er wusste nicht, was. Urs vergaß ihn sofort wieder, als der Australier sich zu Wort meldete.

Drei Tage später stand er wieder vor dem Fenster, während er einer seiner Assistentinnen eine To-do-Liste diktierte, dabei in seinem Büro hin und her lief, ihr den Rücken zudrehte und kurz innehielt. Der grüne Fleck! Deutlicher als zuvor blitzte er hinter den grauen Häuserfronten auf, bannte seinen Blick, lockte ihn. – Wozu?

»Und?«, fragte die Assistentin und trommelte nervös mit den Fingern auf dem touchscreen des Notebooks herum. Das Geräusch, so leise es war, riss ihn aus seinen Gedanken. Die Nacht war wohl doch ein wenig kurz gewesen, die Verhandlungen der letzten Tage mussten ihn mehr mitgenommen haben, als er es sonst kannte. Er war jetzt Mitte Vierzig, Zeit vielleicht, auch einmal kürzer zu treten?

»Mein Wagen«, sagte Urs, »lassen Sie ihn vorfahren. Ich bin für eine Stunde unterwegs und nicht zu erreichen.«

Erst als er den silbergrauen Bentley stadtauswärts in Richtung Nordwesten lenkte, wurde ihm bewusst, dass ihm eine Sicherung durchgeknallt sein musste. Was um Himmels Willen wollte er in diesem Wald? Denn dass er auf dem Weg dorthin war, war das Einzige, was feststand. Urs hatte im Geschäftsleben gelernt, auf sein Gefühl zu hören. Allerdings handelte es sich dabei um ein Gefühl, das sich unfehlbar einstellte, nachdem die Entscheidung, um die es ging, lange vorher und mit äußerster Gründlichkeit erarbeitet, berechnet und verhandelt worden war. Es war völlig klar, worum es ging und was man riskierte. Hier war überhaupt nichts klar außer diesem Gefühl, das ihn zu diesem Wald zog.

Die Wolken zogen sich allmählich zurück, und Sonnenstrahlen durchbrachen die Trübnis des frühen Herbstnachmittags. Der Waldweg stieg bergan, und Urs begann zu schwitzen. Er streifte sein Jackett ab, hakte es in einen Finger und ließ es über die Schulter baumeln. Der Weg gabelte sich, ein Seitenpfad führte in schattigeres Dickicht. Urs folgte der Abzweigung. Nach einer Weile verlor sich der Weg. Als er nicht mehr wusste, wo er war, geschweige denn, wie er wieder zurückfinden sollte, blieb er stehen. Er lauschte. Nicht weit von ihm knackte etwas. Stille. Je länger er lauschte, desto deutlicher wurde ihm, dass diese Stille gar keine Stille war. Der Wald war erfüllt von tausend kleinen Geräuschen, die nur gelegentlich von etwas lauteren unterbrochen wurden. Während Urs langsam weiterging, hörte er mit einem Mal einen anderen Ton, der sich aus dem leisen Geräuschebrei abhob und anschwoll, einen Ton, den er schon eine Weile vernommen haben mochte, ohne ihn wirklich wahrzunehmen. Ein hohes Summen. Eine Stimme, die eine unbestimmte Melodie summte, eine melancholische Melodie. Urs bewegte sich vorsichtig in die Richtung, aus der das Summen kam. Dann sah er das Mädchen.

Sie mochte höchstens fünfzehn sein, ein schmächtiges Geschöpf. Der Eindruck von Zerbrechlichkeit wurde durch die martialische Kleidung noch unterstrichen. Das Mädchen war an Ohren, Nase und Unterlippe gepierct. Die Haare waren rabenschwarz gefärbt und standen nach allen Seiten in bizarren gegelten Stacheln ab. Ihre Kleidung war schwarz, zerrissen, vielschichtig, selbst die Netzstrümpfe, über die sie grob gestrickte Wadenwärmer gezogen hatte, waren mit Löchern versehen. Urs sah im

Näherkommen deutlich die weiße Haut ihrer Oberschenkel durch diese Löcher blitzen und erschrak, ohne zu wissen warum. Die Füße des Mädchens steckten in viel zu großen aufklaffenden Fliegerstiefeln; abgerissene Senkel hingen nutzlos aus den Schnürlöchern. Das Mädchen kniete am Boden, in der linken Hand ein Taschenmesser, und war gerade im Begriff mit der rechten einen Fliegenpilz zu pflücken. In einer Plastiktüte, die sie neben sich abgelegt hatte, lagen bereits mehrere Fliegenpilze.

Sie zuckte zusammen und verstummte, als Urs nähertrat. Ihre gebückte Haltung behielt sie bei, aber die linke Hand mit dem Messer griff nach der Tüte, die rechte hielt den Fliegenpilz umklammert. Die Oberschenkel spannten sich in Fluchtbereitschaft. Langsam richtete sie sich auf. In ihrem Blick lag lauerndes Misstrauen, aber auch eine Unbefangenheit und Wildheit, die ihn unvermittelt erregte.

»Was willst du?«, fragte sie schließlich. Die Stimme passte nicht zu dem hohen Summen. Sie klang viel älter, als das Mädchen aussah. Der Unterton war fordernd, trotzig, entschlossen.

»Keine Ahnung«, entgegnete Urs, der sich noch nie im Leben so orientierungslos und idiotisch gefühlt hatte. »Ich bin spazieren gegangen.«

Sie lachte amüsiert, die Spannung schien zu weichen. »Du gehst spazieren und hast keine Ahnung, dass du es tust? Kommt das öfter vor?«

»Nein«, sagte Urs wahrheitsgemäß. Er deutete auf die Tüte. »Was willst du damit? Die sind giftig.«

»Essen, was sonst?«, lachte sie und biss sie herzhaft in den eben gepflückten Pilz. Mit der linken Hand schnitt sie ein Stück ab und bot es ihm an. Urs dachte kurz darüber nach, ob er nach seinem Handy in der Jackentasche fischen sollte, um einen Notarzt zu verständigen. Aber die Sicherheit, mit der das Mädchen handelte, hinderte ihn zu tun, was der gesunde Menschenverstand gebot. Was tat er hier? Vorsichtig nahm er das angebotene Stück zwischen Daumen und Zeigefinger und roch daran.

»Trau dich«, grinste sie. »Oder hast du Schiss?«

Natürlich wusste er, dass Fliegenpilze in Szenekreisen als Rauschmittel Verwendung fanden. Urs' eigene Erfahrungen mit Drogen waren bis auf gelegentliche Kokainstraßen in Nebenzimmern von den angesagten Partys, auf die Evelyne ihn bisweilen mitschleppte, sehr begrenzt. Er brauchte so etwas genauso wenig, wie es ihn auf diese Veranstaltungen zu solchen Menschen zog.

»Es ist völlig geil«, sagte sie. Das Wort »geil« aus dem Mund dieses Kindes, das sich gebärdete, als habe es ihm einen Erfahrungshorizont voraus, der ihm eine gewisse Ebenbürtigkeit, wenn nicht gar Überlegenheit verlieh, elektrisierte Urs. Er folgte seinem spontanen Impuls und steckte den Pilz in den Mund. Er schmeckte erdig, ein wenig nach Kartoffeln, trocken. Urs musste ihn gut einspeicheln, ehe er ihn hinunterschlucken konnte.

Einen Moment fühlte er einen Schwindel, der nicht von dem Pilz herrührte, sondern von einem jähen Aufblitzen seines Verstandes, der ihn auf den Boden der Tatsachen zurückholen wollte. Er stand hier mitten im Wald mit einer minderjährigen Punkerin und aß Fliegenpilz. Die Knie wurden ihm weich. Ohne nachzudenken, breitete er sein Jackett auf dem Boden aus und setzte sich darauf. Mit der flachen Hand klopfte er auf den Platz neben sich.

Sie zögerte, dann setzte sie sich. »Vivi«, sagte sie. Sie streckte die Beine aus und wieder sah er das Fleisch ihrer nackten Beine in den Löchern ihrer Strümpfe aufblitzen. Ihr Rock war ultrakurz. Das schwarze Tuch, das sie sich um die Hüften geknotet hatte, hing auf der einen Seite über den Saum. Jetzt roch er auch einen schwachen Duft von Patchouli, der sich mit dem erdigen Geschmack des Pilzes zu einer seltsam sinnlichen Synthese vereinigte.

»Urs«, sagte er. Sie war seinem Blick gefolgt und zog die Beine an. Die Netzlöcher an den Oberschenkeln vergrößerten sich und rückten in greifbare Nähe.

»Wovon lebst du, Vivi?«, fragte er heiser. Statt einer Antwort biss sie erneut in den Pilz und schnitt ihm ein weiteres Stück ab. Er nahm es in die Hand, froh etwas zu haben, auf das er seine Augen richten konnte. Sie kaute genießerisch, schluckte, kaute.

»Ich komm schon klar«, sagte sie schließlich. Dann grinste sie provozierend. »Was genau willst du wissen?«

»Keine Ahnung«, erwiderte er wieder. Dann steckte er sich auch das zweite Stück Pilz in den Mund, um das verwirrende Gefühl niederzukämpfen, das sich in ihm breit machte.

»Du siehst nach allerhand Knete aus«, stellte sie fest. »Du weißt ganz genau, was du willst. Und leisten kannst du es dir auch.«

»Ich bin einfach nur in den Wald gegangen, um zu entspannen«, versuchte Urs zu erklären, was mit ihm passiert war.

Ihr Lachen gurrte ein wenig. »Dann entspann dich doch, Mann«, sagte sie. Sie schubste mit ihrer flachen Hand gegen seine Schulter. Die Wärme der Nachmittagssonne und eine plötzliche Müdigkeit taten ihr Übriges. Urs ließ sich auf den Rücken rutschen und blickte in die Baumwipfel über sich. Die Sonne blitzte durch das Blätterdach. Die Geräusche des Waldes kamen näher. Urs blinzelte. Er wusste nicht recht, ob er schon eine Weile so da gelegen hatte, als sich das Gesicht des Mädchens vor das Grün der Blätter, das Blau des Himmels, die Wärme der Sonne schob.

»Fünfzig Euro«, sagte sie, »wenn ich's dir mit der Hand machen soll. Hundert mit dem Mund.«

Urs fühlte, wie sich gleichzeitig Erregung und Müdigkeit in seinem Körper ausbreiteten und seinen Impuls aufzuspringen lähmten. »Du spinnst, du bist ein Kind«, sagte er.

»Eben«, grinste sie und räkelte ihr Bein neben seins. Durch den Stoff seiner Hose war das Garn ihrer Netzstrumpfhose deutlich zu spüren, deutlicher aber noch die glatten Stellen, die Wärme ihrer nackten Haut. Urs fühlte sich zu kraftlos, als dass er sich hätte aufrichten können. Stattdessen legte er den Kopf zurück und schloss die Augen. »Du spinnst«, wiederholte er.

»Gefällt dir das?«, fragte sie mit weicher Stimme zurück und begann seine Brust zu streicheln. Urs spürte, wie sein Blut in Wallung geriet und seinen Willen lähmte. Welchen Willen überhaupt? Was war es noch, was er hier gewollt hatte? Immer noch hielt er die Augen geschlossen und versuchte sich darauf zu konzentrieren, was er hier suchte. Diese Hand. Diese Hüfte, die sich an seine schmiegte, diese kleinen festen Brüste an seinem Oberarm. Wenn diese verdammte Hand doch nur weiter machte!

»Hundertfünfzig Euro ohne Gummi«, flüsterte Vivis Stimme in sein Ohr. Es kitzelte und das Kitzeln wanderte durch den Trichter seines Ohrs durch seinen Kopf und seinen Leib, verstärkte sich, versetzte seinen Körper in Vibration, ließ ihn zucken. Urs wollte die Augen wieder öffnen, bekam sie aber nicht mehr auf. »Kein Gummi«, stöhnte er. Das Flüstern in seinem Ohr schwoll zu einem Rauschen an, das ihn betäubte, lähmte, durchströmte, ihn in einer jähen Hitzewallung aufbäumen ließ, dann begannen wilde Farben durch seinen Kopf zu zucken, oder war er es selbst, der zuckte, dessen Glieder entfesselt tanzten und um sich schlugen? Urs verlor das Bewusstsein.

Als das Handy klingelte, merkte er, dass er immer noch durch den Wald irrte, aber da war ein Weg, der abwärtsführte, und neben dem Weg war eine Bank, und die Sonne stand jetzt ganz tief.

»Urs«, sagte Evelynes Stimme. »Dein Vorzimmerdrache hat mich gerade angerufen, weil sie nicht wusste, wo du bist und ob sie dich anrufen darf. Was ist los?«

»Ich war spazieren«, sagte Urs. »Ich muss ein wenig eingenickt sein auf einer Bank.«

Evelyne lachte. »Du wirst alt, mein Lieber. Wer hätte das gedacht? Gib ihr wenigstens eben Bescheid, bevor sie die Polizei verständigt.«

Als Urs das Handy in die Jacketttasche zurück gleiten ließ, überlegte er, was ihn an dem Wort »Polizei« so erschreckt hatte. Aber da war nur ein dröhnender Schmerz in seinem Kopf.

Dann sah er den Blutfleck auf dem Futter seines Jacketts.

Kulinarischer Aufhänger: Fliegenpilze

Erstveröffentlichung in: *Cruor,* Hrsg.: Christoph Bizer-Neff, Candela Verlag Korb 2011

veröffentlicht in: *Zwielicht Classic* 6, Hrsg.: Michael Schmidt, CreateSpace Independent Publishing Platform 2014

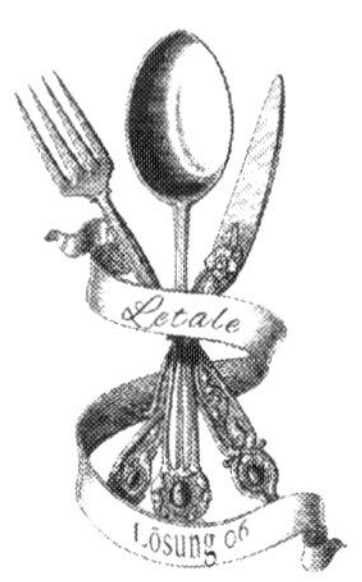

FOLIENKARTOFFELN

Erik? Die Kartoffeln sind längst durch. Wo warst du?«, wollte der Mann wissen. Er saß auf den Steinen der Kribbe hinter dem Feuer. Mit der Spitze seiner Springerstiefel stieß er einen rußig-silberfarbenen Klumpen aus der Glut. »Marvin, der Scheißkerl, ist auch nicht gekommen«, knurrte er, zog ein Taschenmesser aus der Hose, das er in die Folienkartoffel hinein stieß, und wischte es an seiner Hose ab. »Extratour nach Rotterdam. Sein Chef hat ihm die Pistole auf die Brust gesetzt.«

Der Angekommene brummte etwas Unverständliches und hockte sich nieder.

»Hepp«, der Mann am Feuer warf ihm eine Dose Bier zu. Erik fing sie routiniert auf, stellte sie neben sich ab und griff nach einem Ast, der aus dem Feuer ragte, um damit in der Glut herumzustochern. »War Ellen heute Nachmittag bei dir? Ich hab sie nicht mehr erreicht«, fragte er. Es war so dunkel, dass man seinen Gesichtsausdruck nicht erkennen konnte.

»Du hast sie doch geschickt«, der andere schnappte sich eine weitere Bierdose und schüttelte sie kräftig. »Geile Schnalle.«

Erik blickte hoch. »Mark! Was hast du genommen?«

»Nix.« Mark zog mit dem Daumennagel die Lasche der Dose hoch, dass eine Fontäne weißen Schaums in das Feuer spritzte.

»Quatsch!« Erik fixierte ihn.

»Hast du nicht gesagt, ich soll ihr einen Gefallen tun?«

»Du hast nix für den Lappen verlangt?«

Mark lachte. »Zur Not nehm' ich auch Naturalien«, sagte er.

»Du bist doch ein seltenes Arschloch«, meinte Erik, dessen Stimme in dem Rauschen des Flusses und dem Prasseln des Feuers etwas undeutlich klang.

»Jau«, freute sich Mark, »kommt immer wieder gut.«

»Was hast du mit ihr gemacht?«, wollte Erik wissen.

Wieder lachte der andere. »Was sie mit mir gemacht hat, meinst du?«

Erik nahm die Bierdose hoch, riss sie auf und zielte damit auf Mark. Er trank hastig einen Schluck und fuhr sich mit dem Handrücken über den Mund. Dabei ließ er sein Gegenüber hinter dem Feuer nicht aus den Augen.

Mark schwenkte sein Bier in Eriks Richtung. »Geile Schnalle«, wiederholte er. Ich hab sie noch mal ins Röhrchen blasen lassen. Das konnte sie gut.« Er lachte dröhnend, trank und verschluckte sich beinahe.

Erik stocherte im Feuer, dass Funken flogen.

»He, Achtung, die Kartoffeln!«

»Sie braucht den Schein für ihren Job«, knurrte Erik. »Das hatte ich dir gesagt!«

»He, Jungchen«, Marks Stimme verlor den leutseligen Unterton. »Hast du vergessen mir was Wichtiges mitzuteilen? Gab's da irgendwelche Exklusivansprüche auf ihre Blaskünste?«

»Scheißbullen!« Erik spuckte ins Feuer.

Mark lachte lauter als vorher. Er packte die Folienkartoffel, die neben ihm lag, mit spitzen Fingern und rollte sie zu Erik. »Hier! Nervennahrung!« Dann zog er aus einer seiner Hosentaschen ein kleines Döschen. »Salz!« Er warf es lässig über das Feuer und Erik fing es ebenso auf. Er spielte unschlüssig damit herum, während sein Gegenüber einen lang gezogenen genüsslichen Rülpser von sich gab.

»Ich muss für große Onkels«, Mark richtete sich schwankend auf, ob es am Bier lag oder an dem steinigen Untergrund, war nicht zu erkennen. Er kletterte an das Kribbenende und stand jetzt etwa zwei Meter vom Feuer entfernt mit dem Rücken zu Erik. Kurz darauf hörte man ein Plätschern, als sein Strahl in den Strudel traf, mit dem der Fluss die Spitze der Kribbe umströmte.

»Das Geilste, was mein kleiner Onkel in dieser Stellung je erlebt hat!«, rief er über die Schulter Erik zu. Dieser hatte eben begonnen, an der Folienkartoffel herum zu fingern. Jetzt fuhr er hoch. »Mark! Halt doch einfach deine Fresse!«, schrie er. Wieder lachte der andere. Er war noch mit seiner Hose beschäftigt, als ihn die heiße Folienkartoffel in den Nacken traf. Der Mann brüllte vor Schmerz und verlor das Gleichgewicht. Er stolperte einen Schritt nach vorne, wo er zwischen die Steine ins Wasser trat, was ihn zu Fall brachte. Sein Schrei ging in dem gewaltigen Platschen unter, mit dem sein Körper auf der Wasseroberfläche des Stroms aufschlug. Für einen Moment war er weg, dann tauchte er wieder auf, etwas Unverständliches brüllend, gurgelnd, und versank erneut.

Erik hatte sich erhoben. Er stand geduckt und wie angenagelt hinter dem Feuer, das sein Gesicht flackernd aus der Nacht hervorhob. Noch dreimal hörte er Mark an die Oberfläche kommen, irgendwo im Dunkeln. Sein letzter Schrei gellte scharf in die eintretende Stille.

Kulinarischer Aufhänger: Folienkartoffel

bisher unveröffentlicht

HACKFLEISCH

Das Kind, das zögernd zur Küchentür hereintrat, war höchstens sechs Jahre alt. Es trug eine Tupperdose vor sich her, die es mit beiden Händen festhielt. Hinter der Frau blieb es stehen.

»Der Mann hat gesagt, ich soll dir das geben.«

Seine Mutter stand über die Arbeitsplatte gebeugt und hackte Zwiebeln. Jetzt hielt sie inne und richtete sich auf. Tränen liefen ihr aus den geröteten Augen und über die Wangen. Mit der Klinge des Küchenmessers, das sie in der rechten Hand hielt, schabte sie Zwiebelwürfel von der anderen Hand ab, wechselte das Messer und schabte die rechte Hand ab. Dann packte sie das Brettchen, hielt es über die Schüssel mit dem Hackfleisch und wischte die Zwiebelstückchen mit der Messerschneide in die Schüssel, wo sie als weiß glitzernde Kristalle auf dem roten Berg rohen Fleisches liegen blieben.

Die Frau tat das sehr routiniert. Die Hände mit dem Messer säubern und das Brettchen leeren, war eine fließende Bewegung, die gleich in die nächste überging. Sie legte das Brettchen auf der Arbeitsplatte ab, griff mit der linken Hand zum Schürzenzipfel, während sie das Küchenmesser in die Spüle fallen ließ. Die halbe Drehung zu dem Kind war mit dem Abschaben der linken Hand schon eingeleitet worden.

Das Kind hatte das Geräusch des schabenden Messers auf der nackten Haut der Mutter noch in den Ohren. Seine Haare hatten sich gesträubt. Erst das Poltern des Messers in der Spüle befreite es aus seiner wohlig-grausigen Erstarrung. Es zuckte zusammen.

»Was für ein Mann? Und wieso habt ihr meine Tupperdose?«, fragte die Mutter, die sich mit der linken Hand die Augen auswischte.

»Stell sie auf den Küchenschrank und wasch dir die Hände. Ihr seid spät. Wo ist Klara?«

Der Junge stellte die Dose schnell neben sich auf die Anrichte und verschwand, während die Mutter scheppernd eine große Pfanne aus dem Unterschrank der Spüle zog, Öl hineingoss und die Flamme auf dem Herd anzündete. Während sie den Gasknopf noch festhielt, blickte sie über die Schulter nach dem Kind, das mit roten Händen wieder hereinkam.

»Du kannst schon mal die Bällchen formen. Leg sie auf das Blech.«

Das Kind schob sich einen Hocker vor die Fleischschüssel und stieg hinauf. Mit beiden Händen griff es in die rohe Masse und knetete die Zwiebelwürfel unter. Mit Hingabe ließ es den Fleischbrei wieder und wieder zwischen seinen Fingerchen hindurchquellen.

Die Mutter trat an seine Seite und griff in die Schüssel, um das Hackfleisch mit beiden Händen zu einem großen glatten Klumpen zu formen. Das Kind begann, sich die Finger abzulecken.

»Lass das«, sagte die Mutter. »Das ist rohes Fleisch. Wir sind doch keine Kannibalen.«

Sie griff mit den Fingern der rechten Hand in den roten Brei, grub einen tischtennisballgroßen Klumpen aus und legte ihn auf die geöffnete Handfläche des Kindes, die sie mit der anderen Hand festhielt.

»Wo bleibt Klara?«, fragte sie wieder, während sie mit flinken Fingern einen weiteren Klumpen aus der Masse löste, den sie zwischen den Handflächen hin und her rollte. Das fertige Bällchen legte sie auf das bereitstehende Backblech und griff wieder in die Schüssel.

»Die ist noch bei Uwe«, sagte das Kind und matschte das Fleisch in seinen Händen.

»Welcher Uwe?«, fragte die Mutter. »Und wieso hattet ihr überhaupt die Tupperdose? Welcher Mann hat dich geschickt?«

»Für die Pokémon-Bilder«, entgegnete das Kind. »Wir haben getauscht.«

»Mit Uwe?« Die Mutter sah das Kind zum ersten Mal aufmerksam, aber mit gerunzelten Augenbrauen, an.

Der Junge hob den Blick nicht von der zähen Fleischmasse, die sich in seinen Händen zu einem klebrigen Klumpen verwandelte.

»Nicht getauscht«, sagte er. »Er hat mir ein Garados geschenkt. Und Klara einen Glitzerring.«

Die Mutter schabte das vermatschte Fleisch von seinen Händen und warf es zwischen ihren Händen hin und her, bis es wieder zusammenklumpte.

»Wieso schenkt dieser Uwe euch was?«, fragte sie. »Ich dachte, ihr tauscht mit Tim und Alena.«

»Die mussten nach Hause.« Der Junge bohrte die Hände wieder in die Masse in der Schüssel und manschte einen neuen Klumpen Hackfleisch zwischen den Handflächen so fest zusammen, dass das rohe Fleisch an den Seiten herausquoll.

»Ja und?«, insistierte die Mutter. »Was ist mit diesem Uwe? Woher kennt ihr den? Ist das ein Freund von Tim und Alena?«

»Er war da. Am Spielplatz.«

»Und Klara ist noch bei ihm geblieben?«, fragte die Mutter einen Ton schärfer, indem sie unablässig weiter Hackfleischbällchen formte und auf dem Backblech aufreihte.

Das Fett in der Pfanne begann zu schmoren, und die Frau drehte das Gas mit dem kleinen Finger der linken Hand klein, wobei sie die übrigen fleischverschmierten Finger abspreizte.

»Wieso ist sie nicht mit dir gekommen?«, wiederholte sie, und ihre Stimme hatte jetzt einen drohenden Unterton.

»Sie hat ihm den Stinkefinger gezeigt«, gestand der Junge verschämt.

»Wem? Uwe?«

»Ja. Dem Mann halt.«

Die Frau hörte auf, Fleischklopse zu formen. Sie beugte sich zu dem Jungen, um ihm besser ins Gesicht blicken zu können. Dabei stützte sie sich mit beiden schmierigen Händen auf die Arbeitsplatte.

»Der Mann heißt Uwe?«

»Hm.«

»Wieso hat sie ihm den Stinkefinger gezeigt, Marco?«

»Ich weiß nicht, er war so komisch.«

Die Frau ging jetzt vor ihrem Sohn in die Knie, um ihm direkt in die Augen zu sehen.

»Was hat der Mann gemacht, Marco?«

»Er hat gesagt, sie soll mitkommen, weil sie ihm den Finger gezeigt hat.«

»Ja, wie? Und da ist sie mit ihm gegangen?«, fragte die Mutter und wischte sich die Hackfleischfinger an ihrer Schürze ab.

»Er hat sie gepackt«, sagte der Junge.

Die Mutter wurde laut: »Er hat sie mitgenommen? Und du? Du bist einfach nach Hause gegangen?«

Die Augen des Jungen füllten sich mit Tränen.

»Er hat gesagt, ich soll warten.«

Die Mutter packte ihr Kind entschlossen an der Hand.

»Wir müssen nach ihr sehen. Wo ist er hingegangen, Marco?«

Marco wand sich unter ihrem harten Griff.

»Er hat mir die Dose gebracht.«

»Die Tupperdose? Und Klara? Was hat er gesagt, Marco?«

Der Junge flüsterte jetzt fast. »Er hat gesagt, das kommt davon, wenn man böse Finger macht. Ich soll dir das geben, hat er gesagt.«

Die Frau ließ das Kind fahren und griff mit einem Aufschrei nach der Dose auf der Anrichte.

Einen Augenblick später schepperte das Behältnis auf den Kachelboden. Ein kleiner Ring aus einem Kaugummiautomaten, ein Ring mit einem weißen Glitzerstein, klirrte hinterher, kreiselte, zeichnete eine zarte rote Spur auf die Fliesen, lag still. Weiß glitzernd und blutverschmiert.

Der Junge schlug sich beide Hände auf die Ohren.

Aber da kam nichts. Die Augen, der Mund der Mutter, weit aufgerissen, blieben lautlos, tränenlos. Gelähmt von der schlagartigen Gewissheit: Sie würde ihre Tochter nie wiedersehen.

Niemals.

Kulinarischer Aufhänger: Hackfleischbällchen

2. Platz Corona-Wettbewerb Dezember 2011 für erste Version mit dem Titel »Die Tupperdose«

Erstveröffentlichung in: *Corona Magazine 260* (eMagazine) 2011

veröffentlicht in: *Mordsküche. Eiskalt um die Ecke serviert*, Hrsg.: Greta Wallenhorst, Der Kleine Buch Verlag Karlsruhe 2012

Friedrich-Glauser-Preis 2013

veröffentlicht in: *Zwielicht Classic 5*, Hrsg.: Michael Schmidt, CreateSpace Independent Publishing Platform 2014

BRISANTER BISSEN

Selbstsicher, nervenfest und unerschrocken. So wird er beschrieben. Ein ausgezeichneter Hüter, sehr aufmerksam und mit einem hohen Schutztrieb für seine Angehörigen ausgestattet. Im alten Rom wurde er bereits geschätzt, dann zog er noch vor Hannibal den Siegeszug über die Alpen an, kam im Gegensatz zu seinem Nachfolger auch an und erhielt in der Reichsstadt Rottweil schließlich seinen heutigen Namen. Und den Beinamen »Metzgerhund«. Man muss nicht Vegetarier sein, um die Kehrseite der Medaille zu wittern: Bei nicht artgerechter Haltung oder schlechter Sozialisation kann es passieren, dass entgegen der Mär des Kadavergehorsams am Ende unter den Haltern Kadaver zu beklagen sind.

Die Briten, im Allgemeinen sehr empfänglich für römische zivilisatorische Errungenschaften, wussten schon, warum sie anderen Hunderassen den Vorzug gaben. Krummbeinigen Kläffern statt kieferstarken Killerkötern. Nicht dass Pharos, Kelpe, Swift, Emma, Harris, Brandy, Cider und Berry eine ziemliche Plage und selbstverständlich auch bissig wären. Aber dass sie sich auf ein schutzloses Junges gestürzt hätten – davon ist zumindest niemals etwas an die Öffentlichkeit gedrungen. Es hätte auch niemals passieren können. Da waren wir vor. Die Corgi-Garde unter den Lakaien. Man munkelt ja, dass die Queen den eigenen

Kindern weit weniger Aufmerksamkeit zukommen ließ als ihren Kötern, und das kommt der Wahrheit in der Tat sehr nahe.

Mit einiger Wahrscheinlichkeit muss vor diesem Hintergrund der von ihrem Sohn im ersten Anlauf gründlich gescheiterte Versuch, seinen Rottweiler am Hofe einzuführen, nicht nur als Zeichen mangelnder Höflichkeit, sondern als Indikator einer in dieser Hinsicht gestörten Sozialisation gedeutet werden. Mehr will ich dazu gar nicht sagen. Es steht mir nicht zu Mutmaßungen anzustellen. Ich bin der Mann fürs Gassigehen. Für die Vierbeiner und eine Zeitlang auch für Queen Mum. Es ist nicht mehr und nicht minder als eine schlichte Tatsache, dass Charles Philip Arthur George weit weniger Streicheleinheiten erhielt als die königlichen Hunde und Pferde – in dieser Reihenfolge.

Was von dem prinzlichen Paten Lord Mountbatten als pränuptiales Betthupferl für den schon damals zur grämlichen Introspektion neigenden 22-jährigen gedacht war, entwickelte dann leider eine eigene Dynamik. Der Auftakt war bereits furios. Der Onkel stellte die Lady vor, bat den Neffen, sie gut zu unterhalten, weil ihr Mann sie so sträflich vernachlässige. Der Prinz versicherte sein Bestes geben zu wollen, der Lord entfernte sich, um mit anderen Gästen zu plaudern. Ob er wisse, dass ihre Vorfahren eine Affäre miteinander gehabt hätten, fragte die Aspirantin als Erstes. Ich servierte ihnen gerade Champagner, daher habe ich seinen verblüfften, aber nach der erste Schrecksekunde doch spitzbübisch grinsenden Gesichtsausdruck noch vor Augen. Woraufhin sie gleich nachsetzte: Ob sie beide es ihren Vorfahren nicht gleichtun wollten? Der Rest ist bekannt, weil aus dem Abenteuer ungeplant eine Affäre wurde, die die Queen schließlich auf den Plan rief. Der Rottweiler wich ihm auch dann nicht mehr von den Fersen. Zumindest nur kurzfristig wegen der Hochzeit. Die hündische Ergebenheit war ihm nicht auszutreiben. Obwohl er eigentlich zu lebenslänglicher Quarantäne verdonnert worden war. Aber wie will man eine solche Feme im Zeitalter zunehmender globaler Vernetzung durchsetzen?

Im Gegenzug bleibt natürlich im Zeitalter moderner Kommunikationsmedien auch nichts verborgen. Er wolle ihr Tampon sein, hat er gesagt. Da war er längst verheiratet. Ich bitte Sie! Deutlicher kann man doch gar nicht zum Ausdruck bringen, dass da in der Kinderstube etwas schiefgegangen ist.

Aber das war ja schon lange nach dem versuchten Anschlag. Ich bin im Übrigen der Überzeugung, dass der ausschließlich auf die Kappe der Rottweiler-Lady ging. Sie ist wenig zimperlich. Durchaus zu Späßen aufgelegt, die aber auch gerne derberer Natur sein dürfen. Die Sache in dem Tunnel hatten sie gemeinsam geplant, das ist offensichtlich. Sitte und Anstand verlangten es, diese unerquickliche Affäre zu beenden. Die Di konnte sich doch an Geschmacklosigkeiten leisten, was sie wollte, sie war auf Opfer abonniert. Da war es ja nur konsequent, dass sie sie diese Rolle auskosten ließen bis zur bitteren Neige. Den bitteren Beigeschmack, der Dianas Beziehung von Anbeginn anhaftete, wird sie in all ihrer naiven Dümmlichkeit vermutlich lange gar nicht geschmeckt haben. Dass ihr Märchenprinz der rosigen Jungfrau nichts abgewinnen konnte, belegte an jenem 29. Juli 1981 der Weltöffentlichkeit allerdings eindrucksvoll der mit 0,4 Sekunden kürzeste Kuss in der Geschichte royaler Zuneigungsbekundungen auf einem Schlossbalkon.

Wie gesagt, die Sache mit der Torte, die hatte der Rottweiler auf dem Kerbholz, das ist so sicher wie das Amen in der Anglikanischen Kirche. Das Schöne bei uns ist ja: Mangels Ohrenbeichte wird jedem Bösewicht Generalabsolution ermöglicht. Es nennt sich öffentlich, weil alle dabei sind. Der Priester mahnt während der Messe alle zur Beichte, und jeder Gläubige geht in sich, ruft sich schweigend seine Sünden ins Gedächtnis, bereut nach Kräften, man spricht eine gemeinsame Beichtformel, und – schwupps – wird man seiner Sünden ledig gesprochen, ohne ein einziges Wort darüber verloren haben zu müssen. Dieser Sonderheit der Anglikanischen Kirche sollte in der Religionssoziologie unbedingt einmal stärkere Beachtung gewidmet werden. Woher kommen denn Euphemismen wie »Gentleman-Verbrecher«? Wo ist die Kriminalliteratur zu größter Blüte gelangt? Wir Briten zollen einem intelligent durchgeführten und dabei möglichst hochkarätigen Kriminalfall allerhöchsten Respekt!

Daher nimmt mittlerweile auch kein Angehöriger des Commonwealth dem Thronfolger mehr etwas übel – trotz der bedauerlichen Kollateralschäden. Die übrigen Europäer sind da sentimentaler, faseln noch heute von der »Königin der Herzen« und wollen der arme Kate allzu gerne diese Rolle überstülpen. Obwohl sie unzweifelhaft zweitrangig ist! Nicht Coeur – Contenance zeichnet wahren Adel aus! Der Ärmelkanal ist weit mehr als eine Wasserstraße, er ist ein Abgrund, der die Briten vom europäischen Festland trennt, und das wird immer so bleiben.

Ha! Was haben sie sich damals über die unromantische Hochzeitstorte mokiert! Wie sie über alle unsere kulinarischen Errungenschaften die Nase rümpfen, ohne zu verstehen, dass es auf den Geschmack überhaupt nicht ankommt. Die Wirkung ist entscheidend! Essen muss nahrhaft sein und unter gewissen Umständen auch etwas hermachen. Mit Gefälligkeit und Gaumenfreude hat das überhaupt nichts zu tun.

Eindrucksvolle fünf Etagen hatte die Torte, die Charles und Diana kredenzt wurde. Eine imposante Skulptur von betonartiger Substanz, geschaffen für die Ewigkeit. Man stelle sich vor, dieses Kunstwerk wäre auch noch genießbar gewesen! Kein Krümelchen davon hätte den ersten Tag überlebt! Die ganze Welt hat sich doch darum gerissen! Stattdessen wurde es so konstruiert, dass sich selbst dreißig Jahre später noch mit den Krümeln aus königlichem Hause Höchstgebote erzielen lassen! Aber ich greife vor ...

Natürlich mussten Charles und Diana sich den Tort antun, von der Torte auch tatsächlich einen Bissen zu essen. Für die Journaille aller Länder. Kein anderer hat es treffender auf den Punkt gebracht als der Thronfolger himself: »Ich denke, wir sind eine Seifenoper.« Als solche wollten die Royals etwas für ihre Einschaltquote zum Klassenerhalt tun. Dafür mussten im zwanzigsten Jahrhundert titelseitentaugliche Bräute her, mit denen man öffentlich posierte. Defilees über rote Teppiche, Küsse auf Balkonen, dann wurden Torten angeschnitten und Söhne gezeugt. Letzteres natürlich unter Ausschluss der Öffentlichkeit.

Und genau da hörte auch für den Rottweiler der Spaß auf. Sie wollte ihrem Lover den Spaß nur bis zum vorletzten Punkt gönnen und keinen Schritt weiter. Wie sie sich Zugang verschafft haben mochte – lieber Himmel, was für eine Frage! Sie hatte die allerbesten Kontakte! Wer kann ausschließen, dass sie den Junggesellenabschied nicht doch noch tröstlich begleiten durfte?

Ich habe nichts gesagt damit, überhaupt rein gar nichts. Die Tarife der königlichen Bediensteten sind ja kein Geheimnis. In Europa schreien sie nach gesetzlichem Mindestlohn. Bei uns gelten andere Regeln. Aber jeder kann doch ohne großes Lamento das erreichen, was ihm zusteht. Gentlemanlike.

Die Torte, richtig. Prinzessin Anns Torte war von fast identischer Bauart, aber eben eine Etage niedriger, wie es sich gehörte – So wie der Teppich, über den sie schritt, blau statt rot war. Der Unterschied liegt im Detail. Die Form war gleich: Kantige, trutzige, übereinander getürmte weiße Gebäudegemäuer, ein wahrhaft windsoriger Wedding-Cake. Interessanterweise war es ein Konditormeister aus Bad Kissingen, der die Ehre hatte, das Kunstwerk anzufertigen. Ein schönes Beispiel für die bei allem Nationalstolz doch unzweifelhaft vorhandene Weltoffenheit der Briten. Kein Volk hat sich wie sie bemüht, sich in der Welt umzutun und alles, was es für wert- und sinnvoll hielt, anzueignen. Nicht wer, sondern was und wie gefertigt wird, zählt. Sowohl Backkunst wie Betonarchitektur haben ja in Deutschland durchaus eine Tradition.

Zwischen den Etagen der Hochzeitstorte bildeten gigantische goldene Eheringe, als einzig spielerisches Moment schräg gestellt, Träger und Stützen der darüberstehenden Etagen. So und nicht anders ist eine königliche Verbindung doch zu verstehen! Ein Fundament, das die nachfolgenden Generationen garantiert. Kein noch so blümerant-romantisch-kindisches

Schmuckwerk hat da etwas verloren! Die Schräglage der Ringe deutet sehr wohl an, dass es nicht immer geradlinig zugehen muss. Aber bei allen Eskapaden darf doch niemals der tragende Gedanke aus dem Auge verloren werden. Das Zauberwort ist (Er-)Haltung. Jede Schrulle, jede Entgleisung, alles wird stoisch-humorvoll geduldet, wenn nur Fundament und Fassade erhalten bleiben.

Das hatte die kleine Kindergartenhilfe von begrenztem Verstand leider nicht begriffen. Wie formulierte es ihre Biografin? Sie habe sich »im Hinblick auf ihr intellektuelles Potenzial eher defensiv« verhalten. Und genau damit, mit diesem kindischen Ausweichen hat sie es auch vermasselt. Statt dass sie das Messer an das Stück Torte, das eindeutig als das anzuschneidende markiert war, unter Zuhilfenahme der Hand ihres frisch angetrauten Gatten ansetzte, lenkte sie die Messerspitze albern kichernd eine im Protokoll nicht vorgesehene Kleinigkeit ab und sorgte so dafür, dass ihr Schicksal sich viele Jahre später erst erfüllen sollte.

Charles Philip Arthur George Mountbatten-Windsor, Prince of Wales und Duke of Cornwall, und Diana, Princess of Wales, gebürtige Lady Diana Frances Spencer, schnitten ein für die Braut und ein für den Bräutigam bestimmtes Stückchen ab, bugsierten es auf ihre jeweiligen Teller, griffen zur Gabel und schoben sich mit vorschriftsmäßigem Strahlen einen Bissen in den Mund, mimten genussvolles Kauen und würgten die Brocken immer noch lächelnd herunter.

Nichts passierte.

Die Lady, an der dieser mit ihrer Verheiratung hinfällige Titel bis zu ihrem Tode haften blieb wie klebriger Kaugummi, überlebte in all ihrer kindlichen Naivität den tödlichen Anschlag, den kein Mensch als solchen erkennen konnte. Nicht zuletzt dank der bemerkenswerten Konsistenz des Konditorkunstwerks. Das kein anderer Sterblicher je gekostet und das auch viele zukünftige Generationen ohne Weiteres in mumifizierter Gestalt hätte überleben können.

Nie hätte jemand Verdacht geschöpft, wenn es nicht Jahrzehnte später das Erdbeben gegeben hätte. Selbst dieser Zusammenhang konnte sich aber nur einem Insider wie mir erschließen – dank gründlicher Recherche, guter Kontakte und einer gewissen Kombinationsgabe. Wer sollte heute aber noch ein Interesse daran haben, Dinge aufzurühren, die sich doch auch ohne menschliches Zutun letztlich für alle zum Guten entwickelt haben? Der Tod ist irreversibel und wird nicht schöner dadurch, dass die hässlichen Begleitumstände seines Eintretens offengelegt werden. Daher wollen wir den Pariser Tunnel gern in gebührendem Dunkel lassen und auch der Torte nur so viel Aufmerksamkeit schenken, wie es weiter keinen Schaden anrichten kann. Gentlemen genießen und schweigen. Allenfalls die wahlweise indigniert oder auch amüsiert hochgezogene Augenbraue lässt ahnen, dass der Brite weit mehr denkt, als er zum Besten bzw. eben Schlechtesten gibt.

Das Brautpaar schnibbelte noch genau so lange an der Tortenskulptur herum, bis die Fotografen die vorgeschriebene Anzahl an Bildern geschossen hatten und die nach strengem Protokoll aufgestellten Umstehenden bedient waren. Jeder, der ein Stück ergattern konnte, drehte sich gleich von der Kamera weg, um die Betonbissen in mitgebrachte kleine Tupperdosen zu entsorgen, die ihrerseits in die Handtaschen der Damen verbracht wurden.

Dann machte sich ein Heer von Lakaien über die Torte her, zerlegte sie fachmännisch in Hunderte Häppchen und verstaute sie in vorgefertigte Behältnisse mit entsprechenden Aufdrucken und beigefügten Zertifikaten, die dem Inhalt Unikatsstatus bescheinigten und penibel durchnummeriert waren. Diese Stücke traten nun die Reise um die ganze Welt an und werden in vielen Haushalten noch heute, nach dreißig Jahren, neben den Urnen der Verstorbenen und anderen Devotionalien in höchsten Ehren gehalten. Der Nimbus der Hochzeitstorten-Bissen muss mit dem Zerbrechen der Ehe und erst recht mit dem unglücklichen Todesfall der ehemaligen Braut noch enorm zugenommen haben. Verkörpern die

Stücke doch genau das, was sich in der Realität eben als schier unmöglich und doch so wünschenswert erweist: den Glauben an Liebe, Hoffnung, Beständigkeit. Auch wenn sie vollkommen ungenießbar sind, so nähren sie doch die geheimen Sehnsüchte aller Menschen, vermitteln eine handgreifliche Ahnung von der möglichen Solidität des Flüchtigen. Die Ehe zerbrach, das Leben erwies sich als vergänglich. Die Torte nicht.

Ich kannte damals einige Angehörige der RAF. – Nein, nicht, was Sie denken! Die Rede ist von der Royal Air Force. Einer von ihnen, ein Unteroffizier namens Greenslade, war kurz vor dem medialen Großereignis an das andere Ende der Welt versetzt worden, was ihm nicht wenig zu schaffen machte, so dass er mir viele, viele Jahre lang regelmäßig Briefe schrieb, die von den Eingewöhnungsschwierigkeiten in Neuseeland kündeten und von seinem sehnlichen Wunsch, doch noch ein wenig teilhaben zu können an dem, was sich in London und am Hofe tat. Ich hielt ihn also leidlich auf dem Laufenden, mehr aus Mitleid als aus ehrlicher Freundschaft, denn allzu eng hatten wir uns vorher eigentlich auch nicht verbunden gefühlt. Nach seinem Tod stand ich sogar gelegentlich mit seiner Tochter Katrina noch in brieflichem Kontakt – Aber auch hier will ich nicht vorgreifen, sondern eins nach dem anderen berichten.

Einige Bisschen des königlichen Hochzeitskuchens hatten noch in der Woche nach der Feier ihren Weg zur Royal New Zealand Airforce gefunden, wo sie unter den Angehörigen der Streitkräfte verlost wurden. Mein Freund – wenn ich ihn denn so nennen soll – hatte zu seinem größten Entzücken ein Mini-Stück gewonnen. Da er nicht der reaktionsschnellste war und kostbare Zeit damit verlor, in Jubel auszubrechen und kleine Freudentänzchen aufzuführen, war er letzten Endes der Letzte, der sich in die Schlange der Gewinner einreihte, um sein Portiönchen Glück in Empfang nehmen zu können. Es handelte sich um ein damals noch strahlend weißes Stückchen Belag, das er voller Stolz mit nach Hause nahm und seiner Familie zeigte. Zeitlebens muss er sich mit diesem Zeitdokument royaler Zuneigung auf Familien- und sonstigen Feiern gebrüstet haben, was ihn, den eher unscheinbaren, dabei aber grundanständigen Menschen in den Augen seiner Mitmenschen gewissermaßen geadelt haben muss. Niemals aber ließ er jemanden von seinem Schatz kosten, noch nicht einmal ein Stups mit der Zungenspitze war den eigenen Kindern vergönnt. Und das war letzten Endes auch gut so. Wer weiß, was daraus erwachsen wäre! Nicht dass ein Schaden auch so eingetreten ist, aber dieser war doch gewissermaßen Teil der göttlichen Vorsehung, was es uns Menschen ja im Allgemeinen leichter macht,+ uns in unser Schicksal zu finden, als wenn unseresgleichen die Finger im Spiel haben.

Ich selbst habe, da Greensslades Anhänglichkeit mir offen gestanden immer etwas lästig war, ja, sogar ein wenig lächerlich erschien, dem Wesens, das er um sein Bisschen Königskuchen machte, nie sonderlich viel Aufmerksamkeit geschenkt. Bis zu jenem Tag Anfang 2011, dem 22. Februar, um es genau zu beziffern.

In der Region Canterbury auf der Südseeinsel Neuseelands war es ohne jegliche Vorwarnung gegen Mittag zu einem der stärksten Erdbeben gekommen, das die Region je verzeichnete. Am schlimmsten war Christchurch betroffen, die zweitgrößte Stadt des Landes, in der zu der Zeit geschäftiges Treiben herrschte. Es gab fast 200 Opfer zu beklagen, die unter einstürzenden Häusern begraben wurden, aber auch durch einen von dem Beben ausgelösten Tasman-Gletscherabbruch und die darauffolgende Flutwelle ums Leben kamen, abgesehen von unzähligen Verletzten und Traumatisierten. Das Wahrzeichen von Christchurch, die Kathedrale, wurde punktuell massiv zerstört: Der Kirchturm stürzte ein und beschädigte Teile des übrigen Gebäudes so schwer, dass es in der Folge abgerissen werden musste. Die ersten Luftaufnahmen von der Kirche erweckten allerdings den Eindruck, dass das Kirchenschiff wie durch ein Wunder unversehrt geblieben sei, während der imposante Turm wie wegradiert erschien. Dieses Bild war es, was meinen Argwohn erregte.

Kurz zuvor hatte ich damals einen Brief von Katrina erhalten, in dem sie mir ihren Entschluss mitteilte, dass sie das Stück Gedenk-Kuchen, das ihr Vater ihr vererbt hatte, zu einer Versteigerung geben wolle. Im Nachhinein bin ich mir sicher, dass sie sich mit dieser Entscheidung sehr schwergetan haben muss, wohl wissend, was die Gebäckpreziose ihrem Vater bedeutet hatte. Von mir, dem einzigen Verbindungsmann zum Hofe, von dem das kostbare Stück doch herrührte, und in der falschen Annahme, in mir einen Bruder im Geiste ihres Vaters vorzufinden, hatte sie sich Absolution zu diesem Sakrileg ersehnt. Und sie hatte noch mehr getan, um sich auch des göttlichen Wohlwollens zu vergewissern: Sie hatte das Erbstück dem anglikanischen Priester ausgehändigt, der ihr zusagte, es eine Weile auf geweihtem Boden sicher aufzubewahren, bis sie sich des göttlichen und meines Zuspruchs zu diesem profanen Schritt sicher sein konnte. Frauen sind in dieser Hinsicht ja ein wenig spleenig. Der Glaube daran, dass Gottes gefälliger Blick eher auf die ihm zu Ehren erbauten Kirchen fällt als auf die Küchen der ihm ergebenen Gläubigen, scheint dazuzugehören. Als Mann sehe ich das etwas pragmatischer. Und skeptischer. Katrina hatte mir geschrieben, dass das heilige Stück Kuchen in einem Schrein im Kirchturm aufbewahrt worden war. Dass nun just dieser Turm so gründlich dem Erdboden gleichgemacht worden war, rührte an ein Gefühl des Misstrauens, das mich seit der verhängnisvollen Nacht vor der Hochzeit nie mehr ganz verlassen hatte, wenn es auch im Laufe der Jahrzehnte tief verborgen geschlummert hatte. Ich eilte unter dem Vorwand, dort Staub wischen zu müssen, in die Archive von Buckingham Palace. Nein, es lag und liegt mir nichts daran, Staub aufzuwirbeln. Aber ich wollte doch Gewissheit bekommen.

Ich fand, was ich suchte. Sorgfältig kartografiert war dort in unzähligen Dokumenten glasklar nachvollziehbar anhand der peniblen Nummerierung festgehalten worden, welches Kuchenteilchen von welcher Stelle des monumentalen Kunstwerks welchen Weg in die Welt genommen hatte. Es stellte sich heraus, dass das Stückchen, das zum Zeitpunkt des Erdbebens im Turm der Christchurch-Kathedrale aufbewahrt worden war, – diese Zwischenlagerung war in den Akten natürlich nicht festgehalten, da Katrina nur mich davon in Kenntnis gesetzt hatte, – dass dieses Stück also just neben der Schnittstelle, an der Diana – Gott hab sie selig – aufgrund ihrer kindischen Nervosität das Messer um eine Idee versetzt geführt hatte, entnommen worden war. Exakt das Bisschen, das ursprünglich dazu auserkoren gewesen war, von Lady Dianas Zähnen zermalmt zu werden, war stattdessen von herabstürzenden Ziegelbrocken pulverisiert worden und muss erstaunliche Explosivkräfte an den Tag gelegt haben. Alle Erschütterungen während des langen Flugs rund um die Welt und beim Herumreichen auf den Greensladesschen Feierlichkeiten hatten der betonkonsistent gesicherten Sprengladung im Inneren der Köstlichkeit nichts ausgemacht. Das Erdbeben erst brachte die brisante Wahrheit an den Tag und verbarg sie auch sogleich für alle Zeiten vor den Augen der Welt.

Katrina Greenslade verstand den Verlust als missbilligenden Fingerzeig ihres Gottes, der den höchsten Schatz ihres Vaters zu sich genommen hatte. Ihr Gewissen war insofern beruhigt, als sie durch den Verlust des Erbstücks ja bereits Buße getan hatte. Dabei erwies sie sich als immerhin pragmatisch genug, dass sie über den Vorfall kein weiteres Wort verlor und stattdessen eine kleine Gipsnachbildung des Tortenbelagstückchens fertigte, der sie mithilfe von Gelbwurz ein wenig Patina verlieh. Der täuschend echten Kopie legte sie das Originalzertifikat bei und übergab es dem Auktionshaus TradeMe, wo es über vierzigtausendmal angeklickt wurde und schließlich für 380 neuseeländische Dollar von einem Bieter namens Paul ersteigert wurde.

Ich wünsche Paul alles Glück dieser Welt, so wie alle in dieser Episode Involvierten ihren Frieden finden mögen. Ihnen, liebe Leser, die nun zwar mehr, aber doch überhaupt nichts Beweiskräftiges erfahren haben, empfehle ich: Sollte in Ihrer Gegenwart einmal von der Geschichte der Di und ihrem Kuchen die Rede sein, von dem Sie nun selbst ein Stückchen genossen haben: Schweigen Sie und lassen Sie ganz gentlemanlike eine hochgezogene Augenbraue sprechen.

Kulinarischer Aufhänger: Hochzeitstorte

Erstveröffentlichung in: *Mit Schirm, Charme und Pistole,* Hrsg.: Eva Lirot und Hughes Schlueter, KBV Verlag Hillesheim 2014

CORONA(R)INSUFFIZIENZ

Ich beobachte sie aus den Augenwinkeln, während sie, gestützt auf den Stock, zu ihrem Stammplatz schlurft. Sie bewegt sich genauso, wie sie ihren Kaffee trinkt – nein, mit halb gesenkten Lidern schlürft. Neben den rissigen, rot übermalten, gespitzten Lippen hängt rechts und links vom Kinn pigmentgefleckte Haut lappig herunter. Wie die Lefzen eines Bluthunds, die dem Gesicht etwas Griesgrämiges geben.

Sie ist meine beste Kundin. Vom ersten Tag an. Und mein Albtraum.

Diese Stadt hat mich aufgenommen und akzeptiert. So, wie ich bin. Nein, sie hat mir gezeigt, *wie* ich bin. Was ich kann. Nach der Schule hatte ich nicht gewusst, wohin. Was ich überhaupt wollte. Zwei Jahre bin ich um den Erdball gekreist, ziellos, wie ich dachte, aber am Ende war ich angekommen. Einfach drauflos getrampt, erst quer durch Europa, hatte gejobbt, dann – einer spontanen Eingebung folgend – meinen kompletten Lohn als Kellner in einer Kaffeebar nahe der Piazza Navona in Rom in ein Flugticket nach Indien umgesetzt. In den Süden: Karnataka, Kerala, Tamil Nadu, wo ich auf Kaffeeplantagen gearbeitet habe. Von da bin ich weitergeflogen nach Kambodscha und Vietnam. Dann Südamerika: Kolumbien, Peru, Bolivien und Brasilien. Schließlich Köln. Warum? Weil es die weltoffenste Stadt Deutschlands ist. Dass ich zurückwollte, war immer klar gewesen. Aber mit Sicherheit nie mehr zurück in die bayerische Provinz, in der mein Vater ausgerastet war, als ich ihm am Abend der Abiturfeier erklärte, dass ich nicht daran dachte, zu studieren und die Kanzlei zu übernehmen. Sein verzerrtes Gesicht. Irgendwas mit »Dankbarkeit« wurde mir um die Ohren gehauen und ins Gesicht gespuckt. Kann man jemanden dafür bezahlen, dass er glücklich ist? An dem Abend hatte ich es ihm gesagt. Obwohl ich es selbst noch nicht ganz realisiert hatte. Leben konnte ich es erst in Südamerika. Der Metropole des Machismo. Ach, Rafael …

Ich habe gelernt, dass man mit Anstrengung und Glück überall überleben kann. Dass zum Wohlfühlen viel mehr gehört. Dass Frieden aber nur gelingt, wenn Menschen glücklich sind. Wenn sie ihre Bedürfnisse und Möglichkeiten verwirklichen können.

Also Köln. Von dem Erbe konnte ich im letzten Jahr auf dem Eigelstein das »Café Bohne« eröffnen. Meine persönliche Philosophie: Kaffeemanufaktur, innovative Gastronomie und Begegnungsstätte. Ich importiere nur Bohnen von Plantagen, die ich persönlich kenne. Die nachhaltig anbauen und ihre Arbeiter fair bezahlen. Dafür gebe ich zwanzig Prozent auf den Fair-Trade-Preis obendrauf. Röste selbst. Auf dem Dachboden. Äußerst schonend bei knapp über zweihundert Grad Celsius. Jede Sorte im eigenen Trommelröster. Parterre und auf der ersten Etage ist die Gastronomie. Darüber der Wohnbereich. Mein – nein, *unser* persönliches Paradies.

Vom ersten Tag an war die Pütz dabei. Ganz in Schwarz, auf einen Gehstock gestützt, dessen silberner Knauf zwischen krallenbewehrten knochigen Fingern hervorlugte. Eine Krokohandtasche schlackerte gegen das Holz. Die weißen Haare hatte sie zum Nackenknoten gebunden, darüber saß ein schwarzes Kapotthütchen, dessen keck drapierter Spitzenschleier die Stirn halb bedeckte. Dame durch und durch. Nicht zuletzt der Gesichtsausdruck. Ein Pokerface. Sie erwiderte meinen Gruß nicht, sondern spähte nach rechts und links, setzte sich schließlich zum letzten Tisch am Fenster in Bewegung, von wo aus sie mit dem Rücken zur Wand nicht nur die Straße, sondern auch das Café bis in den Küchenbereich hinein überblicken konnte. Als ich ihr die Karte reichte, nahm sie sie mit huldvollem Kopfnicken entgegen und studierte sie gründlich, ehe sie einen Caffè Crema verlangte, den sie seitdem immer bestellt. So, wie sie immer den Tisch in der Ecke haben will. Da sie meist schon vor der Tür steht, wenn ich aufschließe, kommt es so gut wie nie vor, dass er bereits besetzt ist. Mit der Zeit habe ich mir angewöhnt, ein »Reserviert«-Schild darauf zu platzieren, das ich erst abräume, wenn sie gegen Mittag aufbricht. Gelegentlich kommt sie auch nachmittags vorbei. Dann bitte ich Gäste, die sich in der Ecke niedergelassen haben, den Tisch freizugeben, was gelegentlich auf Widerstand stößt, aber bei ihrem Anblick lächeln die meisten verständnisvoll. Ihre scheinbare Gebrechlichkeit mag dazu beitragen. Gepaart mit einer Hoheit, die keinen Widerspruch duldet. Ein bisschen wie Queen Mum. Die zu Lebzeiten allerdings ein wahrer Sonnenschein war im Vergleich zu Apollonia Pütz. Nein, vorgestellt hat sie sich nie. Sie bevorzugt die schriftliche Form. »Herr Huber!«, beginnen ihre Briefe. »Mit Entsetzen habe ich zur Kenntnis genommen …« Mit Höflichkeitsfloskeln hält sie sich nicht auf. Die Schlussformel lautet stets: »In großer Sorge und Erwartung einer Besserung – Apollonia Pütz«. Damit meint sie nicht meine Gesundheit. Die geht ihr sonst wo vorbei. Wie ihr alles jenseits der eigenen Befindlichkeit sonst wo vorbeigeht. Auch wenn sie die Dringlichkeit jeder ihrer Beschwerden damit unterstreicht, dass es keineswegs um ihr persönliches, sondern um Wohl und Wehe mindestens meiner Kundschaft, wenn nicht der Bewohner des Planeten geht.

Als ich ihr heute Morgen die Tür aufgehalten habe, kitzelte ein morgendlicher Sonnenstrahl meine Nase. Ich habe mich blitzartig abgewendet und in die Ellenbeuge geniest – nicht ohne sofort um Verzeihung zu bitten. Statt eines »Gesundheit!« traf mich ihr Blick, als hätte es sich um einen misslungenen Anschlag auf Leib und Leben gehandelt.

Ich hatte mich längst gewöhnt. Halte es sogar für eine gute Schule. Wenn ich sage, dass zum Glücklichsein gehört, seine Bedürfnisse und

Möglichkeiten verwirklichen zu können, heißt das nicht, dass es nicht auch kleiner Stachel im Fleisch bedarf, die einen daran erinnern, *wie* glücklich man eigentlich ist. Frau Pütz ist mein persönlicher Stachel.

Ich habe alles, wovon ich je träumen konnte, erreicht. Den Kaffee von der Pike – der Plantage – bis zum Barista studiert. Beherrsche die Praxis von Anbau über Arabica, Robusta, Röstung, Maschinen, Mahlwerke und Muster beim Eingießen aufgeschäumter Milch. Frau Pütz beherrsche ich nicht.

Ich arbeite dran.

Die Einwohner der Colonia Ara Agrippinensium, wie die Römer die Stadt am Rhein bei ihrer Gründung nannten, sind im Allgemeinen genau das Gegenteil von Apollonia Pütz: generationenübergreifend kumpelig, grundsätzlich wohlwollend und grenzenlos tolerant. Der Eigelstein liegt im Herzen von Köln, zwischen Musikschule und Hauptbahnhof, nahe der Kirche Sankt Ursula, die der Stadtpatronin geweiht ist. Hier kommen ureingesessene Kölner mit Künstlern, anatolischen und Balkanzuwanderern entlang des Straßenstrichs, an Dönerbuden, in Brauhäusern, Schwulenbars und Musikkneipen zusammen. Seit einem Jahr auch im Café Bohne.

»Welche Temperatur hat dieses Getränk?«, hatte sie als Erstes gefragt, als ich ihr den Caffè Crema servierte. Sie hielt die leicht gewölbten Hände rechts und links der Tasse demonstrativ auf Abstand, während sie sich mit bebenden Nasenflügeln vorbeugte.

»Um mit Talleyrand zu sprechen: Wie er sein muss: heiß wie die Hölle, schwarz wie der Teufel, rein wie ein Engel und süß wie die Liebe«, entgegnete ich.

Und erhielt stante pede die erste Lektion in Sachen Apollonia Pütz: »In den USA kann es Sie drei Millionen Dollar kosten.«

»Unser Kaffee wird bei idealen 94 Grad Celsius gebrüht«, besserte ich nach. »Damit die Aromastoffe sich entfalten können. Er ist schon auf der Strecke zu Ihnen heruntergekühlt. Genießen Sie den Geruch, die Vorfreude auf den Geschmack. Es dauert nicht lange.«

Sie antwortete nicht. Schnupperte, prüfte die Temperatur der Tasse mit den Händen, hob sie vorsichtig an, senkte die Nase, nahm einen tiefen Atemzug, setzte den Kaffee wieder ab, griff zum Löffelchen, rührte, kostete von dem Schaum, ehe sie mit vorsichtig gespitzten Lippen nippte. Ich hatte zum Glück zu viel zu tun, als dass ich sie die ganze Zeit hätte beobachten können. Warf nur von Zeit zu Zeit einen Blick hinüber, um mich zu vergewissern, ob sie noch etwas benötigte. Als ich nach einer gefühlten Ewigkeit registrierte, dass sie ausgetrunken hatte, trat ich wieder an den Tisch und langte nach der Tasse. »Kann ich Ihnen noch etwas Gutes tun?«

Sie hob die Hand, um deren hageres Gelenk eine winzige Armbanduhr mit goldfarbenen Kettengliedern schlackerte, schob mit der anderen das Ziffernblatt nach oben und kniff die Lider zusammen.

»Bringen Sie in 25 Minuten noch einen.«

Genauso verliefen fortan alle Besuche. Sie kam, schlurfte zu ihrem Stammplatz und ließ sich exakt einmal die Stunde einen Caffè Crema servieren, ehe sie gegen Mittag wieder aufbrach. Spätestens nach der zweiten Tasse öffnete sie die Handtasche und zog eine sorgfältig zusammengefaltete Tageszeitung heraus, die sie umständlich auf dem Tischchen ausbreitete und stundenlang studierte. Auch wenn sie den Augenkontakt mit mir auf ein Minimum beschränkte, wieselten ihre Blicke, wenn sie nicht gerade las, durch den Raum und checkten, was auf dem Eigelstein abging. Gelegentlich kamen Menschen vorbei oder betraten das Café, die sie grüßten, worauf sie mit einem Nicken reagierte. Ein Lächeln konnte ich nie an ihr beobachten.

Bei ihren gelegentlichen nachmittäglichen Besuchen musste ich aufpassen, dass ich nicht automatisch einen Caffè Crema vor ihr abstellte. Im Sommer verlangte sie gern einen Eiskaffee.

Gut einmal im Monat bekomme ich Post von ihr. Daher weiß ich, dass sie meinen Namen kennt. Und mein Interesse für Kaffee teilt. Nur ist ihr Fokus immer auf die Kehrseite dessen gerichtet, worum es mir geht. Ganz offensichtlich scheut sie Gespräche. Stattdessen wählt sie den postalischen Weg. Und verliert auch da nicht viele Worte. Sondern fügt den Anschreiben in zittriger Tintenschrift auf feinstem Büttenpapier Kopien von Zeitungsartikeln hinzu, in denen sie gelegentlich etwas umkringelt oder unterstrichen hat.

Beim ersten Mal war ich so verblüfft, dass ich sie anderntags darauf ansprach: »Frau Pütz, ich habe gestern einen Brief von Ihnen be–«

»Dann wissen Sie ja Bescheid«, unterbrach sie mich und wedelte mit der Hand vor ihrem Gesicht, als wollte sie ein lästiges Insekt verscheuchen.

Ich nahm es als Signal, dass sie ihre Ruhe haben wollte, und zog mich zurück. Keine Stellungnahme, kein Austausch, so wenig Kontakt wie irgend möglich. Litt sie unter einer Form von Autismus? War ihr Rückzugsort in der Ecke das Maximum an Nähe, die sie ertrug? Auf der anderen Seite zeigten ihre Briefe und täglichen Besuche das Bedürfnis nach Annäherung. Gelegentlich fragte ich mich, was sie montags trieb, wenn das Café Bohne geschlossen hatte.

Definitiv war sie Kaffee-Junkie. Dass sie ihre Order streng nach der Uhr richtete, legte nahe, dass sie bemüht war, die Sucht unter Kontrolle zu halten. Vielleicht war das auch der Grund, dass sie die Öffentlichkeit aufsuchte? Als therapeutische Maßnahme sozusagen unter meinen Augen als Dealer und Therapeut in Personalunion? In einem der Zeitungsausschnitte, die sie mir schickte, wurde das Phänomen des Coffeeinismus – Klassifikation nach ICD-10 der Weltgesundheitsorganisation WHO – ausführlich beschrieben: psychische Beeinträchtigungen wie erhöhte Reizbarkeit; physische Folgen: Tachykardie – Herzrasen –, die zu Coronarinsuffizienz, also Verengung der Gefäße und Infarkt führen könne. Als ich die Überschrift – »Todesursache: Herzinfarkt?« – las, setzte mein Herzschlag für einen Moment aus. Ich musste ein paar Mal durchatmen, ehe die Buchstaben nicht mehr vor meinen Augen tanzten. Beim dritten Lesen verstand ich, dass dieses Schreiben tatsächlich eine persönliche

Botschaft enthielt – dass es nämlich nicht um mich, sondern um *sie* ging. Alle beschriebenen Symptome trafen auf sie zu. Es konnte nichts anderes bedeuten, als dass sie mich bat, auf sie zu achten.

Als wenn ich die Tücken des übermäßigen Coffeinkonsums nicht kenne – wie fast alles, was sie mir schickt. Immer geht es um besondere Gefahren im Zusammenhang mit Kaffee.

Im ersten Brief – der Klassiker: Ein Kommentar von 2014 zu dem McDonalds-Gerichtsurteil von 1994, als eine Kundin von McDonalds für eine Verbrühung durch zu heißen Kaffee fast drei Millionen Dollar erstritt – was Apollonia Pütz mir schon am ersten Tag aufs Butterbrot geschmiert hatte – nichts anderes als eine implizite Drohung.

Gut, nach einem zweiten Verfahren einigte man sich schlussendlich auf eine halbe Million Dollar. Zwanzig Jahre später hatte eine US-Amerikanerin es aufs Neue versucht.

Was sollte das? Mir diesen kalten Kaffee zu kredenzen! Per Brief!

Apollonia Pütz ließ nichts aus. Als sie im Juli mit dem Eiskaffee anfing, kriegte ich eine Focus-Meldung über eine Starbucks-Kundin in Illinois, die das Unternehmen verklagt hatte, weil die Mengenangabe des Eiskaffees irreführend sei, man bezahle die Bechergröße und nicht den darin enthaltenen Kaffee, der durch die Eisbeigabe drastisch reduziert sei. Okay, die spinnen, die Amerikaner. Hier gelten andere Gesetze. Aber was sollten diese subtilen Hinweise? Wollte Apollonia Pütz mir an den Karren pinkeln? Den Preis drücken? Ich servierte ihr den nachmittäglichen Eiskaffee wie immer. Kein Kommentar.

Mehrfach schickte sie Meldungen über Mängel bei der Reinigung von Kaffeeautomaten, dessen Inneres ein idealer Nährboden für Schimmelpilzkulturen sei: Trester im Gehäuse, verdreckte Schläuche, Sporen selbst im Kaffee – außen hui und innen pfui.

Unverschämt! Wollte sie unterstellen, dass im Café Bohne nicht penibel auf Hygiene geachtet würde?

Das Ammenmärchen, dass Kaffee dem Körper Wasser entziehe – ein »Brigitte«-Ratgeber-Beitrag, war leider ohne Datum. Anderntags konnte ich mir nicht verkneifen, der Pütz eine Apothekenrundschau auf ihren Tisch zu legen, die auf der Titelseite Franz Kafka zitierte: »Kaffee dehydriert den Körper nicht. Ich wäre sonst schon Staub.«

Sie las lange in der Broschüre, sagte aber nichts.

Dann die Sache mit den Nanopartikeln in Instant-Kaffee – was ging mich das an? Bei mir gibt es keine Instant-Produkte!

Der Bericht zum Verdacht, dass H-Milch krebserregend sein könne. Über Melamin in Milchpulver. Gezuckerte Kondensmilch als Kalorienbombe. Listeriose-Erreger in Rohmilch.

Die Meldung des Bundesamts für Verbraucherschutz und Lebensmittelsicherheit von Oktober 2019: 67,5 % aller Hygiene-Beanstandungen entfielen auf den Gastronomiebereich.

Der stete Stachel im Fleisch tat Wirkung. Oder lag es an Bruno, der mir nach zwei glücklichen Jahren und zwei krisenhaften Monaten Anfang März alles vor die Füße geschmissen hatte? Am Morgen, nachdem er von der Mailänder Modewoche zurückgekehrt war. Als Einkäufer für die Edelboutique »Moda Donna« an der Mittelstraße war er dauernd in der Welt unterwegs. Immer wieder fragte ich mich in seiner Abwesenheit, wie viele andere Männer er bei solchen Gelegenheiten datete – und schob den Gedanken jedes Mal beiseite. Telefonieren war grundsätzlich schwierig, weil er von einer Veranstaltung zur nächsten hetzte. Aber diesmal war er auch per WhatsApp kaum zu erreichen. Seine knappen Auskünfte klangen ausweichend – Er fühle sich schlapp, sei erkältet, anderntags klagte er über Durchfall, am dritten Tag gab er Kopfschmerzen vor. Als ich ihn am Sonntagabend am Flughafen abholte, wirkte er seltsam distanziert, wand sich gleich wieder aus meinem Arm. Im Auto war er einsilbig, zu Hause wollte er den Koffer gar nicht erst auspacken, fiel ins Bett und als ich ihm wenig später folgte, wehrte er meine Zärtlichkeiten ab. Beim Frühstück am nächsten

Morgen konnte ich mir die Frage nicht verkneifen: »Und? Was Nettes aufgerissen?«

Wie bleich er wurde! Stierte mich mit großen Augen an. Der Adamsapfel hüpfte, als kaute er an einer Antwort. Sprang schließlich auf, fauchte »Fick dich!« und verschwand im Bad. Kurz darauf hörte ich Rumoren im Schlafzimmer, dann den Koffer im Flur. Er steckte den Kopf zur Tür rein. »Ich brauch eine Woche Pause, okay? Und tu mir *einen* Gefallen: Ruf nicht an.«

Unmittelbar darauf fiel die Wohnungstür zu.

Als ich am frühen Nachmittag wieder Post von Apollonia Pütz im Briefkasten fand, der sie einen Kommentar über die Ausbreitung dieses neuen Virus aus China im Kreis Heinsberg beigefügt hatte, kriegte ich im wahrsten Sinne des Wortes einen dicken Hals. Der Verfasser forderte eindringlich, gastronomische Einrichtungen als ideale Übertragungsorte für Viren sowie sämtliche Veranstaltungslocations von Kinos bis Konzertsälen zu schließen.

Ich pfefferte Artikel und Brief in die Mülltonne und stand den Tag mehr recht als schlecht durch. Zum Glück tauchte die Pütz nachmittags nicht auf.

Nächtliche Albträume. Keine Nachricht von Bruno. Nein, ich habe nicht angerufen. Der Kloß im Hals schwoll an.

Während ich den Caffè Crema zubereite, versuche ich, meinen Frust herunterzuschlucken. Es gelingt mir nicht. Ich verspüre eine unbändige Lust, es der alten Zimtziege heimzuzahlen. Ihren hinterfotzigen Post-Terror mit einer Hinterfotzigkeit zu beantworten, die ihr so richtig wehtut. Ohne dass sie es überhaupt checkt. Als ich mich rumdrehe und nach einem Kaffeelöffelchen greife, stecke ich ihn blitzschnell in den Mund und speichele ihn ein, bevor ich ihn auf der Untertasse platziere. Herpes soll sie kriegen! Mindestens!

Da sitzt sie nun, vorgebeugt, schnuppert, führt die gewölbten Hände zur Tasse, das Wasser läuft ihr im Mund zusammen, man sieht es, weil sie schlucken muss. Dann greift sie nach dem Löffelchen – einen kurzen Panikmoment lang denke ich, sie merkt es, aber dann taucht sie ihn in die dicke goldbraune Schaumkrone, nimmt ein wenig davon auf, führt den Löffel zum Mund, spitzt die Lippen, die Lefzen wackeln, als sie die Zungenspitze ausfährt, kurz kostet, dann den Löffel genüsslich ableckt. Ha! Wie lange habe ich mich nicht mehr diesem wohligen Aufwallen von Wut hingegeben! Es tut so gut!

Das verzerrte Gesicht meines Vaters. Sein Gebrüll: »*Mein* Sohn? Du *abartige Sau*!«

Es war so leicht gewesen. Ein Impuls. Kurz das Bein vorstrecken, als er zur Treppe stürmte. Selbst nachdem er sich mehrfach überschlagen und mit einem hässlichen Krachen parterre den Marmorboden geküsst hatte, war die Wut noch da. Erst als ich neben ihm kniete, Puls und Atmung kontrollierte, wich sie allmählich einem warmen Gefühl der – Befreiung. So schrecklich es klingt: Ich spüre bis heute kein Bedauern. Nur Erleichterung. Bei der Autopsie wurde festgestellt, dass mein Vater einen Herzinfarkt erlitten hatte. Kein Wunder, dass er die Treppe hinuntergefallen war.

Mein Smartphone vibriert.

Bruno. Eine Sprachnachricht: »Der Arzt hat das Gesundheitsamt verständigt. Die werden dir den Laden schließen. Du musst in Quarantäne. Ich hab Corona!«

Schlagartig ist die Wut weg.

Ein leises Klirren. Ich blicke mich um.

Apollonia Pütz hat die Tasse abgesetzt. Sie schaut zu mir herüber und – ja, tatsächlich! – lächelt mich an.

Kulinarischer Aufhänger: Kaffee

Erstveröffentlichung in: *Kaffee. Mokka. Tot.* Hrsg.: Anja Marschall, Emons Verlag Köln 2021

HASEN HASSEN

Ich hasse Hasen. Man kann es gar nicht oft genug wiederholen: Die Biester werden völlig verkannt. Man stilisiert sie zu possierlichen Freunden der Menschen, die Legebatterien heimsuchen, tonnenweise Dioxineier entwenden, um sie in nächtlichen Sprayer-Sessions bunt einzufärben und in Haushalten und Supermärkten zu verteilen. Was zum Teufel ist daran liebenswert? Diebstahl, Sachbeschädigung, Einbruch und Stalking hat der Richter es genannt – was haben Hasen, was ich nicht habe?

Lena liebt sie, und ich liebe Lena. Damit nahm das ganze Elend seinen Lauf. Auch wenn ich damals noch gar nichts davon wusste, als ich begann Lena zu lieben. Wir wurden ein Paar, und alles schien so weit klar. Bis wir eines Tages den Leihhasen kriegten.

An dieser Stelle muss ich mich natürlich korrigieren. Wir reden in Wirklichkeit gar nicht von Hasen, sondern von Kaninchen. Aber erstens tun das alle, und zweitens ist es mir völlig egal, wie die Biester heißen, das macht es nicht besser.

Wir kriegten also ein Leihkarnickel. Lenas Freundin Karen logierte das Vieh während eines Auslandspraktikums bei uns ein. Da Lena und ich eine klassische Arbeitsteilung pflegten: ich war für alles Grobe, sie für alles Schöne zuständig, oblag mir das Füttern und Ausmisten, während sie das Kanin gelegentlich zum Kraulen auf den Schoß nahm, wenn sie irgendeinen Schmachtfetzen guckte.

Aus dem Praktikum wurde eine Festanstellung. Dann ehelichte Karen ihren Chef und verschaffte sich so die Option auf lebenslänglichen Auslandsaufenthalt. Damit war klar: wir hatten ebenfalls lebenslänglich - ein Kaninchen. Zum Glück war die Lebenserwartung von Karens Kaninchen deutlich geringer als die von Karen. Zumal das nächste Weihnachtsfest bevorstand.

»Was hältst du von Hasenbraten zum Fest?«, fragte ich Lena, als es an die Planung der Feierlichkeiten ging.

»Klingt wunderbar«, meinte Lena, »aber ich habe keine Ahnung, wie man so was zubereitet.«

»Lass das mal meine Sorge sein«, sagte ich, »Ich kümmere mich darum.«

Es war ein wunderbares Fest. Lena, die bis zuletzt in der Stadt herumwirbelte, hatte Geschenke besorgt und unser Wohnzimmer in eine Orgie von Gold, Rot, Glitzer und Tannengrün verwandelt. Nur einmal kam sie am Vorabend des Heiligabend in die Küche, wo ich gerade dabei war den Braten zu marinieren: »Hast du den Hasenkäfig weggeschafft?«

Ich küsste sie. »Du hattest mich doch gebeten, den Tannenbaum da aufzubauen.«

»Und wo ist er jetzt?«

»Unter der Kellertreppe«, sagte ich schnell, und das war noch nicht einmal gelogen.

Sie runzelte die Stirn. »Ist das nicht zu dunkel und zu kalt?«

»Er steht zwischen Fenster und Heizungskeller«, beruhigte ich sie.

Erst nachdem ich den Käfig zusammen mit dem Tannenbaum zum Sperrmüll gebracht hatte, fiel ihr auf, dass das Kaninchen weg war. Meiner Erklärung, dass mich bisher nicht getraut hätte ihr einzugestehen, dass ich den Käfig nach dem Füttern vergessen hatte zu verschließen, ebenso wie das darüber befindliche Kellerfenster, schenkte sie keinen Glauben, sondern sie roch gleich den Braten.

»Kein Hase springt einen Meter fünfzig hoch«, sagte sie.

Ich googelte eifrig und versicherte ihr, dass normale Hasen zwei Meter und gemeine Kaninchen zwar nur maximal einen Meter hochkämen, aber da war ja noch der Stall. Wenn das Kaninchen erst einmal auf das Dach gekommen war -

»Wie sollte es auf das Dach kommen, wenn der Deckel doch hochgeklappt war?«

»Nicht direkt hochgeklappt«, versuchte ich zu retten, was zu retten war. Ich hätte den Deckel nur nicht richtig eingehakt, so dass er, wenn es dagegen gesprungen sei, vermutlich so weit aufgeklappt war, dass es raus konnte, aber dann sei der Deckel gewiss wieder zurückgeklappt, so dass es vom Boden auf den Deckel und von da zum Kellerfenster –

Lena schrie entsetzt auf: »Der Hasenbraten!«

Sie lief aus dem Zimmer, kurz darauf hörte ich Würgegeräusche aus dem Bad.

Ich verstand die Welt nicht mehr. Sie hatte ihn so lecker gefunden!

Am gleichen Tag noch quartierte Lena sich bei Lisa ein. Mein Flehen, doch in unser gemeinsames Haus zurückzukommen, erhörte sie erst, als ich mich bei Rüdiger einquartiert hatte. Dieses Pingpong-Spiel trieben wir einige Wochen lang, dann war ich so mürbe, dass ich ihr zusicherte, ich würde mich nach einer eigenen Wohnung umsehen. Ich kam mit Rüdiger überein, dass er meinen Name an sein Klingelschild und den Briefkasten klebte, bis Lena sich wieder eingekriegt hätte.

Sie erwies sich als harter Brocken. In einer Flut von Anrufen, Ansagen auf den AB, Mails und handgeschriebenen Briefen versicherte ich ihr täglich aufs Neue, wie leid es mir tue, wie sehr ich sie liebe, dass ich ihr jeden Wunsch von den Augen ablesen würde, wenn sie mich nur wieder zu sich ließe. Ich deponierte Zettel mit den zärtlichsten Beteuerungen auf dem Küchentisch, dem Sofa, dem Kopfkissen und schrieb es ihr mit Lippenstift an den Spiegel im Badezimmer.

In Rüdigers Briefkasten mit meinem Namensaufkleber fand ich ein an mich adressiertes Kuvert einer mir bis dato unbekannten Rechtsanwaltskanzlei, die die Herausgabe meines Hausschlüssels forderte. Auch dem kam ich nach – nicht ohne vorher einen Schlüsseldienst zu konsultieren.

Karneval verbrachte ich in Kostümverleihen auf der Suche nach irgendetwas, was meine Liebste wieder weich stimmen mochte.

Dann kam Ostern. Ich hatte Rüdigers Gästezimmer mit Zeitungspapier ausgelegt. Von Zeit zu Zeit warf er einen Blick herein, um mich zu einer Flasche Bier vor den Fernseher zu locken, zog sich aber gleich wieder kopfschüttelnd zurück.

Mein ultimativer Versöhnungsversuch las sich im Gerichtsprotokoll so:

»Als die Zeugin Lena M. um 23:55 Uhr in der Nacht zum Ostersonntag in Begleitung ihres Kollegen Mark S., mit dem sie den Abend verbracht hatte, ihre Haustüre aufschloss, um mit ihrem Begleiter im Wohnzimmer noch ein Glas Wein zu sich zu nehmen, sah sie, dass der ganze Flur voller bunter Ostereier war. Böses ahnend habe sie Mark B. mittels Gesten gebeten, per SMS die Polizei zu verständigen, dann habe man sich dem Wohnzimmer genähert, in dem Licht gebrannt habe, obwohl es beim Weggang der Zeugin noch so hell gewesen sei, dass sie unmöglich das Wohnzimmerlicht eingeschaltet und auszuschalten vergessen haben konnte. Das Wohnzimmer betretend habe sie festgestellt, dass es voller bunter Eier war, zwischen denen Kaninchen herumhoppelten. Auf dem Sofa habe der Beklagte Roland R. in einem Hasenkostüm gesessen und, als er sie gesehen, eine Fernbedienung gedrückt, woraufhin die Arie des Direktor Wackelohr aus der Hasenoper »Sängerkrieg der Heidehasen« erklungen sei, die Roland R. mitgesungen habe. Kaum habe sich aber Mark B. hinter der Zeugin gezeigt, sei der Beklagte verstummt, aufgesprungen, habe sich laut schreiend auf Mark B. gestürzt und diesen mit Fernbedienung und Fäusten traktiert, bis die Polizei die beiden Männer trennte. Dabei seien diverse Möbel, die Kleidung der Kontrahenten und eine Anzahl an Ostereiern zu Schaden gekommen, wohingegen Lena M. sowie die Kaninchen mit dem Schrecken davongekommen seien.«

Ich bekam drei Monate auf Bewährung. Was kratzte es mich? Lena hat mir erlaubt, es zu Hause abzusitzen. Ich habe den Kaninchen einen riesigen Stall an der Garage gebaut. So leben wir harmonischer denn je.

Als ich Lena frage, was ich ihr zum Geburtstag kochen soll, kriegt sie glänzende Augen: »Der Hasenbraten war wirklich köstlich!« Und dann setzt sie etwas hinzu, den einzigen Wermutstropfen in unserem neuen Glück, weil sie mich seither so nennt: »Du bist einfach der Größte, Hasilein!«

Kulinarischer Aufhänger: Hasenbraten

Erstveröffentlichung in: *Wie aus dem Ei gepellt ...* Hrsg.: Sandy Penner, Papierfresserchens MTM Verlag Nonnenhorn 2012

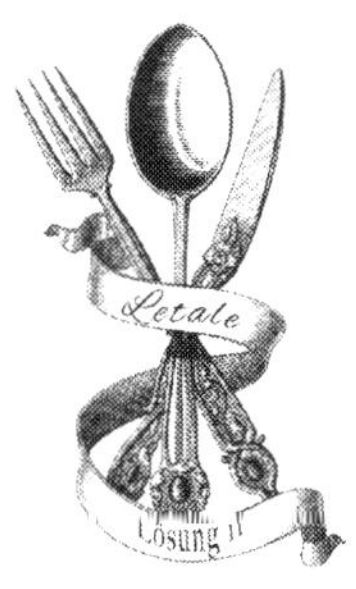

KATZEN FUTTERN

Sechzig Jahre. Sechzig Jahre ist das jetzt so gelaufen. Und keiner hat es gewollt!

Ich kam damals aus der Kriegsgefangenschaft zurück, und nichts war mehr wie vorher. Nur Else. Ich meine, sie war eine Frau geworden. Ein junges Mädchen, meine ich. Vorher war sie noch ein Mädchen gewesen, als wir eingezogen wurden, Paul und ich. Paul ist ihr Bruder. War ihr Bruder, will ich sagen. Er ist ja dageblieben.

Ja, die Else! Ich hab sie schon als kleines Mädchen immer gern gemocht. Immer ein Lachen. Hilfsbereit war sie. Hat sich um die Geschwister gekümmert Tag und Nacht. Der Vater war gefallen, und dann wurde Paul auch noch eingezogen. Wenn man sich überlegt, dass die Geschwister dann alle unter den Trümmern geblieben sind, fünf Stück – alles vergebliche Mühe. Die Mutter auch. Sie hat als einzige von der Familie überlebt. Vielleicht war sie deshalb ja so anhänglich.

Ich hatte auch keinen mehr. Gut, Geschwister gab's ja sowieso nicht. Mein Vater war zu nichts mehr nütze gewesen. Kam aus dem Frankreichfeldzug zurück mit Orden und ohne Beine. Der hat sich die Kugel gegeben. Meine Mutter – na ja. Kam nicht gut klar damit. Hat wohl allerhand getrunken und dann mit dem Kopf im Gasherd.

Da hatten sich zwei gefunden, zwei Verlorene.

Sie war so mager! Himmel, als ich sie wiedergesehen hab in der Platenstraße, da hat es mir das Herz rumgedreht.

Sie hatte Paul eine Kreidebotschaft an dem Trümmergrundstück hinterlassen. Wahrscheinlich musste sie jeden Tag kommen und sie erneuern, dass der Regen sie nicht wegwusch.

Erst dachte ich – nicht auch noch sie! Ja, ich hab sofort an sie gedacht, als ich das Haus gesehen hab, oder das, was davon übrig war! Nicht an die Mutter und die Kleinen. Ich hatte gleich sie im Kopf.

Die ganze Stadt lag ja in Schutt und Asche. Alle Städte! Wir sind nur noch durch Trümmerlandschaften gefahren. Das kann man sich gar nicht mehr vorstellen heute.

Dann hab ich die Anschrift gefunden. Ein Lichtblick. Einer wenigstens!

Seit dem Tag waren wir zusammen. Ich bin gleich zu ihr gezogen. Ich meine, nicht so, wie das heute läuft. Das waren schon noch andere Zeiten! Ich hab mich halt um sie gekümmert. Damals war das ja sowieso alles anders. Das waren Notunterkünfte. Da musste man mit vielen klarkommen. Konnte man sich nicht aussuchen.

Harte Zeiten. Nichts zu essen, kein Geld. Viel Arbeit. Ich meine, nicht wie man das heute versteht. Wir waren alle arbeitslos. Klar, aber was heißt das denn? Von Sozialhilfe, Hartz IV oder so, da hätten wir geträumt. Da hieß es in die Hände spucken und ran. Trümmer räumen, nach Brauchbarem suchen, man konnte ja alles gebrauchen. Und handeln. Raus aufs Land, die Bauern hatten immer was. Zur Not kam man mit einem Rucksack voller Brennnesseln zurück. Wir in der Stadt konnten ja nur den Mörtel aus den Fugen kratzen.

Und gejagt haben wir. Alles, was wir erwischen konnten. Vögel, Kaninchen, sogar Mäuse und Ratten. Die Ratten waren am schlimmsten. Wenn wir die nicht kriegten, kriegten sie uns.

Ja, und Katzen, klar! Viele gab's ja gar nicht mehr. Die hatten schon im Krieg dran glauben müssen.

Die Schwarzweiße, die war es selbst schuld. So was von zutraulich. Ich kam eben vom Hamstern zurück, ganz magere Ausbeute, da seh' ich die auf der Fensterbank sitzen und schnurren. Else war unterwegs. Die hatte was bei einer Wäscherei gefunden, stundenweise. Klar, das ging da grad wieder los. Wollte doch jeder eine weiße Weste haben.

Na, jedenfalls die Katze, die hat's mir wirklich leicht gemacht. Als Else zurückkam, schmurgelte das Ragout schon auf dem Herd. Ich war dabei das Fell zu gerben. Dachte, das gibt einen schöne Muff für die Else.

Ihr Blick! Dieser Blick, der ging mir durch Mark und Bein! Kommt rein, schnuppert, sieht das Fell, stutzt und sagt: »Das war Pauls Katze. Sissi. Heute Morgen war sie auf einmal da. Ich hatte gedacht, sie wär' tot.«

Na, tot war sie jetzt! Was sollte ich denn machen?

Else hat kein weiteres Wort dazu verloren. Hat sich umgedreht und die Wäsche weggeräumt und kein Wort mehr.

Von dem Ragout hat sie gegessen, klar. Aber geschmeckt hat's ihr nicht. Dieser Blick! Kein Wort hat sie mehr dazu verloren.

Wir hatten doch gar keine Wahl damals. Friss oder stirb.

Das Erste, das Allererste, was ich von meinem ersten Lohn gekauft hab, damals in der Sägerei, das war eine Katze. Der Bauer hat Augen gemacht, warum ich ausgerechnet eine schwarzweiße haben wollte. Schmeckten doch alle gleich. Ich wusste ja, ich kann's nicht mehr gutmachen, aber sie hing doch an dem Vieh. Sie hat ihren Bruder doch geliebt. Ich glaub, mehr als alle anderen. Er war doch der Große, der Einzige, an den sie sich auch mal hatte anlehnen können.

Ich hab ja immer versucht, ihr das zu bieten. Ich weiß nicht, ob's mir gelungen ist. Das mit der Katze, das war meine Schuld.

Sie hat so an den Viechern gehangen. Die erste hat's ja nicht lange gemacht. Die ist wohl gleich in irgendeinem Kochtopf gelandet. Da musste halt eine neue ran. Und noch eine. Und noch eine. Erst mussten sie immer schwarzweiß sein, dann gab's auch mal graue oder getigerte. Eigentlich egal. Irgendwann war's ganz egal, Hauptsache Katze. Sechzig

Jahre lang. Vor zwei Wochen ist die letzte eingegangen. Der. Ein Kater. Teufelchen hat sie ihn genannt. Ein richtiges Biest. Aber sie hat an ihm gehangen. Immer hat sie die Katzen gestreichelt. Die durften alles bei ihr. Das hätte ich mir mal erlauben sollen.

Ich will nicht klagen. Sie war mir immer eine gute Frau, wie man sich's besser nicht wünschen kann. Kinder waren uns ja nun mal nicht vergönnt. Da hat sie ihre ganze Liebe den Katzen gegeben.

Ich war schon manchmal neidisch. Welcher Mann will nicht auch mal ein bisschen Zärtlichkeit? Schwamm drüber! Aus dem Alter waren wir ja irgendwann raus.

Sechzig Jahre. Diamantene Hochzeit.

Ich hab gesagt, Else, hab ich gesagt, zur Diamantenen kannst du dir mal eine echte Rassekatze aussuchen. Perser, Angora, Birma oder wie die alle heißen. Egal, was es kostet.

Da guckt meine Frau mich an mit ganz großen Augen. Dieser Blick! Guckt mich an und sagt, Erich, ich hab ja nur einen Wunsch, einen einzigen.

Na los, sage ich, raus damit, ich besorg dir jede, die du haben willst.

Da sagt sie, Erich, ich möchte, dass du endlich mal Schluss machst mit den blöden Katzen.

Blöde Katzen, hat sie gesagt.

Ich hab mich jetzt sechzig Jahre lang um deine Katzen gekümmert, hat sie gesagt, ich weiß ja, dass du an denen hängst. Aber ich finde, jetzt muss auch mal gut sein.

Ich war einfach nur platt.

Abends vor dem Fernseher bin ich dann ganz nah an sie ran. Sonst lag ja immer die Katze zwischen uns. Da hat man sich so dran gewöhnt, sie links, ich rechts, in der Mitte die Katze. Wenn keine da war, blieb der Platz frei. Ich also an sie ran. Hab den Arm um sie gelegt und gesagt, Else, sag ich, lass mich dein Kater sein! Und Sie? Hat gelacht. Hat doch tatsächlich gelacht und mir die Hand hinter die Ohren gelegt und mich gekrault.

Es ist doch nie zu spät für einen zweiten Frühling.

Kulinarischer Aufhänger: Katzenragout

Erstveröffentlichung in: *Vom Kater Murkel und anderen Miezekatzen*, in der Version Katzenliebhaber, Hrsg.: Inge Escher und Patricia Brigl, Elbverlag Magdeburg 2011
veröffentlicht in: *Frauen / Männer*, Hrsg.: Marie Rossi, Elbverlag Torgau 2014

KATZENVIECHER

Vor zwei Wochen ist das Teufelchen gestorben.

Natürlich hat Erich mir leidgetan. Sein betroffenes Gesicht … Wieder und wieder hab ich mir Vorwürfe gemacht. Als wenn ich das jetzt nicht schon zwanzig Mal durchgestanden hätte. Na gut, zwanzig Mal stimmt nicht ganz. Achtzehn waren es, glaube ich. Manche haben es ja auch nur ganz kurz gemacht, und einige Male hatte ich mir wirklich nichts vorzuwerfen. Katzen sind nun mal unberechenbar. Sie kommen und gehen, ganz wie es ihnen in den Sinn kommt. Und dann kuscheln sich an einen, schnurren und tun, als könnten sie kein Wässerchen trüben. Dabei haben sie immer ihren eigenen Kopp. Wenn man nicht hinguckt, rauben und morden sie, quälen ihre Beute mit wachsender Begeisterung – bis zum finalen Biss. Anschließend lecken sie sich das Maul, die Pfoten und schnurren dir um die Beine, als wär nix gewesen. Teufelchen hieß nicht umsonst so. Aber den Erich hat es immer um den Finger gewickelt.

Den Erich kenne ich von Kindesbeinen an. Ein Nachbarsjunge. Er war der beste Freund von Paul, meinem älteren Bruder. Im Grunde hat er mir immer schon leidgetan. Erich, nicht Paul, meine ich! Paul hab ich geliebt. Wie man halt seinen großen Bruder liebt. Aber der hat den Krieg ja nicht überlebt.

Keiner. Wenn man sich das vorstellt: Lenchen, Emily, Lotte, Fritz und Dieter, alle! Alle sind bei den Luftangriffen ums Leben gekommen. Und Mutter. Ich war nur eben zu Ilse gelaufen, als das wieder los ging mit den Sirenen. Ilse hatte Geburtstag, und ihre Mutter hat tatsächlich Butter und Mehl aufgetrieben und ihr einen richtigen Kuchen gebacken. Den haben wir dann im Keller gegessen. Ich hab's heute noch im Ohr, wie wir gesungen haben:

»Freuet Euch ihr lieben Leute,
denn Geburtstag ist ja heute.
Ilse, wie ihr alle wisst,
heut' siebzehn Jahr geworden ist.
Lasst uns gratulieren!
Hoch soll unsre Ilse leben,
Gott soll ihr Gesundheit geben
Und eine ganze Kinderschar!
wir wünschen dir ein frohes Jahr.
Hoch soll Ilse leben!«

Wir haben sie allen Ernstes hochleben lassen, während die Welt draußen unterging.

In der Schönsteinstraße hat es derweil eingeschlagen. Eine ganze Kinderschar hat's ins Grab gerissen. Ach, was sag ich. Schönsteinstraße! Überall! Was zählten da ein paar dumme kleine Kinder, die sich ängstlich an ihre Mutter klammerten? Als der Krieg erst zu Ende war, da konnte man ja nur noch lachen, dass das alles gewesen sein sollte. Oder man wurde gleich bekloppt. Man kann das im Nachhinein gar nicht begreifen, wie man in all dem Elend immer weitermacht. Der Mensch ist schon ein Vieh. Da krepieren Hunderte, Tausende, ach was, Millionen, und die meisten sind ja nicht einfach krepiert, die wurden totgeschlagen, erschossen, zerbombt, und in den Lagern haben sie sie sogar vergast. Alle haben sie mitgemacht, klar, wie hätte das anders funktionieren sollen? Und danach schüttelt man sich, räumt auf und macht weiter. Vieh, sag ich! Wir alle!

Jetzt haben wir ja lange Frieden gehabt, aber was ändert das? Das Vieh schlummert doch nur. Im Verborgenen machen alle weiter mit den Gemeinheiten, nur nicht ganz so offen. Wer weiß, wann es wieder einmal los geht. Dann bin ich hoffentlich schon tot.

Also meine Leute waren alle weg vom Fenster. Mein Vater und Paul im Krieg, der Rest unter den Trümmern unseres Hauses. Ich bin erst mal bei Ilse untergekommen, und dann hab ich eine Kammer in der Platenstraße zugewiesen gekriegt. Das mit Paul wusste ich da ja noch gar nicht. Also hab ich geguckt, dass ich ihm meine neue Adresse hinterlasse. Mit Kreide und Asche auf die Trümmer gemalt. Und immer wieder geguckt, ob es nicht verwaschen ist. Und tatsächlich steht dann eines Tages der Erich vor mir und erzählt mir, dass es Paul auch erwischt hat. Der Erich konnte ja nun gar nichts dafür, aber im ersten Moment hab ich ihm eine runtergehauen. Ich hab ihn so gehasst, wie er da gestanden ist und die Mütze in den Händen gedreht hat. Er hat sich ja noch nicht mal getraut, mir in die Augen zu gucken. Ich hab mir so gewünscht, er wäre im Feld geblieben und Paul dafür nach Hause gekommen!

Natürlich hat es mir sofort leidgetan. Der Erich war ohnehin so ein armes Würstchen. Er hatte mit dem Unglück einen Vertrag damals. Dem Vater hatten sie an der Somme die Beine weggeschossen und stattdessen einen Orden umgehängt. Der kam nach Hause und saß in der Ecke, zu nix mehr zu gebrauchen. Eines schönen sonntags gab's dann einen Knall, und da hat er sich das Hirn weggeschossen. Der Erich war direkt nebenan. Die Mutter ist dann völlig durchgedreht. Die hatte kein Hirn mehr zum Wegschießen, das hatte sie sich schon weggesoffen, als der Mann an die Front kam. Und was davon dann noch übrig war, das hat sie kein halbes Jahr später in den Gasherd gelegt: Das muss man sich mal vorstellen! Sie hätte das ganze Haus in die Luft jagen können! Zum Glück haben die Nachbarn es ganz schnell gerochen. Aber für sie hat es gereicht.

Ich hab dem Erich dann angeboten, dass er bei mir bleiben kann. Als junges Mädchen hatte man's ja auch nicht so leicht. Die Belgier haben es zwar nicht so schlimm wie die Russen getrieben, aber aufpassen musste man schon. Gut, zum Helden hätte der Erich jetzt nicht gerade getaugt. Aber immerhin war er im Krieg gewesen, und es war schon ein beruhigendes Gefühl. Und dann hab ich mich ja auch irgendwie an ihn gewöhnt. Trotz seiner Macken.

Das Schlimmste waren die Katzen, die er immer wieder anschleppte. Ich weiß gar nicht mehr genau, wann das angefangen hat, aber ich möchte schwören, dass das schon losging, kaum dass man wieder richtiges Geld in die Finger kriegte. Während alle anderen noch aus Katzen Koteletts machten, hat der Erich diesen Knall mit den Kuscheltieren kultiviert.

Unter uns: Eigentlich hatte ich ja immer den Verdacht, dass der Erich mit seinen Katzen was kompensieren wollte. Ich weiß, das klingt blöd, aber im Nachhinein hab ich schon immer wieder darüber nachgedacht. Ich meine, er war ja mein Mann, und das ist er ja auch noch. Und das war schon auch alles ganz richtig, wie es sich eigentlich gehört. Kinder haben wir trotzdem nicht gekriegt. Und das hat mich dann schon nachdenklich gestimmt. Ich meine, so ganz richtig war das mit dem Erich dann ja wohl doch nicht.

Das mit den Katzen hat mich vor allem darauf gebracht. Und ich könnte schwören, dass es damit auch noch eine ganz besondere Bewandtnis hatte. Ich erinnere mich nämlich, dass dieser Katzenfimmel eigentlich schon anfing, ehe wir überhaupt eine hatten.

Um ehrlich zu sein: Ich bin der festen Überzeugung, dass es mit Paul zu tun hatte. Ich will über Paul nichts Schlechtes reden. Ich denke eher, das war Erichs Problem. Der hing so an dem Paul, dass es mir manchmal schon komisch vorkam. Ich will nicht sagen, dass der vom anderen Ufer kam, das war bestimmt nicht so, das wüsste ich. Aber ein bisschen hat er, glaube ich, schon die Tendenz gehabt. Es gibt ja nicht nur Schwarz und

Weiß und Gut und Böse. Wieso sollte es da anders sein? Und das hat er halt mit den Viechern ausgelebt.

Los ging das nämlich, als ich einmal dazu kam, wie er eine Katze ausgenommen hat. Das war noch ganz am Anfang. Wir waren damals ja heilfroh, wenn sich einmal so ein fetter Bissen in unsere Kochtöpfe verirrt hat! Heute schreien sie alle »Ih!«, wenn sie das von China hören mit den Hunden, aber was ist denn da der Unterschied – Schweine, Katzen oder Hunde. In Afrika fressen sie Heuschrecken. Am Amazonas Maden. Damals hätten wir sicherlich vor Regenwürmern auch nicht haltgemacht, wenn es die in den Schuttbergen nur gegeben hätte. – Heißt es nicht, die Zukunft der Welternährung, das wären die Algen? Ist doch auch ganz praktisch gedacht. Erst verdrecken wir die Flüsse und Seen, bis die alle veralgen und ersticken, und dann futtern wir halt die Algen. Der Mensch passt sich an. Das kann er gut.

Jedenfalls, die Katze, die Erich da zubereitete – irgendwie hat es mich geritten! Er machte so ein Gesicht dabei – das Leiden Christi! Statt sich einfach zu freuen, dass es endlich wieder was Anständiges geben würde. Und das Fell! Richtig schön kuschelig und schwarz-weiß gefleckt, sah nach einem wunderbaren Muff für den Winter aus. Was war denn auch schon dabei, so ein Vieh auszunehmen? Wieso musste der Erich dazu so eine Leidensmiene aufsetzen? Es hat mich schon gereizt. So genau hab ich damals gar nicht drüber nachgedacht, aber ich wollte ihn wohl irgendwie testen. Und da hab ich gesagt: »Oh, das war ja Pauls Katze. Die Schwarz-weiße. Die Sissi. Heute früh ist sie noch hier gewesen.« Er hat mich nur angeguckt und ist kreidebleich geworden, als hätte er seinen liebsten Freund persönlich um die Ecke gebracht.

Ja, und damals, ich schwör's, muss da irgendwas in seinem Hirn »Klick« gemacht haben, und seitdem war er hinter den Katzen her. Im Topf ist jedenfalls keine mehr gelandet. Da gab‘s dann Tauben und Karnickel. Die haben sich ja wie die Menschen gleich wieder munter vermehrt. Nix im Pott, aber im Bett.

Ich hatte damals schon wieder eine Arbeit. Also etwas Festes. Zu tun hatten wir ja ohne Ende. Aufräumen. Immer auf der Suche nach irgendwas Brauchbarem und etwas zu essen. Dazu immerhin war der Erich ganz gut zu gebrauchen. Hamstern. Wenn ich ihm den Rucksack voller Krempel gepackt hab und ihm genau gesagt hab, was geht und was nicht geht, dann brachte er abends schon mal was mit, was tatsächlich genießbar war. Möchte nicht wissen, wie viel Tafelsilber damals für Steckrüben drauf gegangen ist. Brrr! Mich schüttelt's heute noch, wenn ich an Steckrüben denke. Neuerdings findet man die ja wieder in den Feinkosttheken. Als wär's was ganz Besonderes. – Schweinefraß!

Also ich hatte tatsächlich so was wie eine feste Anstellung gefunden. In einer Wäscherei. Die Belgier, die brauchten ja jemand, der ihnen die schmutzigen Uniformen und Unterhosen wusch. Das war immer das Erste! Kaum dass man die Finger aus dem Dreck zieht! Klar, die Deutschen erst recht! Wollte doch jeder eine weiße Weste haben! Sich lieb Kind machen bei den Franzmännern, Briten, beim Ami! Wie haben sie bei uns gesungen, kaum dass sie den Mund wieder aufmachen durften?

»Mein Lieber Freund,
die alten Zeiten sind vorbei,
ob man da lacht, ob man da weint,
die Welt geht weiter, eins, zwei, drei.
Wir sind die Eingeborenen von Trizonesien,
hei-di-tschimmela-tschimmela-tschimmela-bumm!
Wir haben Mägdelein mit feurig-wildem Wesien,
hei-di-tschimmela-tschimmela-tschimmela-bumm!
Wir sind zwar keine Menschenfresser,
doch wir küssen umso besser!«

Es gab ja keine Nationalhymne mehr! Worauf sollte man auch stolz sein? Dass alle so toll strammgestanden hatten? Da haben sie sich bei den Besatzern halt eingehakt und geschunkelt. Ganz geschmeidig. Und gebützt! Den inneren Schweinehund überküsst! Das nennt sich dann Humor und friedliebend. – Immer noch die gleichen Menschenfresser, wenn Sie mich fragen!

Um den schlimmsten Hunger zu stillen, haben sie dann das Klauen angefangen. Und der Einzige, der noch was dazu zu sagen gehabt hätte, der oberste Kathole, hat sie flugs von allen Sünden freigesprochen. »Fringsen« hieß es, von Kardinal Frings offiziell gestatteter Mundraub! Aus Verbrechern werden Opfer, und schon passt es wieder.

Ich kann ja überhaupt nicht klagen. Der Erich war immer brav. Kein Held halt. Und dieser Katzenfimmel … Als sie dann kräftig am Aufbauen waren, hat er schließlich in einer Sägerei was gefunden. Ziemlich schnell auch den ersten Finger verloren. Am Ende waren‘s drei. Aber für über vierzig Jahre ist das ja eigentlich keine schlechte Bilanz. Alle links und kein Daumen dabei. Jedenfalls das Erste, das Allererste, was er von seinem ersten Lohn gekauft hat, das war eine Katze. Der Bauer muss wohl Augen gemacht haben, hat er mir erzählt, warum er ausgerechnet eine schwarzweiße haben wollte. Schmeckten doch alle gleich! Da stand für mich jedenfalls fest, dass das mit dem Paul und dieser Anhänglichkeit und so – dass da jedenfalls diese Tendenz war. Wie der das genossen hat, wenn die Viecher sich an den gekuschelt haben.

Also der Erich hat sich immer ordentlich benommen, und ich hab auch nichts vermisst. Ich meine, natürlich hab ich mir manchmal ein bisschen mehr Zärtlichkeit gewünscht, einfach nur so, dass man mal im Nacken gekrault wird oder so. Im Grunde hab ich die Katzen immer beneidet. Wenn wir auf dem Sofa gesessen haben, dann saß er rechts, ich links, und die Katze in der Mitte. Die kriegte immer alle Kuscheleinheiten ab. Ich hab sie gehasst dafür.

Die erste hat's ja nicht lange gemacht. Die ist wohl gleich in irgendeinem Kochtopf gelandet. Da musste halt eine neue ran. Und noch eine. Und noch eine. Erst mussten sie immer schwarzweiß sein, dann gab's auch mal graue oder getigerte. Eigentlich egal. Irgendwann war's ihm ganz egal, Hauptsache Katze. Sechzig Jahre lang. Vor zwei Wochen ist die letzte eingegangen. Der. Ein Kater. Teufelchen. Ein richtiges Biest! Aber er hat an ihm gehangen. Die Katzen durften immer alles bei dem.

Manche von den Katzen haben ja tatsächlich mehr oder weniger ein natürliches Ende gefunden. Aber die meisten hab ich um die Ecke gebracht. Man entwickelt mit der Zeit so seine Methoden. Ich glaube, er hat nie Verdacht geschöpft. Geholfen hat es nichts. Wenn die Katze weg war, blieb der Platz zwischen uns auf dem Sofa halt leer, bis er die nächste anschleppte.

Die letzte, vielmehr, der, ein Kater war es ja, dieses Teufelchen, der war richtig zäh. Ich hab's mit Rattengift gemacht. Aber das musste ich schon ganz schön hoch dosieren. Zwei Wochen war dieses Teufelsviech schon weg, da kommt der Erich eines Abends zu mir und sagt, Else, hat er gesagt, zur Diamantenen kannst du dir mal eine echte Rassekatze aussuchen! Perser, Angora, Birma oder wie die alle heißen. Egal, was es kostet!

Da ist mir der Faden gerissen. Sechzig Jahre sind einfach genug! Ich hab gesagt, jetzt reicht's aber! Nie wieder! Er sollte sich seine Katzen sonst wo hinschieben!

Er hat sich erstaunlich schnell damit abgefunden. Ich finde, das bestätigt doch nur, dass er damit all die Jahre was kompensieren wollte. Und haste nich gesehen, am gleichen Abend rutscht er auf einmal ganz nah an mich ran auf dem Sofa. Ich denk schon, na, wird er jetzt auf seine alten Tage doch noch zärtlich und entschädigt dich vielleicht für die ganzen Jahre, wo er immer nur die Katzen zum Kuscheln gebraucht hat? Denkste! Ich sollte ihn mal kraulen, hat er gesagt. Er wollte mein Kater sein! Ich konnte mir nicht helfen, da hab ich laut lachen müssen. Ein bisschen ist er ja schon vom anderen Ufer! Natürlich tat er mir gleich wieder leid, und ich hab ihm den Gefallen getan. Wenn's hilft!

Zur Not hab ich ja immer noch von dem Rattengift.

Kulinarischer Aufhänger: Katzenragout

Erstveröffentlichung in: *Frauen / Männer*, in der Version Katzenjammer, Hrsg.: Marie Rossi, Elbverlag Torgau 2014

KUR MIT KOLORATUR

Früher hatte Omma »Erika« geheißen. Für Roland »Mama«. Friederike tat sich mit »Mama« schwer, sie hatte ja schon eine eigene. »Schwiegermama« fand sie noch blöder, also sagte sie – weil Erika es ihr angeboten hatte und sie es sich mit ihr nicht gleich verderben wollte – »Erika«, wenn sich eine Anrede nicht vermeiden ließ. Kaum war Jens auf der Welt, wechselte sie zu »Oma«. Da Jens sich mit dem Sprechen lange mühte, nur unter Druck Worte absonderte, klang es bei ihm wie »Omma«. Das übernahmen Roland und seine Frau sofort. Selbst Ludwig, der den Enkel nicht mehr erlebt hatte, hieß hinfort nicht mehr »Papa«, sondern war ab da der »Oppa«. Erika fand sich ab.

Als Roland sie fragte, ob sie mit ihm, Friederike und Jens über Weihnachten in Urlaub fahren wollte, war sie erst überrascht, dann erschrocken, aber freute sich doch. Wohl wissend, dass in der Familie Nollemann Selbstlosigkeit mit Dummheit gleichgesetzt wurde. Und wenn schon. Sie war nie in Griechenland gewesen, überhaupt selten gereist im Leben. Keiner der Nollemänner reiste gern. Die Nollefrauen hatten sich darein zu fügen. Friederike schien in dem Punkt ein anderes Kaliber zu sein. Fast empfand Erika etwas wie Achtung für ihre Schwiegertochter.

»Was sagst du dazu?«, fragte Roland. Sie standen in der geöffneten Tür, er war auf dem Sprung, stupste Jens an, der ihr die Bleche hinhielt, ergänzte hastig: »Jens bedankt sich für den Geburtstagskuchen, hat wieder super geschmeckt!«

Jens guckte Löcher in die Luft.

Nein, Bürschchen, bedanken hast du mit deinen neun Jahren noch nicht gelernt, dachte Omma. Aber schön, dass es dir eingefallen ist, Söhnchen. Sie nahm die Bleche lächelnd in Empfang. Gespült sah anders aus.

»Ja, was denn nun?« Rolands Ton kriegte etwas Genervtes. Wie meist, wenn er mit ihr sprach. Jetzt hatte er ihr schon so etwas Tolles angeboten!

Zakynthos! – »Die Insel, von der schon Homer geschwärmt hat«, sagte Omma verträumt.

»Homer Simpson?« Für den Bruchteil einer Sekunde erschien auf dem Gesicht ihres Enkels ein Funken Interesse. Der sofort verglühte, als Omma zurückfragte: »Homer Wer?«

Als die beiden abgezogen waren, stand Omma lange an der Spüle, ließ die Kuchenbleche einweichen und die Gedanken schweifen.

In den folgenden Wochen räumte sie auf, ordnete, packte. Vorfreude umwaberte sie wie ein Wattenebel und feite sie gegen den Gedanken, dass es nur einen Grund gab, warum ihr Sohn und ihre Schwiegertochter sie mitnahmen: Sie spekulierten auf ihr Erspartes. Nicht für den Urlaub, nein, der war überraschend günstig. Es musste um ein größeres Projekt gehen. Seit Jahren hatte Roland ihr einzureden versucht, dass Geld auf dem Sparbuch von der Inflation gefressen werde. Man müsse investieren. Und das, bevor die Erbschaftssteuer alles auffresse. Omma verstand rein gar nichts davon. Zumindest tat sie so.

Auch »All-inclusive« hatte ihr nichts gesagt.

Der Koffer stand noch unausgepackt vor dem Schrank, Omma fummelte an dem Schlüsselbund, vollkommen betäubt von dem Flug und der Fahrt mit dem Leihwagen über staubige Straßen, als Jens, ohne anzuklopfen, hereinstürmte. »Komm endlich, Omma!«

»Wohin?«

»Essen! Mamma und Pappa sind schon vor, Plätze reservieren!« Jens zerrte sie zur Tür hinaus, sie kam kaum hinterher.

»Aber wenn ich hier doch gar nicht essen will?«, fragte sie, als sie endlich den Tisch in dem Restaurant erreicht hatten, an dem ihr Sohn Wache hielt. Die Schlacht am Buffet war in vollem Gange.

»Dann bist du schön blöd!« Roland bewaffnete sich mit Messer und Gabel, Friederike kehrte mit einem Teller zurück, dessen Füllung den Rand überbordete.

So eigen war Omma immerhin, dass sie zum Bungalow zurückkehrte. Sie verzehrte einen mitgebrachten Apfel und das Stück Kuchen, das sie im Flugzeug bekommen hatte, auf der Terrasse und genoss, eingemummelt in eine Decke, den griechischen Abendhimmel. Schau, was ist der Himmel so rot! Das sind die Engel, die backen das Brot! Die backen dem Weihnachtsmann sein‘ Stuten, für all die kleinen Leckerschnuten!

Dieser Urlaub würde einiges wiedergutmachen, dachte sie. Sie sollte endlich einmal in Kur gehen, hatte Friederike ihr vor zwei Jahren geraten, als sie in einem schwachen Moment auf die Frage, wie es ihr gehe, von Gliederschmerzen gesprochen hatte. Wozu zahlten sie und Roland so hohe Beiträge in die Gesetzliche? Omma ärgerte sich, dass sie den Mund nicht gehalten hatte. Ja, natürlich taten ihr die Glieder weh. Aber das war ja wohl nicht anders zu erwarten, wenn man die Siebzig überschritten hatte. Es gab Wichtigeres, woran man arbeiten sollte! Familie! Verhältnisse ordnen. Frieden schaffen. In dem Sinne war dieser Griechenland-Aufenthalt doch die beste Kur der Welt!

Omma lehnte sich lächelnd zurück. Zakynthos! Was für ein kriegerischer Name. Und dabei: Was für ein süßes Versprechen! Seit wie vielen Jahren hatte sie sich nicht mehr so auf Weihnachten gefreut! Sie schnupperte. Thymian! Aber was war dieser andere Geruch? Rochen so Pinien? Ach, diese Zikaden ...

Der Rest der Familie fand sie friedlich schnarchend vor. »Mein Gott, was sollen die Nachbarn denken?«, zischte Friederike, die sie aus dem

Stuhl und ins Zimmer bugsierte. Dort kniete Roland vor ihrem Koffer. Er war immer noch nicht ausgeräumt! Aber was hatte ihr Sohn darin herumzuwühlen? Vermutlich suchte er ihr Necessaire, beruhigte Omma sich gleich wieder. Er wollte Sorge tragen, dass sie schnell ins Bett kam. Aber da zog Roland den Reißverschluss des Innenfachs auf, das eine verräterische Beule warf. Er stieß einen überraschten Pfiff aus. Schon hatte er das Banknotenbündel in der Hand.

Friederike gab einen spitzen Schrei von sich, der Jens ins Zimmer lockte.

»Bist du jetzt komplett durchgedreht?«, keuchte Roland. »Das sind ja fünfzigtausend Euro!«

Omma wusste, dass es zwecklos war, ihn darauf hinzuweisen, dass es ihr Geld war und ihn überhaupt nichts anging, was sie damit machte.

»Ich dachte, ich nehme es lieber mit. Man hört doch immer, dass in der dunklen Jahreszeit überall eingebrochen wird, wenn man verreist ist«, verteidigte sie sich.

»Du hast zu Hause fünfzigtausend Euro in deiner Wohnung herumliegen?«, fragte ihr Sohn entgeistert. Jens drängelte sich an Friederike vorbei und grapschte nach dem Bündel, blätterte es durch, als wollte er sich vergewissern, dass es tatsächlich lauter Fünfhundert-Euro-Scheine enthielt. Roland riss es ihm aus der Hand.

»Hast du dein Sparbuch geplündert oder was?«

Omma hatte einen sehr unfeinen Fluch auf der Zunge, unterließ es aber ihn auszustoßen, beschwichtigte stattdessen: »Nein, nein, keine Sorge.«

»Ja, aber wo kommt es denn dann her?«

Mein Gott, war das hier ein Verhör? »Das ist meine Barreserve. Für unter der Matratze«, sagte Omma.

Friederike echote schrill: »... für unter der Matratze!«

Roland hatte seine Fassung wiedererlangt. Seine Stimme duldete keinen Widerspruch. »Ich schließe das jetzt in den Tresor ein. Den Schlüssel nehme ich an mich. Du scheinst nicht mehr alle Tassen im Schrank zu haben! Was glaubst du, was die Zimmermädchen damit anstellen, wenn sie dein Bett frisch beziehen? Wir sind hier schließlich auf dem Balkan!«

Wieder musste Omma ihre Zunge beherrschen. Sie entgegnete matt: »Mach das, mein Lieber.«

Er ließ sich den Schlüssel aushändigen, räumte das Bündel in den kleinen Stahlschrank in der Garderobe, wo Omma bereits Personalausweis und Rückflugticket deponiert hatte, und steckte den Schlüssel ein. Kopfschüttelnd verließ er ihr Schlafzimmer, gefolgt von Frau und Sohn.

Als Roland frühmorgens mit einem Packen Handtücher aus dem Bad kam, stand Omma vor der Küchenzeile. Sie hatte alle Klappen und Laden geöffnet und guckte verwirrt um sich.

»Wo ist der Backofen?«, fragte sie.

»Welcher Backofen?«

»Na, der zum Backen!«

»Warum, um Himmels Willen, willst du backen?«, fragte er entgeistert.

»Ach, Roland«, Omma lächelte. »Hast du vergessen, dass in einer Woche Weihnachten ist?«

»Ja, aber deswegen sind wir doch hier! Dass wir uns zu Weihnachten einen richtigen Urlaub gönnen und nichts tun müssen.«

»Aber Plätzchen ...«, protestierte Omma.

Roland wandte sich zur Tür. »Ich muss Liegen am Pool reservieren«, sagte er. Wenn ich zurückkomme, bringe ich Brötchen mit, dann können wir in aller Ruhe frühstücken, okay?«, sagte er. »Setz lieber schon mal Kaffee auf. Einen Backofen haben wir hier nicht und brauchen wir auch nicht. Wir haben schließlich All-inclusive gebucht!«

Beim Frühstück sprachen er und Friederike davon, dass sie am nächsten Tag einen dreitägigen Trip die Küste entlang machen wollten. Sich mal umgucken. Wozu hatten sie schließlich den Leihwagen gemietet? Jens sei in der Ferienanlage bei Omma sicherlich bestens aufgehoben.

Doch sie hatten die Rechnung ohne das Prinzchen gemacht.

»Ich bleib doch nicht bei der Be –«

Friederike schlug ihrem Sohn gerade noch rechtzeitig die Hand vor den Mund.

»Habt ihr doch gestern selbst noch gesagt!«, maulte Jens. »Ich will nicht!«

Bitte, flehte Omma innerlich, mach ihnen die Hölle heiß!

»Außerdem«, setzte Jens nach, »will ich schließlich mit aussuchen!«

»Mit aussuchen?« Ommas Neugier war erwacht.

»Jens«, sagte Roland verärgert. »Das geht Omma doch gar nichts an!«

»Was denn?«

»Pappa und Mamma wollen ein Ferienhaus kaufen!«, platzte es aus Jens heraus. »Mamma hat schon immer davon geträumt, sagt sie!«

Wieder fühlte Omma eine seltene Welle der Solidarität mit Friederike in sich aufwallen. Leben in Griechenland! Ja, das war auch einmal ihr Jugendtraum gewesen.

»Du und ein Ferienhäuschen in Griechenland?«, wandte sie sich dennoch ungläubig an ihren Sohn.

»Das ist doch eine prima Investition«, erklärte der. »Immobilien in Griechenland kriegt man nachgeschmissen. Nächstes Jahr kann das schon ganz anders aussehen. Die scheinen die Finanzkrise ja allmählich in den Griff zu kriegen.«

»Und ihr könnt euch das leisten?« Omma wusste auch nicht genau, was sie geritten hatte. Aber irgendwann mussten die Karten doch einmal auf den Tisch.

»Na, ja«, sagte Roland. »Man könnte über einen Privatkredit nachdenken.«

Mehr wurde nicht besprochen. Aber Omma war's zufrieden. Besser so, als immer für blöd verkauft zu werden. Sie hatten sie mitgenommen, um sie weichzuklopfen, dass sie ihnen ihr Erspartes gab. Die fünfzigtausend Euro kamen ihnen so gesehen gelegen.

Nein, sagte sie, als die anderen zum Pool aufbrachen, eine alte Frau wie sie hätte im Badeanzug nichts verloren. Bevor sie einen Sonnenbrand riskierte, wollte sie sich lieber erst einmal in aller Ruhe akklimatisieren.

Den übrigen Tag durchstreifte sie die Anlage und die Umgebung, verständigte sich mit Händen und Füßen mit den Einheimischen, die in der Anlage arbeiteten, und lernte erste Brocken Griechisch. Dhistichós dhen miló elliniká. Ich spreche kein Griechisch. Miláte jermaniká? Sprechen Sie deutsch? Pou ine …? Wo ist …? – Was für freundliche Menschen!

Als Roland, Friederike und Jens sie abends auf der Terrasse antrafen, war ihr Ton ein wenig vorwurfsvoll. Wo sie den ganzen Tag gesteckt hätte? Sie hätten sie zum Essen abholen wollen, aber nirgends angetroffen.

Eine Antwort schienen sie nicht zu erwarten. Aber sie hatten sich entschieden Jens auf ihren Trip mitzunehmen. Ob das ein Vorwurf war, weil Omma sich als unzuverlässig erwiesen, oder ein Zugeständnis, weil Jens ihnen den ganzen Tag die Ohren voll gequengelt hatte – Omma sollte es gleich sein. Hauptsache, sie hatte ihre Ruhe!

Zwei Tage darauf kehrten Roland, Friederike und Jens zurück. Frustriert. Keins der Häuser, die sie abgeklappert hatten, war nach Rolands Geschmack gewesen. War die Lage gut, gefiel ihm die Substanz nicht, die architektonischen Perlen wiederum entsprachen preislich nicht seinen Vorstellungen. Jens hatte die Rumfahrerei ätzend gefunden, Friederike war über Rolands Knickerigkeit genervt. Zu guter Letzt hatte Rolands Steuerberater ihm auf Nachfragen versichert, die Angebote seien zwar samt und sonders sehr günstig, er würde dennoch abraten, weil die griechische Regierung an der Steuerschraube drehe, früher oder später gehe es allen Hausbesitzern in Griechenland an den Kragen. Bei ihrem letzten Gespräch hatte sich das noch ganz anders angehört. Na, prima! Wofür waren sie dann hierhergefahren?

Schlecht gelaunt betraten sie das Appartement. Es war leer. Wo trieb sich Omma wieder rum? Sie sahen zu, dass sie rechtzeitig zum Abendbuffet kamen. Halbwegs befriedigt kehrten sie spätabends wieder zurück, Friederike schickert von den Cocktails, Roland war an der Bar, Jens bei der Animation auf seine Kosten gekommen.

Keine Spur von Omma.

Argwöhnisch inspizierte Roland Ommas Zimmer. Alles sah aus, als hätte sie nur gerade das Haus verlassen. Obwohl – er fand keine Zahnbürste. Misstrauisch geworden öffnete er die Schränke. Der Tresor war offen und leer. Sein Schrei brachte Friederike und Jens auf den Plan.

Mit einem Blick erfasste seine Frau die Situation. Sie begann Ommas Wäsche zu durchwühlen. Aber: Wie sollte sie erkennen, ob etwas fehlte?

Jens hatte die Nachttischschublade aufgezogen und warf allerhand Krimskrams auf das Bett: Lesebrille, Schlaftabletten, Emser Pastillen, ein Taschentuch, Niveacreme. Roland inspizierte den Koffer. Vielleicht hatte sie ja – wie auch immer – den Tresor aufgekriegt, das Geld wieder an sich genommen und in das Reißverschlussfach zurückbefördert?

Als er mit der Hand hineinlangte, hörte er etwas knistern.

Zwanzig Minuten später standen zwei schnauzbärtige Polizisten mit dunkelblauen Barrettmützen im Zimmer, außerdem der Direktor der Anlage und einer der Animateure, der das Übersetzen übernahm.

Der ältere der beiden Uniformierten hatte sich Gummihandschuhe übergestreift und faltete den Zettel auseinander, den Roland ihm mit spitzen Fingern aushändigte. Darauf klebten in einer unregelmäßigen Reihe vergilbte ausgeschnittene Zeitungspapierbuchstaben.

Der Polizist sagte etwas Unverständliches. Der Animateur beugte sich über den Zettel, las die deutschen Worte und übersetzte anschließend. »Hau ab! Dahin, woher du gekommen bist! Erika siehst du nie wieder!«

Friederike warf sich schluchzend in Rolands Arme, Jens klammerte sich von der anderen Seite an seinen Vater. Der Direktor radebrechte stammelnd, wie unangenehm das sei, noch nie sei in seiner Anlage –

Der Polizist fiel ihm ins Wort, gab bellende Befehle, der Animateur bat die Familie, mitzukommen. Man müsse sie im Hauptgebäude einquartieren. Das Appartement müsse durchsucht, Spuren müssten gesichert werden, man werde sie und alle Angestellten befragen, man bedauere die Unannehmlichkeiten. Noch nie sei in der Anlage –

Der Rest der Nacht war die Hölle. Bis zum frühen Morgen wurden sie getrennt voneinander befragt, ehe sie in einem Dreibettzimmer notdürftig untergebracht wurden. Eine Angestellte versprach, Bademäntel zu besorgen, sodass sie nicht in ihrer Kleidung schlafen mussten. Jens lag in tiefem Schlummer, ehe die Frau zurück war. Friederike weinte sich in den Schlaf. Roland bereute jedes unfreundliche Wort, das er in den letzten Jahren über seine Mutter verloren hatte. Es kam einiges zusammen, daher lag er noch lange wach, als seine Familie längst schlief.

Anderntags klopfte es. Jens war an der Tür, ehe Friederike ihre verquollenen Augen hatte öffnen können. Die Sonne stand hoch am Himmel. Friederike zog stöhnend die Decke über den Kopf. Roland stand hinter seinem Sohn und schirmte sie ab.

»Verzeihen Sie«, stammelte der Animateur. »Aber es ist alles gut. Ihre Mutter ist wieder da!«

»Die Polizei hat sie gefunden?«, vergewisserte Roland sich.

»Sie ist zurückgekehrt. Es war alles ein Missverständnis, wie es scheint.«

»Keine Entführung? Keine Erpressung?« Roland war so erleichtert, dass er den Animateur hätte umarmen mögen. Ersatzweise drückte er Jens an sich, dass der keine Luft mehr kriegte.

»Was? Wo? Wo ist sie?«, rief Friederike von hinten.

»Omma lebt!« Jens versuchte sich an dem Animateur vorbeizudrängeln, aber Roland hielt ihn fest.

»Wo ist sie?«, wiederholte er, als wollte er seinem Gegenüber nun doch zu Leibe rücken.

»Im Appartement.« Jens riss sich los und war weg, ehe Roland reagieren konnte. In Windeseile schlüpfte er in seine Kleidung und rannte hinterher, ehe Friederike so weit war.

An der Schwelle des Ferienhäuschens schnupperte er. Er konnte nicht genau sagen, wonach es roch. Es hatte mit Kindheit zu tun. Als er hineinstürmte, hing Jens bereits am Hals seiner Omma. Roland schloss beide in die Arme. Friederike kam dazu. Erst nach einer Weile merkten sie, dass noch jemand im Zimmer war. Ein grauhaariger Mann. Er saß am Tisch, beobachtete die Begrüßung und wirkte ernst, fast feierlich.

»Niko«, sagte Omma, »das ist Roland, Friederike und unser Enkel Jens.«

»Ich sehe«, sagte Niko. Er sprach das »ch« kehlig aus.

»Haben Sie meine Mutter gefunden?«, wollte Jens wissen. »Hatte sie sich verlaufen?«

Omma strahlte. Wie lange war es her, dass er sie so genannt hatte?

»Wo warst du, Mutter?«, fragte Roland. »Wir haben uns Sorgen gemacht.«

»Es ist doch Weihnachten«, sagte Omma. »Ich wollte euch eine Freude machen.«

»Das ist dir ja gründlich gelungen«, konnte sich Friederike nicht verkneifen.

»Das hat fünfzigtausend Euro gekostet?« Das war Jens.

»Ihr dürft gerne kosten«, sagte Omma. »Ich hab gebacken. Kur, Koloratur und Kavallerie.«

»Hä?« Das war Jens.

»Du bist abgehauen, um Plätzchen zu backen?« Das kam von Roland.

»Für fünfzigtausend Euro?«, hakte Friederike nach.

Der Mann, der Niko hieß, lächelte zum ersten Mal. »Kavala, Koulourakia und Kourabiedes«, sagte er. »Sehrr leckerr.«

Er zeigte auf die Anrichte, auf der mehrere Teller mit Plätzchen standen. Der Geruch, der Roland so intensiv an Kindheit erinnert hatte! Ommas Plätzchen! »Sind das Vanillekipferl?«, wollte er wissen.

»Griechische Plätzchen«, korrigierte Omma. »Kavala, Kulura und Kurabie, wie Niko schon sagt, meine ich. Nach seinem Rezept.«

»Mutter«, sagte Roland. »Du hast also bei Niko nach seinem Rezept griechische Plätzchen gebacken. Weil du hier keinen Backofen hattest. Verrätst du uns auch, woher du ihn kennst?«

Omma stellte sich hinter Niko und legte ihm die Hände auf die Schultern. »Er hat in der Firma deines Großvaters gearbeitet.« Sie lächelte.

»Moment!« Roland schüttelte den Kopf. »Opa ist seit über zwanzig Jahren tot. Wovon redest du?«

»Es war vor deiner Zeit«, sagte Omma. »1960 gab es das Anwerbeabkommen mit Griechenland. Griechische Gastarbeiter wurden nach Deutschland gelockt. Da hab ich ihn kennengelernt. Ich war sechzehn damals und sehr verliebt.«

»In – äh – Niko?« Roland wusste nicht recht, ob die Geschichte nicht drohte peinlich zu werden. Wer wollte das denn alles wissen?

»Genau. Ich hab damals davon geträumt, einmal in Griechenland zu leben. Tja, aber eines Tages war er weg. Stattdessen war dann Ludwig da. Jahre später erst habe ich Post von ihm bekommen. Da hat er mir geschrieben, dass meine Familie alles getan hätte, um ihn rauszuekeln, dass er unser Verhältnis beendet. Hinter meinem Rücken!«

»Und jetzt hast du ihn wiedergefunden?« Friederike konnte sich offensichtlich eher für Romantik erwärmen.

»Genau. Er wohnt in einem entzückenden Dörfchen am Keri-See.«

»Der Eriesee liegt in Nordamerika!«, warf Jens ein.

»Keri-See«, verbesserte Niko. »Das Dorf heißt Keri.«

»Limni Keriou«, sagte Omma. »So heißt der See auf Griechisch. Da gibt es Pech-Quellen. Es ist nicht weit vom Meer, rundherum Berge und Wälder. Herodot hat schon davon geschwärmt. Man kann da tauchen – «

»Okay, okay!«, unterbrach Roland sie. »Das hört sich ja alles wunderbar an. Aber erkläre mir doch mal bitte, wieso das ganze Geld aus dem Tresor weg war?«

Omma lächelte. »Ich hab's mitgenommen.«

»Aber ich hatte den Schlüssel!«

»Es gibt zwei Schlüssel.« Omma zwinkerte. »Ich hatte einen an mich genommen, nachdem ich die Papiere deponiert hatte. Den zweiten wollte ich dir sowieso geben. Als du ihn mir einfach weggenommen hast, hab ich dir natürlich nicht auf die Nase gebunden, dass es einen zweiten gibt.«

»Und wo ist das Geld jetzt?«

Omma strahlte Niko an. »Wollen wir es ihnen verraten?«

Niko wiegte den Kopf.

»Eigentlich ist ja morgen erst Weihnachten«, meinte Omma. Aber vielleicht können wir das ja auch woanders feiern.«

»Nun sag schon!« Jens wurde allmählich zappelig.

»Ich hab ein Ferienhäuschen gekauft.«

»Was? Wo?«

»Von Niko. Auf dem Grundstück seiner Familie. Er hatte es von dem Geld gebaut, das mein Vater ihm gegeben hat.«

Roland runzelte die Stirn. »Moment. Eben hast du noch gesagt, dass sie ihn rausgeekelt haben!«

»Sie haben Zuckerbrot und – Wie sagt man?«, wandte Niko sich am Omma.

»Zuckerbrot und Peitsche«, sagte Omma. »Sie haben ihm Geld gegeben und ihm gedroht, er dürfe mich nie wiedersehen, sonst würden sie ihn verhaften lassen. Ich war ja noch minderjährig. Und hatte keine Ahnung. Er war auf einmal verschwunden. Nachdem sie ihm anonyme Erpresserbriefe –«

Jens hüpfte aufgeregt auf und nieder. »Der Erpresserbrief! Der Erpresserbrief!«

»Genau!«, sagte Omma. »Er hat ihn mir Jahre später geschickt. Da war ich längst mit Ludwig verheiratet. Ich hab ihm nie geantwortet. Aber ich hab seinen Brief immer aufbewahrt, damit ich die Adresse hatte.«

»Uff!«, sagte Roland. »Was für ein Durcheinander! Ich hatte null Ahnung!«

»Na, das Wichtigste weißt du ja noch gar nicht – und Niko auch nicht«, meinte Omma. Sie ging ein wenig in die Knie, dass sie mit Niko auf Augenhöhe war, und legte den Arm um seine Schultern. »Guck mal, Niko: Ein halbes Jahr, nachdem du weg warst, ist dieser Kerl da geboren! Wie gefällt er dir?«

Kulinarischer Aufhänger: Kavala und Kulura

Erstveröffentlichung in: *Sonne, Schüsse und Souvlaki,* Hrsg.: Ingrid Schmitz, Verlag der Griechenland Zeitung Athen 2017

KILLERPITSCH

Die Frau gab helle Geräusche von sich, die irgendwo zwischen Hecheln und schrillen Atmern angesiedelt waren, flankiert von dem tiefen Stöhnen des Mannes. »Hier, hier«, forderte er im Rhythmus ihrer Atemstöße. »Schmeckst du es? Gib mir deine Zunge, gib sie mir, los, ja, da, ja!« Dann wieder ihre Seufzer, die leiser und tiefer klangen, als hätte sich etwas in ihren Klangraum geschoben und dämpfte die Laute, die an Vehemenz zuzunehmen schienen. Die Frequenz steigerte sich, ihre Stimme gurgelte, sie japste nach Luft, während sein Unterton etwas Beschwörendes annahm: »Ja, du schmeckst es, du hast es auf der Zunge, du schmeckst es, oh, ist das gut, sag, dass es köstlich ist, sag es!« Die Frau stöhnte etwas, gab gutturale Laute von sich, in denen man mit viel gutem Willen die Vokale »ö« und »i« erkennen konnte, dann überlagerte sein Grunzen ihre Stimme: »Das ist es, das ist es, pass auf, ich ramme es in dich rein, spürst du es? Schmeckst du es? Ich stopf dir das Maul, ich spritz dich voll, so voll, dass er dir zu den Ohren wieder rauskommt, der köstliche Nektar!« Ihre Stimme war ein Würgen, dann hörte man für einen kurzen Moment, wie sie nach Luft japste, einen tiefen Atemzug nahm, ganz tief, und im Ausatmen einen Namen rief: »Bastian!« Der Name war ganz deutlich zu vernehmen, ein Schrei, der von ganz tief unten aus ihr kam und sich seinen Weg bahnte durch die schweren Atemgeräusche, die

die ihren überlagerten. »Ja«, stöhnte er. »Ja, ich geb's dir, ich geb's dir, koste nur, koste! Das ist etwas anderes als eure Snobistenplörre!«

Höhnisch grinsend drückte Tim auf die Taste des Handys. »Fünf Euro«, sagte er.

Ein vielstimmiges wütendes Gebrüll antwortete ihm: »Hast du schon gekriegt!« »Blödes Arschloch!« »Lass laufen, los!« Aber er hielt das Handy mit der Linken hoch und die Rechte auf: »Fünf Euro oder Schluss mit Lustig. Das ist der *Minuten*tarif!«

Wir hatten schon alle zusammengeschmissen. Er wusste ganz genau, dass wir keine fünf Euro mehr hatten. Das sah ihm mal wieder ähnlich. Tim konnte aus Scheiße Geld machen. Genau wie sein Alter. Das zumindest hatte mein Vater mal fallen gelassen, als ich ihm mit Tim und den anderen Jungs über den Weg gelaufen war. Es hatte nicht gerade so geklungen, als bewunderte er ihn dafür. Na ja, kein Wunder, war ja auch sein Chef gewissermaßen. Ich meine, sie kannten sich gar nicht. Oder jedenfalls möchte ich wetten, dass Tims Vater von meinem noch nie Notiz genommen hatte. Wie auch? Zwischen Chefetage und Produktion lagen schließlich Welten. Und genauso war es mit Tim und den anderen Jungs. Ihm konnte keiner das Wasser reichen. Obwohl wir ihn hinter seinem Rücken »Weichei« und »Prinzchen« nannten, traute sich doch keiner, es ihm offen ins Gesicht zu sagen. Er war der Jüngste in unserer Klasse. Ein Nachzügler auch in seiner eigenen Familie, zwölf Jahre nach dem älteren Bruder geboren. Verwöhnt, verweichlicht, immer schick angezogen. Und trotzdem. Irgendwie hatten alle Manschetten vor ihm. Im Grunde hätten wir uns ja alle einfach auf ihn stürzen und ihm das Handy abnehmen konnen. Stattdessen trollten wir uns wütend nach Hause.

Meine Mutter saß vor dem Fernseher, als ich kam. »Alles gut?«, fragte sie, ohne den Blick von den Nachrichten zu wenden. »Klar«, gab ich zurück und drückte mich schnell an ihr vorbei, damit sie nicht auf die Idee kam, mich nach den Hausaufgaben zu fragen. Aber ihre Aufmerksamkeit war auf die Polizeiautos gerichtet, die mit flackerndem Blaulicht für unheimliche Stimmung in unserem Wohnzimmer sorgten. Ein Reporter mit Mikro erzählte irgendwas von einem Racker, während zwei Männer eine Bahre in einen Unfallwagen schoben.

Am nächsten Tag fing mich Erik vor dem Schultor ab und erzählte, sie hätten eine Leiche im Sollbrüggenpark gefunden. Er war total aufgeregt, weil er direkt neben den Grünanlagen wohnte und da wohl jede Menge Polizei unterwegs gewesen sein musste. Die anderen Jungs drängelten sich ran und wollten es genauer wissen. »Die haben alles abgesperrt und durchkämmt, alle in einer Reihe, mit Hunden! Total geil!«, schwärmte Erik.

»Und die Leiche? Stimmt es, dass sie ganz nackt gewesen sein soll?«

Erik tat gerade so, als hätte er die Ermittlung persönlich geleitet. »Klar! Und ganz schön übel zugerichtet! Ein Fall für die Gerichtsmedizin!«

Frau Eder, unsere Klassenlehrerin, kam in der ersten Stunde auch gleich darauf zu sprechen. »Es besteht überhaupt kein Grund zur Beunruhigung«, erklärte sie, »solange ihr darauf achtet, dass keiner seinen Schulweg allein geht. – Vor allem die Mädchen«, ergänzte sie.

Unter den Mädels brach Panik aus, sie kreischten und schnatterten. Die Kleider der Nackten seien überall verstreut gewesen. »Im ganzen pleasureground!«, rief Nicole, sichtlich stolz, dass sie so ein kompliziertes Wort parat hatte. Frau Grohe, unsere Englischlehrerin hätte ihre helle Freude gehabt. »Was heißt'n das?«, wollte Marco wissen. »Vergnügungs – äh – viertel«, stotterte Nicole. Die Klasse bog sich vor Lachen.

Erst auf dem Nachhauseweg fiel mir auf, dass Tim nicht in der Schule gewesen war. Dabei hatten wir doch seine Aufnahme zu Ende hören wollen. Ich hatte extra meine Spardose geplündert. Aber keiner hatte mehr daran gedacht. Tim kam die ganze nächste Woche nicht in die Schule. Und als er wieder auftauchte, hatte er ein blaues Auge, das bereits ins Schwarzbraune changierte. In der Pause scharten wir uns um ihn. Nix Besonderes, er sei gestolpert und gegen die Heizung geknallt, wehrte er unsere Fragen ab. Aber er wirkte nicht ganz so großkotzig wie sonst. Was mit dem Handy sei, das er gefunden hätte? Wir wollten die Aufnahme endlich zu Ende hören, bedrängten wir ihn. Er stellte sich doof. Was für ein Handy? Aber diesmal trollten wir uns nicht, sondern rückten ihm auf die Pelle. »Ach *das*«, fiel es ihm schließlich ein, das hätte er dem Besitzer zurückgegeben.

Das fanden wir erst recht aufregend. Wie er ihn gefunden hätte? Wie er ausgesehen hätte?, wollte Karl wissen.

Erik kicherte: »Porno, was?«

»Klar, voll porno!«, grölten wir. Was auch immer man sich darunter vorstellen konnte. Erik packte Tims Mantel. Aber Tim schien wieder Oberhand zu gewinnen. »Hey, ganz cool bleiben, Böhme«, sagte er und schlug Eriks Hand weg. »Der Mann war okay. Und euch geht das alle einen feuchten Kehricht an!« Da war er wieder. Der Busch GmbH und Co KG Söhne. Dem keiner das Wasser reichen konnte.

Die Buschs waren Legende in Krefeld. Irgendein Opa oder was von Tim hatte im Krieg wohl mal geschworen, dass er, wenn er heil nach Hause käme, erst mal einen Schnaps bräuchte, den er sich pitschen wollte, einen *Killepitsch*. Den Namen wollte er dem Schnaps geben, wenn er den Krieg lebend überstünde, also nicht gekillt würde. Na, und das Zeug verkauft sich wohl bis heute bei uns am Niederrhein ganz gut. Jedenfalls sorgten die Buschs so für Arbeitsplätze, und deshalb konnte man ihnen wohl auch nicht übelnehmen, dass sie jetzt solche Bonzen waren, wie mein Vater es nannte. Die Geschichte mit dem Krieg gefiel ihm wohl irgendwie. Jedenfalls hat er sie mir immer wieder erzählt. »Im Angesicht des Todes sind doch alle gleich«, meinte er. »Krepieren, Saufen, Fressen, Scheißen und Vögeln, das können sie alle. Aber direkt danach fängt die Ausbeutung an.« Wenn meine Mutter ihn so reden hörte, wurde sie ganz böse und versuchte, ihm den Mund zuzuhalten, woraufhin er sie in den Hintern kniff, und dann fingen meine Eltern glatt an, sich zu balgen und hintereinander herzulaufen, wie ich es sonst nur von uns Kindern kannte. An die Schreie, die meine Mutter dabei ausstieß, hatte ich mich ein bisschen erinnert gefühlt, als Tim uns diese Sprachaufnahme vorgespielt hatte.

Meine Mutter verfolgte den Fall der nackten Toten im Sollbrüggenpark mit besonderer Aufmerksamkeit und tischte mir alles brühwarm beim Abendbrot auf. Mein Vater war beim Kegeln und ich ihr ausgeliefert. Es handelte sich um ein ganz junges Mädchen aus gutem Hause, erzählte meine Mutter mit diesem Unterton, als sei das Verbrechen umso ruchloser. Eine Racke. Ich erinnerte mich an den Reporter, als man die Leiche gefunden hatte. *Racker* hatte ich verstanden. Aber was zum Teufel war eine Racke? Eigentlich Moller-Racke, korrigierte meine Mutter sich. Miriam Moller-Racke. Erbin der Racke-Holding. Es klang ähnlich spannend, wie wenn sie mir von Heidi Klum oder Thomas Gottschalk erzählte. Irgendwie tat sie immer, als wenn solche Leute gute Bekannte von ihr seien, als wenn sie ihr irgendwie nahe stünden.

Mein Vater verdrehte jedes Mal die Augen, machte hinter dem Rücken meiner Mutter eine Bewegung mit dem Daumen und den Fingern seiner rechten Hand, die er wie einen Schnabel auf- und zuklappte, was so viel heißen sollte wie: Lass sie quatschen! Ohren auf Durchzug! Das tat ich dann auch.

Irgendwas von einer Whiskey-Dynastie rauschte an mir vorbei. »Rauchzart«, sagte meine Mutter, und ich vermutete, dass sie mir etwas von Würstchen erzählte. Außerdem war von »Scotch« die Rede und ich stellte mir kleine kläffende Hunde vor. Erst als sie davon sprach, dass ein Taxifahrer die junge Frau zuletzt in Begleitung eines jungen Mannes gesehen hätte, mit dem sie in dem Taxi wild herumgeknutscht hätte, weshalb der Fahrer das Gesicht des Mannes auch nicht sehen konnte, hörte ich wieder mit einem Ohr hin. Den jungen Mann hätte sie wohl an dem Abend erst kennengelernt. Jedenfalls kannte keiner ihn. Im »Blauen Engel« in der Schwertstraße sei sie gewesen, da wäre sie ihrem Mörder womöglich schon begegnet. Auf jeden Fall sei sie kurz vor Mitternacht mit einem jungen Mann in der Bluebuddy Bar in der Dießemer Straße aufgetaucht, wo sie und ihr Begleiter offensichtlich tüchtig gezecht hatten, erst Racker Rauchzart, dann Killepitsch.

»Aaah ja«, sagte ich und hoffte im Stillen, dass ich, wenn ich meine Mutter weiterreden ließ, vielleicht umhin käme, ihr von der Mathearbeit zu erzählen. »Wie hat er sie eigentlich umgebracht?«, fragte ich, um ihr Zunder zu geben. Komisch, ich wusste es wirklich nicht. Meinem Gefühl nach war sie vergewaltigt und erwürgt worden, aber bis auf die Tatsache, dass sie tot und nackt war, hatte ich bisher noch keine gesicherten Erkenntnisse.

»Sie ist erfroren«, sagte meine Mutter.

»Was? Ich dachte, sie wäre *ermordet* worden!«, sagte ich verblüfft.

»Na, genau genommen ist sie das ja auch«, meinte meine Mutter. »Der hat sie einfach sturzbetrunken gemacht, und dann hat er sie liegen gelassen. Sie war doch völlig hilflos. Wenn man so besoffen ist, merkt man gar nicht, wie der Körper auskühlt.«

»Aber die Leiche war doch völlig *zugerichtet*«, sagte ich, »ich dachte, der hätte sie *vergewaltigt*!« Ich war frustriert. Erfroren! Was für ein langweiliger Tod!

»Sie hatte eine Flasche Killepitsch im Hals«, meinte meine Mutter. »Und sie war völlig eingeschmiert mit dem Zeug, als wenn sie sich damit übergossen hätte. Oder *er*.« Sie schüttelte schaudernd den Kopf. »Sie muss noch viel schneller ausgekühlt sein, weil sie so nass war!«

»Sie hatte eine Flasche Killepitsch *im Hals*?«, fragte ich. »Wie geht *das* denn?«

»Na, sie lag halt auf dem Rücken, und die Flasche steckte in ihrem Mund«, meinte meine Mutter, der es bei meinen Nachfragen auf einmal unangenehm zu werden schien, sich mit mir über diese Details auszulassen. »Vielleicht hat sie ja einfach nur daraus getrunken und dann das Bewusstsein verloren.« Sie stand auf und begann den Tisch abzudecken.

Ich warf etwas von »Vokabeln lernen« in den Raum und entwischte auf mein Zimmer. Dort angekommen schmiss ich mich aufs Bett und überlegte, wie es sich anfühlen musste, wenn man eine Flasche Kräuterlikör im Mund stecken hatte. Die Erbin einer Whiskey-Dynastie krepierte an einem billigen Kräuterlikör. Sie hatte sich einen gepitscht, der sie gekillt hatte. Ein Produkt aus dem Hause Busch GmbH und Co KG. Tims Familie. Dann fiel es mir wie Schuppen aus den Haaren. Hieß Tims großer Bruder nicht Bastian Busch?

Kulinarischer Aufhänger: Killepitsch

2. Preis totenschmaus-Ausschreibung zum ersten deutschsprachigen Krimipreis für Hörbuch-Kurzgeschichten

Erstveröffentlichung als Audio: *Im Tod sind alle gleich*, Hörbuch-Krimi-Kurzgeschichten, totenschmaus Wels 2009

HELL, SCHLANK UND IMMER BLANK ...

So kannte man den schönen Abels Käl. Die ersten beiden Eigenschaften sorgten dafür, dass der weibliche Teil von Köln ihm zu Füßen lag, die dritte war der Grund, weshalb die Damen bereitwillig für ihn anschaffen gingen. Er war, um mit einem Bild zu sprechen, das jeder Kölner versteht, der Prinz im blühenden Milieu der Sechziger und Siebziger. Schäfers Schnüss als der grobschlächtigere Bauer des Triumvirats kümmerte sich um die Hinterzimmer, wo die Erträge des Wirtschaftswunders verzockt wurden. Dummse Detlef gab die Jungfrau, die lange vor der Abschaffung des Paragrafen 175 und der Einführung des CSD Freiern und Strichjungen auf Kölner Boden ungestörte Zusammenkünfte ermöglichte. Es ging damals in jeglicher Hinsicht aufwärts. Prosperität und Prostitution feierten nach dem Kölner Kahlschlag der Kriegsjahre fortgesetzt fröhliche Urständ, und die Politik klüngelte kräftig mit, wie Konrad Adenauer, Kölner Oberbürgermeister vor und nach dem Zweiten Weltkrieg und Aufbaukanzler für 16 Jahre es schöngeredet hatte: »M'r kennt sich, m'r hilft sich.«

Hausbrauereien waren aus den Bombenkratern geschossen. Helle, blanke, schlanke, hopfenbetonte obergärige Vollbiere sprudelten in Reagenzgläser – schmal hilft gegen schal –, auch Kölner Stangen genannt, die Köbesse mit feinschaumiger Blume im Kranz nachlieferten, ehe die

Vorrunde versoffen war. Die frische Fassware Kölsch florierte, geriet zum unangefochtenen Lokalfavoriten, den man am liebsten in »d'r Weetschaff op d'r Eck« genoss. In diesem ökonomischen Kleinstkosmos stieß man mit Abels Käl, Schäfers Schnüss und Dummse Detlef an, selbst wenn man nicht ihrem unmittelbaren Kunden- oder Dunstkreis angehörte. Ungeachtet Kontostands, kultureller Herkunft und sexuellen Konzepts lautete das Credo: »Im Veedel hält m'r zosamme!«, und es hieß: »Drink doch eine met!«

Dazu intonierten Krätzchensänger »Verzällcher«, pointierte Alltagsanekdötchen. Kölsche Originale an der Mandoline nahmen Kölsche Originale aus dem Miljöh aufs Korn. Und alle schunkelten und sangen mit Tränchen im Knopfloch mit.

Die Selbstbesoffenheit der Kölner ist geblieben, was sie dem Rest der Welt mit dem Slogan *Köln is ene Jeföhl* offenbaren. Milieu, Musik und Malzgebrautes haben sich neu erfunden.

Zuallererst bekamen das die lokalen Zuhälter und Zocker zu spüren. Als Mann Gottes habe ich ihre Irrungen gegeißelt, ihre Geschäfte nie gutgeheißen, stets zur Umkehr gemahnt. Mindestens zu tätiger Buße. So uferlos sie sündigten, so exzessiv bereuten sie denn auch. Ein nicht unbeträchtlicher Teil ihrer Einnahmen füllte den Opferstock unserer Schwarzen Madonna in St. Maria in der Kupfergasse. M'r kannte und half sich. Drohte Verfolgung, stellten die Rotlichtgrößen lange Votivkerzen aus reinstem Bienenwachs auf. Wünschten sie ihren Gegnern die Pest an den Hals, ließen sie im Dom eine heilige Messe »in besonderem Anliegen« zelebrieren. Auch wenn ihre Ära Köln zum »Chicago am Rhein« großkotzte, war ihr kriminelles Potenzial insofern stets provinziell geblieben, was eine Anekdote aus den Neunzigern eindrücklich belegt, die sie in die Herzensräuber-Charts der Kölner katapultierte – deutlich nach der Wende vom Jeföhl zum Jeld. Dazu später.

Schäfers Schnüss hatte mir in der Beichte einige Jahre zuvor bereits das Motiv für seine besondere Verbundenheit mit der Kirche Sankt Maria in der Kupfergasse anvertraut. Ich musste allerdings schwören, dass ich bis zu seinem Ableben keiner Menschenseele etwas davon weitergeben würde. Danach sei es ihm egal, da er keine Nachkommen habe. Ich hielt mich an die Abmachung. Heute ist er ja tot. Die Geschichte, die er mir erzählte, habe ich später in den Archiven der Stadt überprüfen können. Sie belegt die Nähe der katholischen Kirche zum Miljöh in Köln.

Im September im Jahre 1803 hatte Peter Josef Schäfer, Pfarrer in St. Maria in der Kupfergasse, einen Doppelmord begangen, dem jahrelange Unzucht vorausgegangen war. Dieser fehlgeleitete Gottesmann sei sein direkter Vorfahr gewesen, behauptete Schäfers Schnüss, nicht ohne einen gewissen Stolz in der Stimme. Lange Ahnenreihen scheinen selbst die Verworfenheit zu adeln.

Pfarrer Peter Josef Schäfer war eine »heimliche Ehe« mit einer über zwanzig Jahre älteren Frau namens Barbara Ritter eingegangen. Sie hatte den jungen Geistlichen nach seiner Weihe in Straßburg in ihr Haus im Elsass aufgenommen, das sie mit ihrer Schwester Katharina teilte, ihm den Haushalt geführt und ihn finanziell unterstützt. Als er erst nach Aachen, dann nach Köln versetzt wurde, waren die Schwestern ihm gefolgt. Da er um seinen Ruf und seine Stellung fürchtete, quartierte er sie erst ein einem Gasthof, dann in seiner geräumigen Pastorei ein, wo sie aber ganz im Verborgenen hausen mussten. Die Frauen bedrängten ihn, sein Verhältnis offenzulegen, drohten, es dem Bischof anzuzeigen. Seine Verzweiflung sei »aufs Höchste gestiegen«, habe der Pfarrer später angegeben, weshalb er die beiden auf den Weg nach Bonn lockte, wo er angeblich Möbel kaufen wollte. Unterwegs gab er an, er habe seine Uhr am Rhein verloren. Als die Frauen sich auf die Suche begaben, schlug er sie von hinten mit einem Weidenknüppel nieder und schlitzte ihnen die Kehle auf. Das Messer warf er in den Rhein. Die Leichen der Frauen versteckte er im Gebüsch, weil er zu erschöpft war, sie bis zum Wasser zu schleifen. Der Mord wurde entdeckt, und da er in Begleitung der Frauen gesehen worden war, wurde er erst als Zeuge, nach einigen widersprüchlichen Aussagen als Angeklagter befragt und schließlich überführt. Noch im gleichen Jahr ließ er seinen Kopf in Aachen unter der Guillotine.

Es missfiel mir, wie Schäfers Schnüss und seine Kumpanen mich seitdem anbaggerten, als sei ich als Angehöriger des Priesterstands seinesgleichen. Im Nachhinein, muss ich allerdings zugeben, waren sie das kleinere Übel.

Das Kölner Rotlicht wurde seit den Achtzigern zunehmend von »Imis« dominiert: Türkische und marokkanische Bodybuilder-Türsteher – dunkel und breit – übernahmen das Geschäft und gaben sich wenig zimperlich, was ihre Vorgänger, ihr eigenes Personal und erst recht die Konkurrenz anging. In den Diskotheken am Ring abgeschleppte und per Beischlaf willfährig gemachte Mädchen wurden in der Folge auf brutalste Weise zur Prostitution rekrutiert. Muslimisch geprägte mangelnde Achtung vor gefallenen Frauen beförderte das Vorgehen. Am helllichten Tag ballerten Bandenmitglieder verschiedener Ethnien einander aufstiegswirksam nieder und beriefen sich dabei auf das sechste Kölner Grundgesetz: »Kenne m'r nit, bruche m'r nit, fott domet!« Beichten blieb diesen bösen Buben ein Fremdwort.

Das Kölsch erlebte einen ähnlichen von kulturellem Niedergang begleiteten »Aufschwung«, wurde am 6. März 1980 per Konvention vom Getränk zur geografischen sowie Gattungsbezeichnung geadelt und vermarktet. 24 Brauereien unterzeichneten das Abkommen, 30 Jahre später hatte nicht einmal die Hälfte von ihnen mehr ein Einkommen, das ein Auskommen garantierte, und daher aufgegeben. Ein Oligopol von elf Brauereien beherrscht heute den Markt. Seit 1997 ist die Bezeichnung »Kölsch« durch die EU geschützt. Aber Qualität und Quantität gehen bei obergärigem Bier nicht zusammen. Zu Haltbarkeitszwecken mit Kohlesäure versetzte Flaschenware verdrängte in der Folge die Fassgebinde. Zapfanlagen an Fake-Fässern sorgen mittels Zugabe von H2CO3 für den erforderlichen Förderdruck und verfälschen das Ergebnis. Das helle, schlanke, blanke, CO_2-arme Kölsch, ursprünglich in Stangen oder sogar in der 0,1-l-Damen-Version als »Stößchen« angeboten, wird in manchen Häusern mittlerweile in Fünf-Liter-Zapfsäulen serviert, die eines garantieren: das Bier ist schal, ehe es die erste Kehle nässt, man kann es kaum schnell genug kippen. Geschmack wird geringgeschätzt, größtmöglicher Umsatz ist das Ziel. Der Verbraucher passt sich an. Komasaufen und Wildpinkeln stehen für die neue Kölner Trinkkultur, Massenkonsum und Mammon für die moderne Mentalität. Die kleinen Kölner Kneipen sind tot, es boomen Bierzelte, Bierbikes und Brautleutehorden im Polterabendfieber.

Kölsche Lieder werden nicht mehr von kauzigen Originalen geschrammelt, sondern von Boygroups jenseits des besten Alters, die ewige Diesseitigkeit vortäuschen, in Fußballstadien performt. Auf weltweiten Tourneen verbreiten Bands wie »BIP«, »Hols« oder »Hennen«, von schwarz bebrillten Bodyguards begleitet, Kölner Frohsinn als einkommensträchtigen Exportartikel.

In dieser Zeit des Niedergangs Kölscher Lebensart verhalf ein spektakulärer Einbruch in den Kölner Dom einer alten Milieugröße zu einem kurzzeitigen Comeback. Am helllichten Tag wurde im Februar 1995 ein Prozessionskreuz aus dem 19. Jahrhundert – Lieblingskreuz Kardinal Meißners – aus der Schatzkammer des Kölner Doms gestohlen. Im »hillije« Köln!

Domprobst Bernhard Henrichs rief mich an. Meine Beichtbeziehung zu Schäfers Schnüss empfahl mich als Kontakter zwischen Klerus und kriminellem Milieu.

»Wat soll da Quatsch?«, befand der Unterweltler aufgebracht, als ich ihm das Sakrileg offenbarte. »Domet han ich nix ze don!«

Aber er versprach, seinen Einfluss in die Waagschale zu werfen. Über einen Mittelsmann kehrte das Kreuz kurz darauf zurück in die Kammer. Die ausgelobte Belohnung von 3000 D-Mark verschmähte Schäfers Schnüss allerdings. »Vom Dom nimmt man nicht, dem Dom gibt man höchstens«, erklärte er, bat stattdessen um eine Messe für seine schwarze Seele – gerade noch rechtzeitig. Kaum ein Jahr später erlag er 61-jährig einem Herzversagen. Um fünf vor zwölf wurde ich hinzugerufen und konnte ihm die letzte Ölung erteilen. Er verabschiedete sich augenzwinkernd mit dem achten Gebot des Kölschen Grundgesetzes: »Mach et jot, ävver nit ze off!«, tat seinen letzten Schnaufer und verstarb.

Zu dem Zeitpunkt war der Paragraf 175 schon eine Weile außer Kraft, die Schutzgeldzahlungen an den Dummsen Detlef dümpelten vor sich hin beziehungsweise drohten zu verebben, ihm und Abels Käl liefen die Pferdchen weg, was nicht zuletzt den schlagkräftigen Argumenten der Imi-Luden geschuldet war, deren Interesse allerdings in erster Linie dem weiblichen Strich galt. Homosexualität rangiert in der Gräuel-Hitliste des Koran noch vor den schweinefleischdominierten Kölner Grundnahrungsmitteln Flönz, Mett und Kölsch. Im ersten Punkt geht der Katholizismus zwar bis heute konform, aber sollte man nicht die Kirche im Dorf lassen? »M'r losse d'r Dom in Kölle!«, lautete der aktuelle Karnevalshit, den sich die Domstadt auf die Fahnen schrieb.

Die Konkurrenz hatte fünf Jahre nach dem Tod von Schäfers Schnüss das Kölner Nachtleben übernommen. Abels Käl kochte, Dummse Detlef fluchte, schlussendlich schmiedeten sie einen perfiden Plan zur Ausschaltung der unliebsamen osmanisch-marokkanischen Rivalen unter Zuhilfenahme der Kölner Spezialwaffe Kölsch: »Drinkste eine met? Stell dich nit esu an!«

Man vereinbarte ein Gipfeltreffen am Zug. Rosenmontag, Ehrentribüne – nein, keine schweinische Blootwoosch, stattdessen ganz unprovokante Sesamringe, aber Kölsch und lecker Mädsche. Mit 4,8 % gehört das Kölner Nationalgetränk schließlich zu den alkoholarmen Bieren und wurde den Muslimen, die sich huldvoll gaben, augenzwinkernd als Limo verkauft. Bünyamin Bayram, König der Kölner Ringe, und Nurdin Asili, unangefochtener Alleinherrscher der Außenbezirke, brachten neben ihren Gorillas glutäugige Schönheiten und orientalische Gebäckspezialitäten mit. Natürlich beulten unter Ringelhemden neben Bizepsen Ballermänner. Aber alle waren auf Karneval gebürstet. Man sprach der ein oder anderen Stange zu, im Laufe der Stunden wurden es mehr. Die das Kölsch nicht gewohnten Zungen lockerten sich, brabbelten zunehmend dummes Zeug, marokkanische, türkische, Kölner Ganoven lagen sich in den Armen, bützten – küssten – und lallten Kölsches Liedgut mit, das von den vorbeiziehenden Rosenmontagszugkapellen herüberscholl.

Abels Käl war es, der mir anderntags vom Ausgang dieser Verbrüderung berichtete. Brühwarm. Im Beichtstuhl. Der besseren Verständlichkeit halber gebe ich seine Darstellung auf Hochdeutsch wieder.

»Vater«, krächzte er hinter einer mächtigen Fahne, die mir durch die Dunkelheit und das Holzgitter entgegenwaberte. »Vater, ich habe gefehlt!«

»Sohn«, entgegnete ich. »Der größte Fehler ist, seine Verfehlungen nicht zu erkennen. Der zweitgrößte daraus nichts zu lernen. Wir stehen also wieder ganz am Anfang, wie es scheint.«

Ein abgrundtiefer Seufzer. »Ich fang dann mal an, Chef.«

Er wirkte von den Ereignissen respektive vom Restalkohol recht mitgenommen, sonderte viel wirres Zeug ab, holte weit aus. Viel zu weit für meinen Geschmack, der ich die Vorgeschichte zur Genüge kannte. Offensichtlich wollte er rechtfertigen, was folgte. Ich ließ ihn reden, bis er sich vergewisserte: »Vater, heißt es nicht immer, man soll dem Feind die andere Backe hinhalten?«

»Ich bin mir nicht sicher, ob der liebe Herr Jesus Christus das Gleiche meint wie du, Käl«, gab ich zurück. »Um Föttchensföhlerei ging es jedenfalls nicht. Davor warst du ja noch nie fies. Du wolltest mir aber doch nicht beichten, dass du mit deinen Feinden Hinterngrabschen geübt hast?«

»Ich frage mich bloß, ob der liebe Herrgott es hinterfotzig findet, wenn man versucht, seine Feinde zu Fall zu bringen, indem man auf Kumpel macht, es aber gar nicht so meint.«

»Zuallererst denke ich, dass Gott gnädig ist. Manche Mittel heiligt der Zweck. Der Friede unter den Menschen ist ein kostbares Gut.«

»Friede!«, grollte er. »Die sollten uns in Frieden lassen, diese Kanaken!«

»Wenn der Karneval Kanaken zu Kumpeln macht, ist das doch kein schlechter Zug«, versuchte ich ihn zu beruhigen.

»Der Zug!« Abels Käl heulte auf. »Die Karawane zieht weiter!«

Ich reichte ihm ein Päckchen Papiertaschentücher durch das Gitter und wartete ab.

»Ihr habt euch also gemeinsam besoffen«, erinnerte ich, als er austrompetet hatte.

»Die vertragen ja nix, diese Dönerfresser!«, grunzte Käl.

»Am Ende ging es also wieder drüber und drunter«, konstatierte ich.

Da war es mit seiner Fassung vollends vorbei.

»Drunter!«, schluchzte er. »Unter dem Prunkwagen!«

Den Rest konnte ich ihm nur noch zwischen heftigem Schnäuzen aus der Nase ziehen.

Als der Höhepunkt des Rosenmontagszugs, die Prunkwagen von Bauer, Jungfrau und Prinz, sich näherten, hatten die vier Kiezgrößen nebeneinander in der ersten Reihe gestanden. Die Kapelle intonierte »Eimol Prinz zo sin«, und Abels Käl und Dummse Detlef sangen aus vollem Herzen mit: »Dovun han ich schon als kleine Fätz jedräump!«

Bülent Bayrak und Nureddin Asil aber grölten dagegen an, insistierten, ihre geleerten Kölschgläser schwenkend, auf dem Ohrwurm des letzten Musikkorps: »Die Karawane zieht weiter, d'r Sultan hätt Doosch!«

Was das lautstarke Besingen dieser konkurrierenden Herrschaftsformen – orientalischer Sultan versus Kölscher Prinz – in den Herzen der abgehalfterten Milieugrößen anrichtete, die ihrem Kindheitstraum huldigten, dem heiligen Ziel, das jeder Kölsche quasi mit der Muttermilch aufsaugt und dessen Aussichtslosigkeit beiden in dem Moment sicherlich in aller Klarheit vor Augen stand, die wussten, dass der Zug für sie abgefahren war, dass sie niemals mehr Prinzen, gar Könige von Köln würden, das kann wohl nur jemand nachvollziehen, der die Kölsche Mentalität entweder internalisiert oder gründlich studiert hat.

Beim Schunkeln haken Jecken aller Couleur sich entweder mit den Ellenbogen ein oder umschlingen einander an Hüften oder Schultern und bilden so eine je nach Alkoholpegel mehr oder eben weniger stabile Menschenreihe, in der das Gleichgewicht jedes Mitglieds der Kette an dem der anderen hängt. Bülent und Nureddin bildeten in dem Moment, von dem die Rede ist, die stark schwankenden Außenglieder des Quartetts, in ihrer Balance zusätzlich gefährdet durch die Tatsache, dass sie mit beiden Armen weit ausholend die Kölschstangen schwenkten. Abels Käls und Dummse Detlefs bierselig umflorte Blicke trafen sich. »Die Karawane zieht weiter!«, grölten ihre Konkurrenten und beharrten: »D'r Sultan hätt Doosch!«

Die Karawane *zog* weiter.

Der Prunkwagen Seiner Tollität, imposante fünf Meter hoch, wird begleitet von der rot-weißen Prinzengarde und umkreist von Wagenengeln, die die Menschenmassen wegdrängen, damit niemand unter die Räder gerät. Ein stressiger Job, den die jubelnden Jecken, die dem Prinzen so nahe als irgend möglich sein wollen, nicht sonderlich honorieren. Da wird gedrangelt, gerangelt und geschubst. Käl und Dummse nutzten den Hackentrick: Kurz den Körperschwerpunkt absenken und blitzschnell mit dem Innenbein rücklings überkreuz das Außenbein ihres Nachbarn aushebeln. Ungesehen. *Was* alle sahen: Zwei besoffene bullige Männer mit Migrationshintergrund, die im Gedränge das Gleichgewicht verloren, vor die riesigen Räder des Prinzenwagens stürzten, überrollt wurden und deren sterbliche Überreste den dem Prunkwagen unmittelbar folgenden Mitarbeitern der Abfallwirtschaftsbetriebe Köln GmbH vor die Füße kullerten.

Dummse Detlef und Abels Män waren im Karnevalstrubel untergetaucht und hatten sich eilig getrennt. Abels Män fand spät in der Nacht bei einer seiner ehemaligen Mitarbeiterinnen Obdach. Bei aller Anhänglichkeit setzte diese ihn am nächsten Morgen in aller Herrgottsfrühe wieder vor die Tür, gerade rechtzeitig, bevor ein türkisch-marokkanisches Rollkommando ihre Wohnung auseinandernahm. Ihr Exzuhälter suchte Zuflucht in St. Maria in der Kupfergasse in meinem Beichtstuhl.

»Käl«, sagte ich, als er seine Geschichte zu Ende erzählt hatte. »Bereust du, was du getan hast?«

»Ich bereue«, bestätigte Abels Käl.

»Na, jot.« Ich beschloss die Beichte mit dem Kölschen Grundgesetz. »Et es, wie et es. Watt fott es, es fott. Wat wellste maache?«

»Et kütt, wie et kütt«, sagte Käl ergeben. »Amen.«

»Jot, Jong.« Ich rappelte mich auf. »Ich rufe jetzt die Polizei!«

Kaum hatte ich die Tür der Kirche hinter mir geschlossen, wurde sie wieder aufgerissen. »Bliev, wo do bess, do Jeck!«, schrie ich, als Abels Käl sich an mir vorbeidrängte.

Zu spät.

Ein Mann im Cowboykostüm, der auf der gegenüberliegenden Straßenseite an eine Laterne gelehnt gestanden und mit seinen Revolvern gespielt hatte, richtete diese blitzschnell auf den Fliehenden. Eine Salve Schüsse bellte. Käl stoppte abrupt, drehte sich filmreif einmal um die eigene Achse und schlug der Länge nach hin. Als ich mich umsah, war der Cowboy verschwunden.

Dummse Detlef hatten sie bereits in der Nacht hingerichtet. Das Kölsche Milieu existierte nicht mehr. »Nix bliev, wie et wor«, heißt es im Paragrafen fünf der Sammlung unverbrüchlicher Kölscher Weisheiten.

In einem einzigen Punkt muss ich widersprechen: »Et hätt *nit* immer jotjejange.«

Kulinarischer Aufhänger: Kölsch

Erstveröffentlichung in: *Eine Bierleiche zum Dessert*, Hrsg.: Stefan Imhof, ars vivendi Verlag Cadolzburg 2016

SPIEL-ZEUGE

Natürlich kann etwas nicht stimmen, wenn Mädchen im Tochteralter auf dich abfahren. Zumal wenn nichts, aber auch gar nichts darauf hindeutet, dass du dich als gewinnversprechende Investition erweisen könntest.

Ich war mit Jeans, Sneakers und reichlich schlechter Laune versehen, als ich an dem Freitagabend ins »Kamm in« einkehrte. Dass ich dort verkehrte, war vermutlich kein Geheimnis. Erstens lag es direkt gegenüber meiner Wohnung in der Südstadt, zweitens hatte der Wirt ein Händchen, was die Küche anging. Die Speisekarte war unbeständig wie die Köche, die einander offensichtlich dauernd die Klinke respektive die Löffel reichten, aber stets exquisit. Vermutlich entsprach die Bezahlung der schäbigen Einrichtung des »Kamm in«: einem kunterbuntes Sperrmüll-Sammelsurium, in dem man sich einzig aus dem Grund wohlfühlen konnte, dass man, egal, wie das Outfit war, nie befürchten musste, eine Geschmacksgrenze zu unterschreiten.

Das Mädchen hatte ich nie vorher dort gesehen. Ich war immerhin schon oft genug Gast des Hauses gewesen, dass ich behaupten konnte, die Besucher einigermaßen zu kennen, auch wenn ich nie ein Wort mit jemandem wechselte. Schließlich kehrte ich dort ein, um meine Ruhe zu haben. Mein Arbeitstag war stressig genug. Wenn ich nach Hause kam, hatte ich keinen Bock, mir noch etwas zu essen zu machen. Also ging ich nach gegenüber.

Sie hockte am Tresen, als ich den Laden betrat. Ich hatte ihr keinerlei Beachtung geschenkt, aber als sie an meinen Tisch trat, kam sie von der Theke, das war mir in dem Moment bewusst. Sie hatte flüchtig von ihrer Zeitungslektüre aufgeblickt, als ich reinkam, und kaum, dass ich mein Essen geordert hatte, faltete sie das Blättchen zusammen, klemmte es unter die Achsel, rutschte vom Barhocker und schlenderte zu mir rüber.

»Darf ich?«, fragte sie und nahm Platz, ehe ich widersprechen konnte.

Ein hübsches Ding. Zierlich. Lange vermutlich naturblonde Haare, die sie offen trug und die Kopf und Schultern wie ein seidiges Tuch umschmiegten. Große blaue Augen vermittelten einen Eindruck von Kindlichkeit, ihr Blick wich meinem aus. Sehr jung, konstatierte ich. Nervös. Zu viel schwarze Farbe auf Wimpern und Lidern, ein hautenges tief geschnittenes schwarzes Glitzershirt über einer eher lässigen Blue Jeans. Weiß noch nicht recht, wo es hingehen soll.

Ich hatte die Weinkarte studiert. Auch wenn sie nichts Neues enthielt, galt es doch eine Entscheidung zu treffen, keine von sonderlicher Tragweite, aber nach den vielen Entscheidungen des Tages war ich müde und unschlüssig, fixierte die Alternativen eher geistesabwesend, ohne sie recht wahrzunehmen.

Nach einem halben Jahr war ich in dieser Stadt immer noch nicht wieder angekommen. Wie auch? Ich arbeitete Tag und Nacht, und sobald ich das Büro verließ, war mir im Grunde alles egal.

Nein, ich hatte nichts mit kleinen Mädchen. Niemals. – Damals vielleicht, als ich selbst noch ein kleiner, dummer Junge war. Noch verdammt viel länger her. Frauen gab es gelegentlich, klar. Aber eher, wie man in unregelmäßigen Abständen ein Fitnessstudio besucht, um sich zu vergewissern, dass man es noch draufhat. Keinerlei Vorlieben, schon gar nicht diese. Sie mochte mich entfernt an etwas erinnern, ja. Aber da klingelte oder kribbelte nichts. Ich war einfach nur müde, mitgenommen und mies drauf.

Sie räusperte sich. »Und? Was vor?«, fragte sie. Eine etwas heisere Altstimme, die irgendwie eingängig-vertraut klang, aber bei Weitem nicht so lässig rüberkam, wie es wohl beabsichtigt war.

»Feierabend«, knurrte ich.

Ihr Rücken straffte sich. »Stressiger Tag?«

Wie kam das Gör dazu mich zu bemitleiden? Auch wenn sie so forsch daherkam – eine Prostituierte war sie nicht. Nicht sie und nicht hier. Und schon gar nicht mit mir. Gerade weil ich so sicher war, dass sie es nicht darauf abgesehen haben konnte, ließ ich mich wohl halbherzig drauf ein.

»Interessiert es dich?«, frage ich zurück

»Wirkt so.«

»Ich wollte einfach nur abhängen. Und du? Aufreißen?«

»Spricht was gegen einfach ein bisschen unterhalten?«

»Was da*für*?«

Sie schwieg, und ich ließ mir das Wort »unterhalten« durch den Kopf wabern. Was hatte »unterhalten« eigentlich mit »Unterhalt« zu tun? Warum überhaupt *unter*? Gab es einen Maßstab? War ein Gespräch, war sie unter meinem Niveau? Wo war die Latte? – Jesses, was für eine Assoziation! Was hatte das Wort »Latte« hier verloren? Ich spürte plötzlich, wie es kribbelte – hinter den Ohren.

Die Kellnerin brachte das Essen. Ich orderte einen Barolo.

»Für die Dame auch?«, fragte sie.

Ich hatte Messer und Gabel aufgenommen und öffnete die Hände halb fragend in Richtung meines Gegenübers.

»Hm«, sagte das Mädchen.

»Gern!«, übersetzte ich in Richtung der Servicekraft, die mir einen guten Appetit wünschte und weiter hetzte.

»Sieht lecker aus!« Sie sah mir zu, wie ich das Filet zerlegte und Bratkartoffeln aufspießte.

»Hunger?«

Sie schüttelte den Kopf.

Die Weingläser wurden vor uns abgestellt, und ich hob meins an.

»Jens«, sagte ich.

Sie lächelte. »Jona.«

Noch bevor das Glas leer war, hatte ich erfahren, dass sie Studentin war. Heilpädagogik. Bilder von Mädels, die paar- und gruppenweise an der Wirtschaftswissenschaftlichen Fakultät vorbeiflanierten, stiegen in mir auf.

»PH?«, fragte ich.

Sie zog das Näschen kraus. »Kann man das essen?«

»Pädagogische Hochschule hieß das damals.«

»Du hast hier studiert.« Es klang mehr nach Vergewisserung als nach Frage.

»Lange her. Ein Vierteljahrhundert.«

Als ich das zweite Glas orderte, winkte sie ab: »Ich muss noch fahren.«

»Du wohnst nicht hier?« Schon während ich fragte, wurde mir klar, wie bescheuert sich das anhörte.

Sie guckte sich in der Schankstube um, lachte. »Nicht wirklich!« Die anfängliche Nervosität schien sie abgelegt zu haben. Dennoch wurde ich das Gefühl nicht los, dass sie irgendwie unter Druck stand, auf irgendwas hinauswollte oder irgendetwas suchte.

Mehr um das Gespräch in Gang zu halten, hakte ich nach: »In einer WG?«

»Gewissermaßen.«

Ihr Ausweichen reizte mich: »Mit deinem Freund?«

»Keine Sorge. Ich hab keinen Freund«, sagte sie und konterte: »Und du? Freundin?«

Wir waren auf ein Gleis geraten, das völlig abwegig war. Aber es schien ihr Spaß zu machen, und ich ließ mich darauf ein. »Fehlanzeige«, ich legte ein Bedauern in meine Stimme, das Teil des Spiels war. »Nix Freundin, nix Frau, nix Familie.«

Sie runzelte die Stirn. »Jeder hat Familie. Aber manchen geht's halt am Arsch vorbei. Kinder zu zeugen ist ein Kinderspiel. Sie großzuziehen ist eine ganz andere Kiste.«

Meinte dieses junges Ding allen Ernstes mir die Welt erklären zu müssen? Die Verärgerung machte mich geschwätzig: »Meine Eltern und Großeltern sind tot, ich hab keine Geschwister, Onkel, Tanten. Kinder waren mir nicht vergönnt. Keiner, der sich um mich sorgt, keiner, für den ich sorgen darf.«

Sie zog eine Augenbraue hoch: »Armer kleiner Junge! Heul doch! Meine Mutter ist auch tot.«

Ihr Spott ging zu weit. Ich stand auf. »Dann geh ich wohl mal besser für kleine Jungs.«

Auf dem Weg zur Toilette zahlte ich am Tresen das Essen und drei Wein. Als ich zurückkam, stand der Barolo an meinem Platz. Jona blätterte in der Zeitung, legte sie aber sofort wieder zusammen.

»Wie alt bist du eigentlich?«, fragte ich der Klarstellung halber.

»Fünfundzwanzig.«

»Schönes Alter.« Ich prostete ihr zu, obwohl kein Glas mehr vor ihr stand, tat einen tiefen Schluck und fühlte mich unvermittelt benommen, als sie sich vorbeugte.

»Ich hab sturmfreie Bude«, raunte sie mir zu, und so bescheuert die Situation war – ich spürte auf einmal, dass ich tatsächlich eine Latte kriegte. Es war das letzte, was mir klar im Bewusstsein blieb. Über alles andere hat sich ein gnädiger Nebel gelegt. Ich weiß, dass wir noch ein paar Worte worüber auch immer verloren, dass ich irgendwann aufstand, weil ich das akute Bedürfnis nach einem Bett verspürte, sogar noch, dass sie mir in den Mantel half. Vielleicht ist das so hängen geblieben, weil das noch nie jemand mit mir gemacht hatte und weil es mir total peinlich war, dass ich offensichtlich nicht mehr in der Lage war, ihn selbst anzuziehen.

Sie hakte sich bei mir unter, als wir gingen, und ich war in dem Moment ganz froh darüber, weil ich mich kaum noch aufrecht halten konnte.

Als ich die Augen öffnete, war es dunkel um mich herum, und mein Mund fühlte sich im Gegensatz zu meiner Blase vollkommen ausgetrocknet an. Beide Empfindungen waren so quälend intensiv, dass sie alle übrigen Wahrnehmungen zunächst überlagerten. Die steifen Glieder, die sich kaum rühren ließen. Erst als ich mich im Bestreben eine Toilette aufzusuchen aufzustützen versuchte, wurde mir bewusst, dass ich Hände und Füße nicht voneinander lösen konnte. Ich war gefesselt! Dickes Paketband, so fühlte es sich an, musste mir jemand breitflächig um beide Handgelenke gewickelt haben. Oder Isoband? Ich führte die Hände zum Mund versuchte die Klebestreifen mit den Zähnen zu zerreißen. Sie gaben kein bisschen nach. Panik trieb mir das Blut pochend in die Ohren. Ich versuchte tief durchzuatmen und mich zu orientieren. Offensichtlich lag ich auf einer Schaumstoff-Matratze. Jemand hatte eine leichte Fleece-Decke über mich geworfen. Im Rücken spürte ich eine Schräge, eine Rigips-Wand vielleicht. Der Raum, in dem ich mich befand, war winzig und mit Teppichboden ausgeschlagen, eine Abstellkammer oder ein Kabuff, das verriet mir das Geräusch meines Atems, aber auch eine winzige Helligkeit, die in einem schmalen Streifen am Boden vor mir herein sickerte. Dort musste es einen helleren Nebenraum geben.

Aus diesem anderen Raum drangen gedämpfte Geräusche. Jemand gab Laute von sich, vermutlich Worte, auch wenn ich sie nicht verstehen konnte.

Vorsichtig stützte ich mich auf und kroch auf Knien in Richtung Lichtstreifen. Es handelte sich um eine Tür mit Klinke, kaum anderthalb Meter hoch. Die höchste Stelle des Raums. Hinstellen wäre nicht möglich gewesen. Ich legte ein Ohr ans Holz. Meine Hände presste ich in den Schritt, um den Drang, Wasser zu lassen, zurückzuhalten. Hinter der Tür hörte ich eine männliche junge Stimme reden: »Piele! Pomm! Fieda! Fiedaaa pomm!«

Nein, das war keine ausländische Sprache, es klang eher wie sehr unbeholfenes Deutsch, wie jemand, der nicht richtig artikulieren konnte. Ich führte die zusammengebundenen Hände zur Klinke, bemüht, sie lautlos niederzudrücken und die Tür vorsichtig zu öffnen. Das ins Kabuff strömende Licht blendete mich. Dann erkannte ich eine Wand mit bunt gemusterter Tapete. Elefanten, Autos, Schimpansen, Trecker, Bären, ein Bus, Krokodile – offensichtlich ein Kinderzimmer. Während ich die Tür langsam weiter aufschob, sah ich ein Fenster, durch das die Nachmittagssonne hereinschien. Daneben stand ein Bett mit Patchworkdecke, ein Schrank, ein Regal voller großer bunter Spielzeuge, Autos, Kuscheltiere, Bilderbücher, Spielekartons, Kisten, vor dem Regal war ein Sitzkissen, daneben eine Tür und neben der Tür ein Tisch, an dem ein großer blonder Mensch saß, der Stimme nach ein junger Mann, der mir den Rücken zuwandte und vor sich hinsprach, während er an dem Tisch mit irgendetwas beschäftigt schien.

Vorsichtig versuchte ich, mich von den Knien auf die Füße zu stemmen. Dabei entrang sich mir ein leiser Schmerzenslaut. Der Kopf des jungen Mannes fuhr herum. Als er mich sah, sprang er auf und brüllte: »Joooonaa! Joonaaaa! Pomm! Auffe!« Mit einem Anflug von Erschrecken registrierte ich, wie massig seine Gestalt war. Seinen Gesichtsausdruck konnte ich schlecht einschätzen, weil die Physiognomie vor allem Blödigkeit offenbarte. Der Mund mit den unregelmäßigen großen Zähnen stand offen, eine dicke Zunge lag zwischen wulstigen Lippen im linken Mundwinkel. Seine Augen waren unterschiedlich geformt, das linke, schmalere wirkte unter einem hängendem Lid leidend, während das rechte mich groß und blau anstarrte – angstvoll? Wütend? Freudig?

Meine Not war zu groß, als dass ich auf seine Befindlichkeit Rücksicht nehmen konnte. »Entschuldigung, aber ich muss dringend auf die

Toilette!«, stieß ich hervor, meinen Harndrang mit den Händen mühsam zurückhaltend.

Er verstand.

»Pipiii!«, röhrte er. Mit einem Satz war er an der Tür, stieß sie auf und wies in den Flur dahinter. Dann lief er selbst in einem eigenartig hoppelnden Gang voraus, während ich vorsichtig mit gefesselten Beinen hinterher watschelte, bemüht, meiner Blase keine unnötigen Erschütterungen zuzumuten. Das Bad war gleich gegenüber dem Kinderzimmer. Daneben ging es eine Treppe hinunter, offensichtlich handelte es sich um ein zweistöckiges Einfamilienhaus. Allerdings war die Treppe mit einem Gitter gesichert, wie man es von Krabbelkinderhaushalten kennt, nur war dieses Gitter ein nicht unbedeutendes Stück höher. Ob mein junger – wie sagt man politisch korrekt? – Entwicklungsbeeinträchtigter? – nicht in der Lage war, unfallfrei eine Treppe hinabzugehen? Oder ging es darum, die Bewohner des unteren Stockwerks vor ihm zu schützen? – Galt dieses Absperrgitter etwa mir?

All das schoss mir durch den Kopf, während ich eilig der Toilette zustrebte.

Mein Quasi-Beschützer – nicht -modo, nein, daran hatte ich bis dahin mit keiner Silbe gedacht! – hatte sich neben dem Klo aufgebaut, die Brille hochgeklappt und beobachtete gespannt, wie ich an meinem Reißverschluss fingerte.

»Danke, vielen Dank«, versuchte ich ihn abzuwimmeln. »Ich komme so weit schon klar.«

»Pipiii!«, röhrte er wieder und bedeutete mir damit, dass er keineswegs gewillt war, sich die Hauptsache entgehen zu lassen.

Mir war mittlerweile alles egal. Unter seinem interessierten Blick zückte ich mein bestes Stück. Nichts geschah. Mein Druck war so groß, dass ich Sorge hatte, es würde mir gleich zu den Ohren herauskommen. Aber mein letztes Gruppenpinkeln lag gute drei Jahrzehnte zurück, als ich mit einigen Mitschülern nachts am Flussufer ein Feuerchen entfacht hatte, das wir gemeinschaftlich löschten. Nie wieder hatte ich seitdem einem andern Menschen derartig intime Einblicke in mein Privatleben gestattet. Um Pissoirs machte ich immer einen Bogen.

Erst als grobe Finger nach meinem Schniedel griffen, konnte ich – quasi in Notwehr – lockerlassen. Dabei bin ich sicher, dass es sich weniger um eine Bedrohungssituation als vielmehr um ein Hilfsangebot handelte.

Mein junger Freund – durfte ich ihn so nennen? – war begeistert. »Jooonaaa!«, brüllte er, »Pippiiii mach!«

Mein Kopf, befreit von physischen Nöten, nahm seine Arbeit wieder auf. Jona! Ha! So hatte das Mädchen sich vorgestellt, mit dem ich zuletzt im »Kamm in« angestoßen hatte. Offensichtlich hatte sie mich in ihre Gewalt gebracht. Mit K.O.-Tropfen! Was sonst? Mich verschleppt und diesen Behinderten zu meiner Bewachung abgestellt. Allein hätte sie mich nie und nimmer ins Haus und in die Abstellkammer befördern können.

Was wollte sie damit erreichen? Auch wenn ich derzeit ganz anständig verdiente – Aus mir war kein Vermögen rauszuholen. Meinen Arbeitgeber erpressen? Absurd! Ich war nicht auf einem Motorradtrip im Sudan unterwegs, wo eine deutsche Botschaft mich freikaufen konnte. In Deutschland würde kein Chef nach mir krähen.

Ich hoppelte hinter meinem Bewacher zurück in den Flur und ins Kinderzimmer. Jona, so sie in der Nähe weilte, hatte sich nicht gemuckst. Wenn ich hier raus wollte, gab es nur einen Weg: den Jungen.

Ich streckte ihm meine Hände hin. »Bitte lösen Sie die Fesseln«, sagte ich. »Sie machen sich der Freiheitsberaubung mindestens mitschuldig, wenn Sie nicht augenblicklich dafür Sorge tragen, dass ich als freier Mann dieses Haus wieder verlassen kann.«

Dämlicher hätte ich es wohl kaum anfangen können.

Er lachte mich an. Dann streckte er ebenfalls beide Hände vor, fuhr unvermittelt einen Zeigefinger aus und stupste mich in die Seite. Ich zuckte zusammen, und er kicherte. Zückte den anderen Zeigefinger und stupste mich wieder. Ich hatte keine Chance. Wie sollte ich ihn abwehren? Seine Stupser kamen in immer schnellerer Folge, ich wand mich verzweifelt, bis ich mir nicht mehr anders zu helfen wusste, als mich fallen zu lassen und auf dem Boden hin und her zu wälzen. Ich kam mir vor wie eine Puppe in der Gewalt eines Riesenbabys.

Nach einer Weile verlor er das Interesse am Michdurchkitzeln und fischte einen Ball aus dem Regal, den er mir an den Kopf warf. Es tat tüchtig weh, weil ich nicht schnell genug reagierte. Er bückte sich nach dem Ball und holte wieder aus. Da dämmerte mir, was er wollte, und ich kickte seine Vorlage mit dem Kopf zurück. Er strahlte. Wir spielten eine Art Fußball. Ich kam mir dabei vor wie ein Tischkickermännchen: Wenn ich den Ball nicht vor den Kopf bekam, blieb mir nichts, als ihn im Schlusssprung zu schießen, weil ich die Füße nicht auseinanderkriegte. Nach ein paar Minuten war ich in Schweiß gebadet und ließ mich keuchend auf das Bett plumpsen.

Der Junge packte mich grob am Oberarm und zerrte mich zum Schreibtisch: »Piel!«

Dort lag ein Holzpuzzle, mit dem er offensichtlich noch nicht weit gekommen war. Es waren große Teile. Trotzdem schienen sie vorn und hinten nicht zusammenzupassen. Erst nach einer Weile kapierte ich, dass sie eine Ober- und eine Unterseite hatten, was die Kombinationsmöglichkeiten potenzierte. Mit gefesselten Händen war ich nur mit Mühe in der Lage die Teile zu wenden und hin- und herzuschieben. Ich fluchte, was ihn zu amüsieren schien. Schon bekam ich den Zeigefinger wieder zu spüren, links, rechts, links. Wieder war ich seinen Kitzelattacken ausgeliefert. Schließlich sprang ich auf, hoppelte zum Flur und schmiss mich gegen das Treppengitter.

»Hallo? – Ist da wer?«, rief ich.

Keine Reaktion.

»Jona?«

Nichts.

Mein kleiner großer Tyrann war hinter mir hergehinkt und zerrte mich wieder zurück ins Zimmer.

»Fieda piele!«, sagte er streng.

Stunden später, wie es mir vorkam, hatte ich das ganze Spieleregal kennengelernt, außerdem die Fluchtmöglichkeiten gecheckt. Das Fenster war gut gesichert und nicht über die Kippstellung hinaus zu öffnen. Es gab den Blick auf ein kleines Wäldchen frei. War das Haus völlig abgelegen? Mein Handy war weg. Jona musste es samt Portemonnaie und Schlüsseln in Sicherheit gebracht haben. Ich versuchte es mit Schreien. Rechts oder links mochte es Nachbarn geben, die die Polizei verständigen konnten. Aber kaum, dass ich den Mund aufriss, brüllte mein Zimmergenosse begeistert mit, er verstand es offensichtlich als Spiel. Sofern überhaupt jemand an dem Geschrei Anstoß nahm, war wohl nicht darauf zu hoffen, dass die Nachbarschaft meine Notlage erkannte. Man würde das Schreien für mehr oder weniger alltägliche Lebensäußerungen des Behinderten halten.

Nach einer gefühlten Ewigkeit hörte ich unten eine Tür ins Schloss fallen. Das Mädchen? Endlich!

»Jonaaaa!«, rief mein Spielgefährte begeistert, und ich fiel wütend ein: »Joooona!« Seite an Seite hoppelten wir zum Treppengitter.

»Ich komme!« Das Mädchen erschien am Fuß der Treppe mit Rucksack und Einkaufstüten, die es abstellte, um uns fröhlich zuzuwinken. »Ich hab euch was Leckeres mitgebracht!«

»Ungaaa!«, schrie es neben mir.

Ich hatte vor lauter Wut im Bauch keinen Platz für Hunger. Dieses Gör hatte mich hierher verschleppt und zum Spielzeug dieses Riesenbabys degradiert, und jetzt tat sie gerade so, als wollte sie mir etwas Gutes tun. »Was gibt das hier?«, schrie ich.

Jona ignorierte die Frage: »In fünf Minuten gibt‘s was!«, rief sie und verschwand wieder aus unserem Sichtfeld. Den Geräuschen nach hantierte sie in einer Küche.

Was für eine absurde Situation! Diese Schlampe, der ich das alles hier zu verdanken hatte, ließ mich zappeln wie ein quengelndes Kleinkind!

Meine Wut wendete sich gegen den Jungen. Warum war ich bisher eigentlich noch gar nicht auf die Idee gekommen, ihm den Stuhl über den Schädel zu ziehen? Aus Angst, es könnte misslingen? Weil er mir offensichtlich körperlich überlegen war?

Das Riesenbaby hockte sich mit einem tiefen Seufzer neben mich auf den Boden, und mein Zorn verrauchte augenblicklich. Nein. Ihm konnte ich unmöglich etwas zufügen. Er war ein Alptraum, aber war er nicht Opfer wie ich? Wieso sperrte man ihn hier ein? Welche Rolle spielte das Mädchen in seinem Leben? Offensichtlich sorgte sie für ihn – aber warum?

»Hey«, ich stupste ihn an. »Jona – deine Freundin?«

Er zerrte mich in die Höhe und zurück ins Kinderzimmer, wo er mich aufs Bett schubste. Dann zog er ein Buch aus dem Regal, fegte die Puzzleteile vom Tisch, legte das Buch darauf und schob den Tisch vor mich an das Bett. Er setzte sich neben und klappte das Buch auf. Ich achtete nicht darauf, weil ich im gleichen Moment Jona die Treppe heraufkommen hörte. Sie schloss das Gitter auf. Verflucht! Ich war zwischen Wand und Tisch und dem Jungen eingeklemmt und konnte mich nicht auf sie stürzen!

Jona betrat das Kinderzimmer, mit beiden Händen ein Tablett festhaltend, das sie auf dem Stuhl absetzte. Es wäre so ein Leichtes gewesen, ihr einen Schubs an der Treppe zu versetzen! Ich hätte mich an ihr vorbei gedrängt und wäre aus dem Haus gehoppelt!

»Weg damit, Benne!«, sagte sie, und das Buch verschwand vom Tisch.

»Was gibt das hier?«, begann ich wieder wütend.

»Linsensuppe«, entgegnete sie gelassen, verteilte drei Schälchen und Löffel auf dem Tisch und hob einen dampfenden Topf darauf. »Jens, meinst du, du kannst mit meinem Bruder und mir ganz manierlich am Tisch sitzen, oder willst du lieber so lange wieder ins Kabuff?«

Für einen Moment verschlug es mir die Sprache. Manieren? Dieses Gör sprach von Manieren?

»Was hältst du davon, wenn du mir mal die Klebestreifen von den Handgelenken entfernst? Das würde meine Manieren sicherlich wesentlich befördern!«, knirschte ich.

Sie sah skeptisch aus. »Ich meine es ernst«, sagte sie. »Du musst versprechen, dass du ganz ruhig bleibst. Wir sind spät dran, und Benjamin ist hungrig. Er braucht seinen Rhythmus. Alles andere können wir später klären.«

»Ach, wie fürsorglich!«, schäumte ich. »Wenn ich dich richtig verstehe, ist das dein kleiner Bruder?«

»Mein Zwillingsbruder. Ein Sauerstoffproblem. Ich hab zu lang gebraucht«, warf sie ein.

»Egal! Du sperrst ihn ein, und statt dich um ihn zu kümmern, verschleppst du irgendwelche Menschen, die du abends in Kneipen aufreißt und die du ihm zum Spielen auslieferst?«

»Es tut mir leid«, sagte sie. »Aber es ist nicht ganz so gewesen.«

»Nicht?«, schrie ich, »erzähl das mal der Polizei! Freiheitsberaubung! Verstoß gegen das Betäubungsmittelgesetz – Oder hast du mir etwa keine K.O.-Tropfen in den Wein gemischt?«

»Es war eine Kurzschlusshandlung, es tut mir leid. Du hast mich so wütend gemacht«, unterbrach sie mich.

»Kurzschlusshandlung? Du hast dich über was auch immer geärgert und hattest rein zufällig K.-O.-Tropfen in der Tasche?«

Sie wand sich. »Nicht ganz zufällig. Ein Pfleger hat sie mir zugesteckt, als ich Benjamin aus dem Heim zu mir geholt hab. Für den Fall, dass er mal ausrastet und ich mit ihm nicht fertig werde.«

»Waas?«

»Völliger Blödsinn!«, rief Jona, »Benne ist ein Lämmchen! Seit er bei mir lebt, ist er nie wieder ausgerastet! Nach Mutters Tod hatten sie ihn ins Heim gesteckt, und er war einfach völlig durcheinander!«

»Uunga!«, sagte Benjamin laut. Es klang nicht sonderlich friedlich.

Jona griff nach seinem Schälchen. Mit der anderen Hand tauchte sie die Schöpfkelle in den Topf und tat ihm auf. Gierig fiel er darüber her. Manierlich konnte man es definitiv nicht nennen. Aber da gab es noch ganz andere Baustellen.

»Okay«, sagte ich, »du hattest also ganz zufällig die K.-O.-Tropfen, die du gar nicht brauchtest, dabei, und da hast du gedacht, kipp sie mal irgendjemand zum Nachtisch in den Wein?«

»Ich war wütend auf dich«, wiederholte sie.

»Was, bitte schön, hatte ich dir getan?«

»Du hast rumgeheult, du hättest keinen, für den du sorgen darfst. Da hab ich gedacht, ich zeig dir mal, wie das ist. Ich wollte, dass du mal Zeuge bist, wie das sein kann, wenn man Verantwortung für jemand übernommen hat.«

»Ach, und statt mich zu fragen, ob ich auch Lust dazu hätte, hast du mich betäubt, verschleppt und gefesselt?«

»Ich *musste* dich fesseln! Ich wusste ja nicht, was du tust, wenn du wieder zu dir kommst! Und ich musste doch was einkaufen! Es ist Samstag, und die Läden machen mittags zu! Ich hatte keine Ahnung, wann du wieder zu dir kommst. Was sollte ich machen? Ich musste dich mit Benne alleine lassen! Ich wollte ihn vor dir schützen!«

»Vor *mir*? Du wolltest *ihn* schützen vor *mir*?«

Benjamin hatte seine Mahlzeit mittlerweile beendet. Er schob den Napf beiseite und blätterte in dem Buch, als könnte er kein Wässerchen trüben.

»Er konnte dir die Situation ja schlecht erklären«, wandte Jona ein.

Ganz unrecht hatte sie nicht. Aber das rettete auch nichts. Ich hielt ihr die Arme hin.

»Mach das los«, sagte ich.

Sie zögerte. »Du rufst nicht die Polizei?«

»Leck mich am Arsch!« Ich war einfach nur wütend. »Mach das los!«

Sie nahm ein Küchenmesser vom Tablett und säbelte die Klebestreifen durch. Es tat scheißweh, als sie mir die Dinger von der Haut abriss. Ich war sehr erleichtert und furchtbar wütend zugleich. Kaum dass sie den letzten Streifen gelöst hatte, schnellte meine Rechte vor, ich entriss ihr das Messer und drückte es an ihren Hals.

»So, meine Süße«, sagte ich, »du gehst jetzt ganz ruhig mit mir aus diesem Kinderzimmer, gibst mir mein Handy, mein Portemonnaie und verhältst dich vollkommen friedlich, bis die Bullen hier sind. Klar?«

Jona sagte nichts. Ihr Blick ging zu Benjamin, der von allem überhaupt nichts mitbekommen zu haben schien. Er hatte versonnen in seinem Album geblättert. Jetzt hob er es hoch, hielt es mir vors Gesicht und strahlte.

»Mamma, Pappa!«, sagte er.

Das Foto war ziemlich genau ein Vierteljahrhundert alt. Es war das letzte Bild, das es von Miriam und mir gab. Aufgenommen am Tag vor meiner Abreise nach New York, wo ich mein erste Stelle angetreten hatte. Ein Abschiedsfoto. Miriam lehnte sich an mich. Die langen blonden Haare umschmiegten Kopf und Schultern wie ein seidiges Tuch. Sie blickte aus großen blauen Augen in die Kamera.

Zierlich, ihr war nichts anzusehen.

Woher hätte ich es wissen sollen? Ich hatte nie wieder etwas von ihr gehört.

»Wie bist du auf mich gestoßen?«, fragte ich.

»Übers Internet. Ich hätte nie gedacht, dass du gleich um die Ecke wohnst. Aber als ich klingelte, warst du nicht da. Draußen wollte ich nicht warten, also bin ich so lange ins Kamm-in. Und als du kamst – Aber dann hast du mir diese Scheiße vorgeheult von wegen keine Familie ...«

Ich wollte frei sein, hatte ich Miriam gesagt. Mich nicht binden. Familie sei was für später.

Höchste Zeit, wie es schien.

Kulinarischer Aufhänger: Linsensuppe

Erstveröffentlichung in: *Küche, Diele, Mord*, Hrsg.: Almuth Heuner, KBV Verlag Hillesheim 2013

MATSCHES MIT SEMF

Alles an dem Raum war fremd und falsch. Die weißen Wände, der geflieste Boden, die vielen Maschinen, das mit Schläuchen und Geräten verkabelte Bett. Am fremdesten der Mann darin. Bleiche, eingefallene Wangen. Die schwarzen Augenbrauen stachen umso deutlicher über den geschlossenen Lidern hervor, ebenso die Bartstoppeln, die lange keine Klinge mehr zu spüren gekriegt hatten. Selbst aus den Nasenlöchern kringelten sich schwarze Haare geradezu angriffslustig, als sondierten sie nur noch die Lage, bevor sie die Macht übernehmen würden, die Kontrolle über diesen scheinbar leblosen Körper, dessen Brustkorb sich mit jedem Impuls der Maschine hob und senkte, während der Monitor den gleichmäßigen Rhythmus der Pumpe mit zuckenden Ausschlägen und kleinen fiependen Geräuschen antrieb, die immer wieder Anlauf zu nehmen schienen, hektischer wurden, bis sie stolperten, kurz aussetzten und sich wieder fingen.

Etwas in dem Mann war nach wie vor virulent, hatte sich verselbständigt, wollte sich freisetzen, durch alle Poren und Körperöffnungen seinen Weg suchen. Etwas, das mich in der Nähe der Tür festhielt.

Er war es und war es doch nicht.

Der Uniformierte räusperte sich. »Und?«

»Mein Stiefvater, ja«, sagte ich, ohne einen Blick von dem Bett zu wenden. »Wie haben Sie ihn gefunden?«

»Zufall.« Der Beamte musterte mich von der Seite, ich konnte seinen Blick spüren. »Der Installateur. Die Vermieterin hat ihm aufgeschlossen, als niemand auf das Klingeln reagierte. Irgendwas mit den Heizungen.«

»Und jetzt?«

»Das ist nicht mehr mein Job.« Wie um seine Worte zu bekräftigen, klappte der Mann sein Notebook zu. »Lassen Sie sich beraten. Wer weiß, was da medizinisch noch drin ist. Es wird allerhand zu regeln geben. Nach unseren Ermittlungen hat er niemand außer Ihnen.«

Sechs Wochen lang regelte ich, was zu regeln war. Ämter, Krankenkasse, Versicherungen, Bankkonten, der Mietvertrag. Ich sprach mit Ärzten, Krankenschwestern, beschaffte Unterwäsche, Schlafanzüge, Wollsocken. Seine Schmutzwäsche entsorgte ich in die Müllcontainer hinter der Klinik. Man hielt mich auf dem Laufenden. Das Zimmer mied ich.

Selbst als er wieder die Augen öffnen und ohne Apparate atmen und als er dann im Bett aufgesetzt mühsam Hände und Arme bewegen konnte, ging ich nur zu ihm, um mich zu vergewissern, dass er kein vernünftiges Wort mehr herausbekam. Er würde nie mehr auf die Beine kommen. Ein Fall fürs Heim. – Ob ich ihn etwa pflegen wollte?

Die Wohnung ließ ich räumen. Alles bis auf die Papiere.

In einer Schublade fand ich ihr Foto. – In der alten Wohnung hatte es über der Couch gehangen. Ein Jugendbild. Ich war damals noch nicht auf der Welt gewesen. Auch Horst hatte es in ihrem Leben noch nicht gegeben.

Sie lachte in die Kamera, hinter ihr das Meer, der Wind zauste die sorgfältig in Wellen gelegten Haare, die sie mit der Rechten zu bändigen versuchte. Sie hatte Horst mit diesem Bild die ganzen Jahre betrogen. Der, den sie anlachte, war der Ami, der Vater ihres Bankert, wie Horst mich an seinen guten Tagen zärtlich zu nennen pflegte.

Als ich sie im Krankenhaus besuchte, hatte sie es mir verraten. Seitdem hatte dieses Bild sich in meinem Kopf eingenistet. Ihr Lachen, das dem anderen galt. Dabei hatte ich damals erst gar nicht verstanden, wieso sie mir partout erzählen wollte, dass er es war, der das Foto gemacht hatte. Ihre Worte waren mir nur so deutlich hängen geblieben, weil ich ihr Gesicht nicht vergessen konnte. Horst hatte mich an der Krankenhaustür abgeliefert. Man habe sie gefunden, aber es gehe ihr schlecht. Die Leber. Ich dürfte nur kurz rein. Ich kannte es kaum anders. Immer hieß es, sie sei krank, wenn sie diesen glasigen Blick hatte und sich so merkwürdig benahm und wenn sie von Zeit zu Zeit verschwand. Aber diesmal war es anders.

Als ich in das Krankenzimmer kam, fühlte ich mich ähnlich fremd wie jetzt, als ich Horst wiedergesehen hab, auch wenn alles ganz anders war. Sie war bei Sinnen gewesen, hatte mich erwartet und mir als Erstes diese Geschichte mit dem Foto und dem Ami erzählt. Obwohl sie so komisch aussah, wusste ich, dass sie nicht delirierte, sondern die Wahrheit sagte. Ihr Körper sei vergiftet, erklärte sie. Sie hätte zu viel von dem Teufelszeug geschluckt. Ich muss sie angestarrt haben wie ein Gespenst. Himmel, wie sollte ich das denn verstehen? Ich war doch noch ein Kind! Und dann ist es aus mir rausgeplatzt: »Senf? Du hast eine Senfvergiftung?«

Herrje, sie liebte doch Senf! Sie hat einen Lachanfall gekriegt, dass ihr die Luft wegblieb. Die Schwester kam und zerrte mich auf den Flur, wo ich warten musste, bis Horst wieder da war und mich mit nach Hause nahm. Es war das letzte Mal, dass ich sie gesehen hab. Aber der Anblick dieses Gesichts, das das meiner Mutter sein sollte, leuchtend gelb, verzerrt von hysterischen Lachsalven, verließ mich nie wieder.

Auch jetzt, wenn ich in das lachende Gesicht des jungen Mädchens blickte, befürchtete ich, es könnte jederzeit seine Farbe wechseln, in Zuckungen verfallen und mühsam nach Luft ringen.

Was war bloß zwischen diesen beiden Lachen passiert?

Auch wenn sie mir oft Angst gemacht hatte: Sie war doch der einzige Mensch gewesen, der zu mir gehörte, meine Familie, wenn sie auch selten genug dazu in der Lage gewesen war und mich schließlich endgültig im Stich ließ, ehe ich in die achte Klasse kam. Als sie weg war, hab ich manchmal das Bild betrachtet und über den Mann nachgedacht, der seit dieser Geschichte die Wohnung mit uns teilte. Er war da. In meiner Fantasie zumindest. Stand irgendwo gegenüber von dem Sofa im Raum, die Kamera im Anschlag, und sie lachte ihm zu. Dem Ami. Meinem Vater.

Der andere ahnte nichts von dem Nebenbuhler im Wohnzimmer. Aber seitdem hatte ich einen heimlichen Verbündeten. Vielleicht war das auch der Grund, weshalb ich ihm zwei Jahre später meinen Teller ins Gesicht geschmissen hab und abgehauen bin. Als sie mich Tage später am Bahnhof einsammelten, habe ich so lange getobt, bis ich in eine Pflegefamilie kam. Er hat keinen Versuch gemacht, mich zurückzuholen, und ich hatte seitdem versucht, ihn zu vergessen. Dreißig Jahre lang.

Es hatte Matjes gegeben an dem Tag. Mit Senf. Ich esse Matjes immer mit Senf. Das habe ich von ihr. Alle Unarten hatte ich von ihr, wenn ich Horst Glauben schenken durfte. Schon die Tischsitten.

Meine Mutter hatte mir von klein auf Kartoffeln, Gemüse und Soße auf dem Teller zusammengeknetet. Auch als ich längst allein mit Gabel und Messer essen konnte, hatte sie geduldet, dass ich alles, was ich auf dem Teller hatte, verknetete. Für ihn waren das Kleinkindmanieren. »Na, gibt es wieder Matsches für das Mamisöhnchen?«, höhnte er jedes Mal, wenn ich die Gabel ansetzte. Manchmal, später, hörte es sich oft an wie »Amisöhnchen«. Aber ich fragte nicht nach.

»Matsches« nannte er auch meinen Bizeps, den er im Vorbeigehen gerne prüfte, um mich dann am hochgehobenen Arm hilflos in der Luft baumeln zu lassen: »Kein bisschen Mumm hat das Mamisöhnchen!« Später, als meine Mutter schon tot war, griff er mir zwischen die Beine und knetete meine Hoden, um in dröhnendes Gelächter auszubrechen: »Matsches! Nix als Matsches!«

Mit jedem Tag hasste ich ihn mehr.

Er hatte sich an den Tisch gesetzt. Die Schüssel mit den Pellkartoffeln stand dampfend in der Mitte, die Matjes daneben.

Er ließ den Deckel von der Bierflasche in meinen Rücken ploppen. Ich hatte gerade den Senf aus der Kühlschranktür gefischt und fuhr herum, als ich etwas im Rücken spürte. Vielleicht war es auch das Ploppen, das mich elektrisierte. Er liebte es mit dem Flaschenhals auf mich zu zielen und amüsierte sich königlich, wenn der Deckel mir mitten ins Gesicht zischte, weil ich nicht rechtzeitig ausweichen konnte. Jedenfalls stand ich schon unter Strom, als wir zu essen anfingen. Er hatte sich mächtig aufgeladen und angefangen, ehe ich überhaupt etwas auf dem Teller hatte. Als ich nach dem Senf greifen wollte, schnellte sein Hand auf einmal vor. »Nix da!«

»Ich möchte Senf!«, sagte ich trotzig, wohl wissend, dass ich nicht den Schimmer einer Chance hatte.

»Semf?«, höhnte er. »Der Herr möchte Semf?«

Den Loriot-Kalauer fand er immer wieder zum Brüllen. »Der Herr wollen Matsches mit Semf? Den guten Matjes mit Semf vermatschen?«, grölte er.

Ich zwang mich ruhig zu bleiben. Ja. Ich war die Memme, das Weichei, der Ami-Bastard, dessen Aussprache nie an seine heranreichen würde.

»Bitte gib mir den Senf«, wiederholte ich.

»Senf!«, brüllte er. »Der Kuckuck will tatsächlich Senf zu den Matjes!«

Er öffnete die Tube und quetschte sie so heftig zusammen, dass ein gelber Strahl alles übergoss, was auf meinem Teller war. Dazu schrie er: »Ich geb dir Matsches mit Semf!«

Da hab ichs ihm zurückgegeben. Noch ehe er sich mein Matsches mit Semf aus den Augen wischen konnte, hatte ich mir die Jacke geschnappt und die Biege gemacht.

Heute hab ich ihn abgeholt. Ich hab mein Gästezimmer extra für ihn umgeräumt und mir einen Pürierstab zugelegt. Kauen kann er nicht mehr gut und der Schluckreflex ist beeinträchtigt, sagt der Arzt. Nur Suppen und passierte Speisen. Apfelmus, Milchbrei. Matsches halt. Ich hab ein paar Tuben Senf auf Vorrat gekauft. Das gibt Geschmack. Auch Matjes, klar, beste zarte fette Filets. Die werde ich ihm in den Senf pürieren. Aber ich hab auch ein paar ausgewachsene Salzheringe gekauft, die ich ihm darunter mischen werde. Wie lange es wohl dauern wird, bis ihm eine Gräte in die Quere kommt? Ich bin gespannt auf seine Gesichtsfarbe, wenn er nach Luft ringt. Ich wette, er wird sehr rot und kein bisschen gelb aussehen. Trotz Senf.

Kulinarischer Aufhänger: Matjes mit Senf

Erstveröffentlichung in: *Liebe, Mord und reichlich Senf!*, Hrsg.: Susanne Oswald, Sieben Verlag Fischbachtal 2009

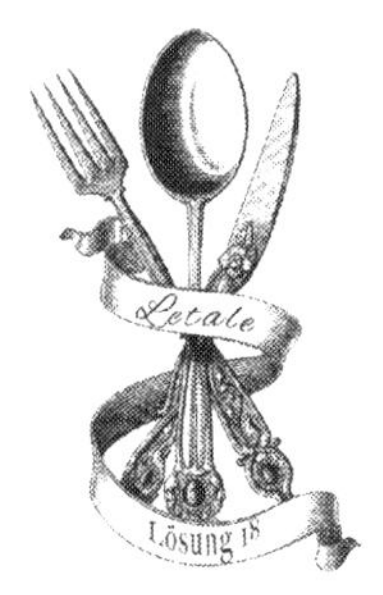

PAPIERKIND

Die Schere sägte sich durch das papierne Rechteck, das sie wie eine Ziehharmonika zusammengefaltet hatte. Erst als ein Schatten auf sie fiel, merkte sie, dass Henke auf Gummisohlen die Fensterseite entlanggekommen war.

»Sie sind fertig?« Er streckte die Rechte aus. »Darf ich das Ergebnis bitte sehen?«

Ihre Hände legten sich schützend auf die untere Hälfte des Collegeblocks, über dem sie ihre Arbeit verrichtet hatte.

Ganz oben stand: »Arthur Schnitzler: »Der Reigen«, 1920«

Darunter nichts.

»Zeigen Sie her.«

Sie rührte sich nicht.

Er packte mit Daumen und Zeigefinger die oberen Ecke des Blocks und hob ihn mit einem Ruck an. Maditas Hände, die Schere, das Faltpapier rutschten auf die Tischplatte.

»Kann es sein, dass Sie die Stillarbeit genutzt haben, um Maniküre zu betreiben?« Unter das Kichern von rechts mischte sich basslastiges »Hoho« von der Wandseite.

»Mit einer Papierschere!« Madita schob das Corpus Delicti ins Mäppchen. Etwas lame, wie sie fand, aber die Lacher wechselten die Seite.

Der Henke hatte den Moment genutzt. Als er die Schneidearbeit anhob, entfaltete sich eine papierene Girlande: Männlein, Weiblein, Männlein, Weiblein. Hand in Hand.

Er starrte darauf mit einem Entsetzen, das einer Bacheloretten-Darstellerin alle Ehre gemacht hätte. »Bin ich hier im Kindergarten, oder was?«

Madita riss am anderen Ende. Das Origami-Kunstwerk gab nach. Ein Papiermädchen blieb zwischen seinem Daumen und Zeigefinger stecken.

»Wir sollten die Figurenkonstellation des »Reigen« darstellen, haben Sie gesagt«, gab sie zurück.

Henke brauchte eine Weile, ehe er seine Sprache wiederfand.

»Ich erwarte Sie nach der Achten am Lehrerzimmer.«

In der Schlange am Kiosk stand Adrian auf einmal neben ihr und boxte sie in die Seite. »Lass dir bloß nichts gefallen.«

»Keine Sorge«, sagte sie. Schubste ihn trotzdem nicht weg, obwohl er sich vorgedrängelt hatte. Schließlich war er der Einzige – Und es war das erste Mal, dass einer der anderen sie in der Pause ansprach. Okay, das Schuljahr hatte gerade erst angefangen. Vorgestern waren die Kurspläne verteilt und die Leistungskurse eingenordet worden: Inhalte, Erwartungshorizonte, Klausurtermine. Der Henke, grau melierte Schläfen, schlank, karierte Stoffhose, weißes Hemd und Fliege, hatte sich erkundigt, ob die sechs Wochen Sommerferien für die Hundertfünfzig-Seiten-Lektüre gereicht hätten. Gedroht, er werde in der nächsten Sitzung den Stoff abfragen.

Madita meldete sich, sagte, sie sei erst vor zwei Wochen zugezogen und habe nicht gewusst ...«

Er schnitt ihr das Wort ab. »Das haben Sie an einem Nachmittag durch.«

Dann ließ er eine Rolle Kreppband und einen schwarzen Filzer rumgehen, damit alle ihre Namen in Schulterhöhe anklebten und er sich einen Sitzplan anfertigen konnte. Da der Großteil der Schüler und Schülerinnen bereits in der Elf oder in früheren Klassen bei ihm Unterricht gehabt zu haben schien, musste er den Urlaub genutzt haben, ihre Namen von seiner Festplatte zu löschen. Oder sollte das ein Kennenlernspielchen für die Neue sein?

Gebracht hatte es was: Madita kannte am Ende der Stunde alle Namen, die sie von ihrer Position aus entziffern konnte. Adrian war der Fünfte an der Tür- und Wandseite gewesen. Neben Hank, Flo, Alex und Erkan, in der anderen Richtung Milan, Katrin und Boris. Ein einziges Mädchen, das die Männerreihe durchbrach. Links von Boris dann Karla, Hatice, Mona und schließlich Madita. Am Fenster acht Gänse, die permanent schnatterten und sie von der ersten Minute an genervt hatten.

Egal. In Berlin vermisste sie auch niemand. Als sie am Ende der Elf verkündete, dass ihre Mutter sich beruflich verändern würde und der Umzug anstand, war sie in Nullkommanichts aus den WhatsApp-Gruppen entfernt worden. Und Tschüss.

Die Frau am Pausenkiosk fragte, was sie wolle. Adrian sagte schnell: »Für mich eine Cola. Und du?«

Ehe sie antworten konnte, klingelte es. Madita musste zu den Containerklassen. Philosophiekurs.

Der Henke öffnete die Tür zum Lehrerzimmer, noch während sie klopfte. Als hätte er dahinter gewartet. »Kommen Sie mit.«

Er führte sie in ein Nebenzimmer, wohl der Besprechungsraum, und wies auf ein niedriges Sofa. »Setzen Sie sich.«

Auf dem Tischchen davor zwei Tassen und ein Kräuterteebeutelsortiment. »Suchen Sie sich etwas aus.«

Madita zog einen beliebige Sorte, er holte einen brodelnden Wasserkocher von einem Küchenblock am Fenster, setzte sich neben sie und goss auf. Sie bedankte sich, schwenkte schweigend den Teebeutel und pustete.

Er räusperte sich.

»Sie sind frisch zugezogen, Madita? Aber hier geboren?«

Sie setzte die Tasse ab. »Was hat das jetzt mit dem ›Reigen‹ zu tun?«

Sein Lachen nahm sie ihm nicht ab. »Sie wirkten heute etwas – Entschuldigen Sie bitte, dass ich Sie so angefahren habe. Sie sind ja noch neu an der Schule. Ich hab mir Ihre Akte angeguckt. Der Nachname kam mir bekannt vor. Haben Sie Geschwister?«

»Nein.«

»Ihre Eltern?«

»Meine Mutter hat auch keine. Mein Erzeuger – keine Ahnung, wie der hieß.«

Sein Gesichtsausdruck war schwer zu deuten. Die Mundwinkel zuckten. Der Blick ging zwischen seinem Tee und ihrem Knie hin und her.

Madita schlug die Beine übereinander und zupfte den Rocksaum darüber.

Der Henke nippte und fixierte ihren Schoß. »Sicherlich keine – äh, leichte Kindheit. Das erklärt natürlich – äh, ich meine, das war ja eigentlich gewissermaßen eine richtiggehende Pointe, das mit dem ›Reigen‹. Ist ja auch kein leichtes Stück, so gesehen. Diese Beziehungsunfähigkeit der Protagonisten und das – äh, sexuell Freizügige ...«

Madita zog erneut an dem Rock, griff nach ihrer Tasse und trank sie leer.

»Tut mir leid, die Schnippelei. Es ist halt alles noch neu hier für mich ...«

Er wehrte ab, rutschte dabei auf sie zu, der Tee in seiner Tasse schwappte bedrohlich. »Nein, nein, *mir* tut es leid.«

Madita richtete sich auf. »Ja, dann ...«

Eine hastige Handbewegung. »Wollen Sie nicht noch –?«

»Mein Bus ist gleich weg.«

Er ließ sie gehen, nicht ohne zu versichern, dass sie sich jederzeit, ja, auf jeden Fall und ohne falsche Scham – eine flackernde Röte breitete sich über seine Wangen aus – an ihn wenden solle, wenn es Probleme gebe.

Das Hollandrad stand eingekeilt zwischen anderen vor der Sporthalle, aus der Getrampel, Geschrei und Klatschen drang. Volleyball? Sie brauchte eine Weile, ehe sie das Schloss aufkriegte. Ein Gedanke schoss ihr durch den Kopf. Sie sah sich um und an dem Gebäude hoch. Über der Sporthalle musste das Lehrerzimmer sein. An dem Fenster ganz links – war da ein Schatten?

»Was wollte er?« Adrian stand hinter ihr.

»Nichts.« Sie rangierte das Hollandrad frei.

Er schob seins neben ihr her. Am Schultor fragte er: »Rechts oder links?«

»Richtung Marienviertel.«

»Cool, da haben wir ein Stück gemeinsam.«

»Andermal«, gab sie zurück. »Heute muss ich erst in die Stadt. Eine Bücherbestellung abholen.«

Sie sah ihm nach, als er mit angehobenem Gesäß, über den Rennradlenker gebeugt, antrat. Hautenge Jeans, Wellensteyn-Jacke. Aus dem Man Bun hatte sich eine blonde Strähne gelöst, die hinter ihm her flatterte.

Als sie sich an den Abendbrottisch setzte, sah die Mutter nicht auf. Sie studierte den Stundenplan, den Madita neben dem Brotkorb abgelegt hatte.

»Du hast Mathe- und Deutsch-Leistungskurs gewählt?«

»Warum nicht? Ich stand in beiden zwei.«

»Wofür steht das Kürzel hinter dem Fach?«

»Liebermann in Mathe. Henke in Deutsch.«

»*Henke*?«

»Schräger Name, ja. Der Typ auch. Aber harmlos.«

Während sie vegetarische Paste auf eine Vollkornbrotscheibe spachtelte, studierte die Mutter immer noch den Ausdruck. Madita schob ihr den Brotkorb zu. Sie achtete nicht darauf.

»Bei deiner Anmeldung haben wir jemand auf dem Flur gesehen. So einen Typ mit Fliege. Weißt du noch? War der das?«

»Hundert pro. Aber wie kommst du darauf?«

Die Mutter runzelte die Stirn. Ihr Blick fiel auf Maditas Teller. »Weißt du eigentlich, was das Zeug kostet? Das reicht locker für drei Scheiben.«

Adrians Finger war sofort hochgeschnellt, als es darum ging, wer mit ihr den Vortrag machen wollte. In der Mittagshitze radelten sie zur Von-Goethe-Straße. Auf dem Weg hielt er an einem Blumenladen an. »Für meine Mutter.« Den Strauß drückte er Madita in die Hand.

Er schloss auf, rief: »Hallo, Mum! Ich hab wen aus dem Deutsch-LK mitgebracht.«

»Eine Freundin? Wie schön.« Eine Frau in Pumps und Kashmir-Zweiteiler kam ihnen entgegen, führte sie in ein mit Perserteppichen und Ledersitzlandschaften ausgestattetes Wohnareal, wies auf die dahinterliegende Terrasse und verschwand in einer Küchenzeile, wo sie die Blumen in einer Vase arrangierte. »Nutzt das Schwimmbad, solange das Wetter anhält. Ich muss noch in die Stadt.«

Adrian zog Madita ins Freie. Parkähnliches Gelände, hohe Hecken, riesiger Pool. Von Fern hörten sie ein Schloss klacken, eine Autotür und sich entfernendes Motorengeräusch.

»Abkühlung?« Adrian zog das T-Shirt über den Kopf.

»Ich hab kein Badezeug.«

»Wir sind unter uns.« Er schälte sich aus Jeans und Unterhose, war mit drei Sätzen am Pool und kopfüber eingetaucht. Rief von der anderen Seite des Bassins »Komm!« und tauchte wieder ab.

Madita zog sich im Schutz der Stauden, die den Pool umgaben, aus und folgte ihm. Sie schwammen, spritzten, spielten Toter Mann und ließen sich mit ausgebreiteten Armen am Beckenrand von der Sonne trocknen.

Als sie nach einer Weile zu ihm hinüberblinzelte, hatte er den Kopf in den Nacken gelegt. Sie folgte seinem Blick. »Ist das Holunder?«

Adrian langte lässig mit dem Arm hinter sich, pflückte zwei Beeren, reichte ihr eine, steckte die andere in den Mund. »Belladonna«, sagte er. »Gut für die Augen.«

Sie biss zu. Saftig. Aber von süßlicher Bitterkeit, die einen pelzigen Geschmack im Mund hinterließ. Sie spuckte die Frucht auf den Rasen. Ein Spatz flatterte herbei, pickte sie auf und flog davon.

Adrian drehte sich auf den Bauch und stützte das Kinn auf. »Der ist hinter dir her«, sagte er.

»Wer? Der Vogel?«

»Der Henke.«

»Hä? Wie kommst du denn darauf?«

»Checkst du nicht, wie er dich immer anstiert? Dass keine Stunde vergeht, wo er dir nicht über die Schulter und in den Ausschnitt schielt?«

Die Sonne verschwand hinter einer Wolke. Madita setzte sich auf, langte nach Bustier und Slip, zog sie an und streifte das T-Shirt über.

»Quatsch«, sagte sie. »Was ist jetzt mit dem Referat?«

Nach dem Vortrag wurden sie einzeln zur Notenbesprechung einbestellt. Madita hatte ein gutes Gefühl. Perfekte Partnerarbeit, Adrians PowerPoint-Präsentation war richtig geil gewesen. Die Performance auch. Souveräne Haltung, kein Stocken, keine Ähs, Öhs und Alsos. Die Textanalyse war ihre Stärke. Sie hatten sich die Bälle gut zugespielt.

Adrian war kaum im Besprechungsraum verschwunden, als die Tür wieder geöffnet wurde. Sie stand auf, in der Erwartung, dass sie nun dran sei. Aber es war nur der Henke. »Ich muss kurz an mein Fach.«

Gleich darauf kam er mit den Kopien zurück, Ausdrucken der PPP. Adrian hatte darauf bestanden, sie unmittelbar vor dem Gespräch am Lehrerzimmer abzugeben. Warum er sie Henke nicht gleich in die Hand drücken wollte, hatte Madita gefragt. Die Antwort verblüffte sie. Es gehe darum, einen anderen Lehrer als Zeugen zu haben, dass sie die Unterlagen abgegeben hätten. Der Henke sei ein mieser Trickser, der nur nach Gründen suchen würde, sie reinzureißen.

Natürlich war der Henke schrullig. Schon diese Fliege! Modisch immer ein wenig strange. Leicht zu verunsichern, eher oldschool. Gleichzeitig irgendwie öko. Kam regelmäßig mit Teetasse in den Unterricht, und wenn er Pausenaufsicht hatte, brachte er eine Tupperdose mit Müsli und frischem Beerenobst mit. Das aß er im Stehen auf seinem Posten. An Madita hatte er sich irgendwas gefressen – von der Stunde an, als er sie beim Schnippeln erwischt hatte. Obwohl sie sich seitdem immer unauffällig verhielt. Übergriffig war er nicht. Viel zu unbeholfen in seinen Annäherungsversuchen.

Adrian kam aus dem Besprechungszimmer. Ging, ohne sie anzugucken, grußlos vorbei. Was hatte der Henke ihm gesagt? Hatte er was an dem Vortrag auszusetzen gehabt?

Madita betrat die Höhle des Löwen. Der abgewandt am Fenster stand. Auf dem Couchtischchen zwei Tassen, in denen Aufgussbeutel dümpelten. Daneben das Kartönchen mit dem Teesortiment und die Tupperdose, gefüllt mit rötlich-brauner Müslipampe, in der pralle schwarzblaue Beeren farbliche Akzente setzten. Ein Löffel steckte fast senkrecht darin. Als sei der Besitzer gerade in seiner Mittagspause unterbrochen worden.

»Ah, Madita, nehmen Sie Platz.«

Die Stimme klang heiser. Der Henke hantierte mit dem Wasserkocher, räumte, ohne sie anzugucken, die Tassen ab. Erst nachdem er mit zwei sauberen zurückgekehrt war, heißes Wasser ausgeschenkt und neben ihr Platz genommen hatte, sah er auf und lächelte. Es wirkte gezwungen – schuldbewusst?

»Was war mit Adrian?«, fragte Madita. »Er schien ziemlich – sauer.«

»Leider. Er war – nicht sehr zugänglich.« Er fixierte ihre Knie.

»Darf ich fragen, welche Note er gekriegt hat?«

»Das müssen Sie ihn schon selbst fragen, Madita. Ich denke, Sie sind gekommen, um etwas über *Ihre* Note zu erfahren, oder?«

Sie widersprach nicht, obwohl ihr danach war.

»Na also. Chapeau. Sie haben das Thema sehr gut erfasst. Auch wenn ich mir zu manchen Details mehr Tiefe gewünscht hätte – Ihre Präsentation war absolut überzeugend. Auch im Zusammenspiel mit Ihrem Partner. Daher gebe ich Ihnen gerne ein sehr gut.«

»Und Adrian? Wieso ihm nicht?«

Er zog eine Augenbraue hoch. »Hatte ich mich dazu geäußert? – Ich will mich nicht wiederholen, Madita. Er hat ganz andere Baustellen. Umso mehr begrüße ich, dass Sie sich seiner angenommen haben. Es hat ihm mit Sicherheit gutgetan.«

»Herr Henke«, sagte Madita. »Adrian hat mindestens genauso viel an dem Vortrag gemacht wie ich. Er ist gut. Das werden Sie ja wohl wissen.«

»Ich werde mit Ihnen nicht über Dritte reden, Madita. Zumal ich Wichtigeres mit Ihnen zu besprechen habe. Vielmehr: Ich möchte Ihnen etwas übergeben.«

»Was?«

»Ein Schreiben. Sie sind bereits volljährig, daher halte ich es für den richtigen Weg. Ganz egal, was Sie damit machen: Es wird die richtige Entscheidung sein. Nur – bitte: Lesen Sie es erst zu Hause. In aller Ruhe. Lassen Sie es sich über das Wochenende durch den Kopf gehen. Das müssen Sie mir versprechen.«

Sie zögerte.

»Versprochen?«

»Versprochen.«

Er streckte ihr die Rechte hin. Entgegen ihrer Erwartung war der Händedruck nicht labberig, sondern angenehm. Er gab ihr einen kleinen weißen Umschlag mit ihrem Namen, den sie in die Gesäßtasche schob.

Am Fahrradständer sah sie sich um. Kein Adrian. Sie rief ihn an. Tatsächlich ging er nach ein paarmal Klingeln dran.

»Ja?«

»Madita hier. Was war los, Adrian? Wo bist du jetzt? Zu Hause?«

Er grunzte. »Was hat der Henke gesagt?«

Schweigen. Sie konnte seinen Atem hören. »Hey, was ist passiert?«

»Nix«, sagte er. Es klang gepresst.

»Welche Note hat er dir denn gegeben?«

Adrian lachte. Sehr laut. Es klang rein gar nicht lustig, eher wie ein unterdrücktes Schluchzen. Er legte auf.

Madita überlegte kurz, dann schloss sie ihr Fahrrad auf und trat in die Pedalen.

Als nach dem dritten Klingeln niemand aufmachte, ging sie ums Haus herum. Stieg über die Pforte, die den schmalen Weg zur Terrasse versperrte. Wenn er nicht im Garten war, könnte sie von dort vielleicht ins Fenster gucken.

Er saß vornübergebeugt am Rand des Swimmingpools.

»Adrian!«, rief sie. Im Näherkommen sah sie, dass er die Jeans nicht hochgekrempelt hatte, die Hosenbeine hingen bis zu den Knien im Wasser. »Adrian!«

Er wandte den Kopf, drehte ihn aber gleich wieder weg. Als sie neben ihm in die Hocke ging, starrte er weiter vor sich hin.

»Hey«, sagte sie und fasste ihn an der Schulter.

Wieder wandte er sich um. Sein Blick wirkte leer. Der Atem ging pfeifend, als wenn er die ganze Strecke hierher gerannt wäre. Die Kiefer mahlten.

Madita blickte zum Haus. »Sind deine Eltern da?«

Keine Reaktion.

Sie erhob sich und ging ein paar Schritte auf das Haus zu, als sie hinter sich einen lauten Platsch hörte. Adrian schien vornüber in das Becken gekippt zu sein. Er trieb, Gesicht nach unten, knapp unter der Oberfläche.

Madita kehrte um, rief seinen Namen, erreichte das Becken, der Körper war vom Rand abgetrieben. Sie zerrte die Sneaker von den Füßen, das Smartphone aus der Tasche und sprang, wie sie war, ins Wasser, erreichte ihn mit drei Schwimmstößen, zerrte an seiner Schulter, um sein Gesicht an die Oberfläche zu bringen, was ihr zwar gelang, aber der Körper rollte gleich wieder auf die Seite. Sie musste ihn an Land schaffen! Es gab keine Treppe, und sie konnte nirgends stehen. Also packte sie Adrian unter beiden Achseln und kämpfte sich mit kräftigen Beinstößen an den nächsten Ausstieg heran. Dort fasste sie mit einer Hand eine Sprosse, mit der anderen zog sie ihn dicht an sich heran. Begriff, dass sie ihn so nicht die Leiter hochkriegen würde. Wieder schüttelte sie ihn. Er blinzelte, rollte die Augen, stöhnte, erbrach einen bläulichen Schwall Wasser, drohte wieder abzugleiten. Madita legte ihren Kopf in den Nacken, schrie: »Hilfe!« Hörte die eigene Stimme kaum. Lag es daran, dass sie die Ohren voller Wasser hatte? Wieder schrie sie. Aus Leibeskräften. Und nochmal. Kapierte, dass sie – Wie hatte Adrian es genannt? – »unter uns« waren. Sie musste raus und Hilfe holen. Das Smartphone! Wo war sie noch ins Wasser gesprungen? Sie erkannte die Sneaker ein paar Meter entfernt. Nah genug, dass sie das Telefon aus dem Becken heraus erreichen würde? An der Überlaufrinne zog sie sich am Beckenrand entlang, Adrian im Schlepptau. Erreichte die Stelle, stemmte sich ein Stück in die Höhe, erkannte das Gerät – mehr als eine Armlänge entfernt. Es blieb ihr nichts übrig, als sich bäuchlings über die Beckenkante zu stemmen und Adrian dabei sich selbst zu überlassen. Sie schnappte das Smartphone, zog es bis zum Beckenrand, dann ließ sie sich wieder ins Wasser gleiten, holte tief Luft, tauchte zu dem Körper, der bis auf den Boden abgesunken war, packte ihn, stieß sich kräftig ab und erreichte mit ihm die Oberfläche. Während sie sich mit der Linken unter seiner Achsel an der Überlaufrinne festhielt, tastete sie mit der Rechten nach dem Telefon, kriegte es zu fassen, wischte über das Display, tippte auf »Notruf«, mehrfach, weil sie den Daumen nicht so weit spreizen konnte, ihre Hand war zu klein oder zu nass, aber endlich gelang es, sie schrie »Hilfe!« in den Apparat, so laut, dass Adrian zusammenzuckte, sein Arm fuhr in die Höhe und schlug ihr das Gerät aus der Hand, sie konnte es nicht schnell genug schnappen, sah es abwärts trudeln und brach in Tränen aus.

Die Polizei lieferte sie zu Hause ab, wo ihre Mutter kurz darauf eintraf. Madita war zu erschöpft, um noch mehr Fragen zu beantworten. Sie schleppte sich unter die Dusche und in ihr Zimmer, wo sie ins Bett fiel und erst gegen Mittag aufwachte.

Noch während sie frühstückte, klingelten zwei Kriminalbeamte, um sie detailliert über ihre Beziehung zu Adrian und Einzelheiten ihrer Gespräche und Begegnungen zu befragen. Sie ließen sich erneut minutiös schildern zu lassen, was am Vortag passiert war.

Erst als sie zum dritten Mal fragte, was mit Adrian sei, tauschten sie kurz Blicke, einer nickte, der andere sagte: »Er hat es nicht geschafft.«

Madita brach in Tränen aus.

Die Mutter umarmte sie, forderte die Polizisten auf zu gehen.

Madita schlug ihren Arm weg: »Ich will wissen, warum. Was war mit ihm?«

»Tollkirschen«, sagte der Polizist. »Hochgiftiges Zeug, was da im Garten wächst. Er hat damit offensichtlich experimentiert. Auf seinem Laptop haben wir eine Videobotschaft an seine Eltern gefunden, in der er angekündigt hat, sich umzubringen.«

»Wieso? Irgendwas war doch, was der Henke mir nicht sagen wollte. Haben Sie den schon gefragt?«

Wieder guckten die beiden sich an. Der andere räusperte sich. »Herr Henke liegt auf der Intensivstation. Wir wissen noch nicht, ob er durchkommt. Adrian muss ihm auch Tollkirschen ins Essen gemischt haben. Der Hausmeister hat ihn gefunden und den Notarzt gerufen.«

»Aber warum? Was war zwischen den beiden abgegangen?«

»Nichts. Das war wohl Adrians Problem. Er spricht in dem Video von seinen homoerotischen Neigungen. Dass er überzeugt war, sein Lehrer würde ähnlich ticken und wäre ihm zugeneigt. Bis« – er zögerte – »bis Sie neu in die Klasse kamen und er festzustellen glaubte, dass Herr Henke Ihnen ungewöhnliche Aufmerksamkeit schenkte, die nahelegte, dass er doch eher heterosexuell orientiert sei.«

»Ach, du Kacke«, entfuhr es Madita.

»Madita!« Die Mutter fuchtelte, als wollte sie das schlimme Wort wegwedeln. »Entschuldigen Sie bitte, das Kind ist völlig durch den Wind.«

Madita spürte Entsetzen in Wut umschlagen. Ehe sie die passenden Worte rausbrachte, drückte der Kripobeamte ihr eine Karte in die Hand. »Scheuen Sie sich nicht, da anzurufen und psychologische Betreuung anzufordern.«

Er gab auch der Mutter eine. »Das gilt natürlich auch für Sie. Aber bitte zwingen Sie Ihrer Tochter nichts auf. Sie ist alt genug.«

Die Mutter brachte die Männer zur Tür. Als sie zurückkam, war Madita aufgestanden. »Lass mich jetzt bloß in Ruhe! Ich will Musik hören.«

Kurz darauf klopfte es. Die Mutter steckte den Kopf ins Zimmer. »In deiner Jeans habe ich einen Briefumschlag gefunden. Ist er wichtig? Er ist total durchnässt.«

Madita erschrak. Wartete, bis die Mutter wieder weg war, riss den Umschlag auf und entfaltete vorsichtig einen durchweichten DIN-A4-Bogen. Einen Computerausdruck. Die Druckerfarbe war verschmiert, aber die Schrift halbwegs zu entziffern.

»Liebe Madita,
ich erlaube mir, dich in diesem Brief zu duzen. Keine Sorge, das soll nicht zur Gewohnheit werden. Es fällt mir einfach leichter, auszusprechen, was mir klargeworden ist, als ich dich kennengelernt habe. Auch wenn ich seitdem darüber nachdenke und immer noch nicht weiß, wie ich es anfangen soll. Ich habe vor bald zwei Jahrzehnten deine Mutter kennengelernt und hatte eine Affäre mit ihr. Ich habe leider keinen anderen Begriff dafür. Ich habe ihr sehr unrecht getan damit, weil ich mir im Grunde nur etwas beweisen wollte. Das ist auch gelungen. Aber anders, als ich und auch deine Mutter es erhofft hatten. Ich musste mir und ihr eingestehen, dass ich zu einer heterosexuellen Beziehung nicht in der Lage sein würde. Daraufhin hat sie jeglichen Kontakt mit mir abgebrochen und muss wohl auch ein Jahr später weggezogen sein. Ich fand damals in meinem Briefkasten ein Foto von einem entzückenden Säugling.

Auf der Rückseite stand in der Handschrift deiner Mutter dein Name, dein Geburtsdatum und zwei Wörter: »Deine Tochter«. Seitdem trage ich das Papier mit dem Bild und dem Namen meines Kindes mit mir herum und habe gehofft, dich irgendwann einmal kennenzulernen. Ich war nicht fair zu deiner Mutter und vor allem nicht zu dir. Das bedaure ich unendlich und wünschte, ich könnte es wiedergutmachen. Mindestens bitte ich dich, da du jetzt erwachsen bist und es selbst entscheiden kannst, dass ich dir Unterhalt zahlen darf. Ich verstehe, wenn du nichts mit mir zu tun haben willst. Natürlich überlasse ich das vollkommen dir. Wir könnten einfach tun, als würden wir uns überhaupt nicht kennen. Wenn es dein Wunsch ist, werde ich mich auch versetzen lassen. Aber es würde mich unendlich glücklich machen, wenn mein Papierkind endlich ein Mensch aus Fleisch und Blut – *meine Tochter* würde.

Herzlich

Harald Henke«

Madita rührte sich nicht. Sie starrte auf den Brief, hob ihn an und hielt ihn gegen das Licht, als suchte sie ein Wasserzeichen, einen Beweis, dass es keine Fälschung war. An den Knickstellen begann das aufgeweichte Papier auseinanderzufallen.

Schnell legte Madita es wieder ab. Murmelte: »Mein Papiervater.«

Kulinarischer Aufhänger: Müsli

Erstveröffentlichung in: *Mord zur großen Pause*, Hrsg.: Daniel Badraun und Sven Lang, Gmeiner Verlag Messkirch 2020

MUUTZEKOPP

Sie haben gesagt, es täte gut zu reden, Herr Pfarrer. Weil ich doch jetzt ganz allein bin. Ohne Beichtstuhl, haben Sie gesagt. Auf Augenhöhe. Dass es mir leichter fällt. Die Kirche bemüht sich um verlorene Schäfchen. Ich erzähle Ihnen mal eine Geschichte. Aber nur unter einer Bedingung: Sie müssen zuhören. Einfach nur zuhören. Ich will nichts davon hören, dass man sich fügen müsse oder Gottes Wege rätselhaft seien oder was Ihnen sonst so einfallen mag. Ich erzähle. Sie hören zu. Das ist Bedingung!

Einen Teil kennen Sie. Meinen.

Kai war nach der Kommunion ja nicht mehr da. Aber Andi ist weiter brav zur Kirche gegangen und hat wohl auch gebeichtet. Wie ich. Selten, aber es gehört ja dazu. Was gab es schon zu beichten nach dem großen Sündenfall? Dass einem manches schwerfällt? Dass man Sorgen hat? Verstößt das gegen Gottes Gebot?

Dass ich am Ende nicht mehr gekommen bin, hatte mit Kai zu tun. Sie haben immer gesagt: *Jede Jeck ist anders. Muutzekopp* und *Sonnesching*, wie es in Köln heißt. Dabei waren sie Zwillinge, der Kai und der Andi. Mich hat das immer beschäftigt, wieso der eine so mies drauf sein kann und der andere der reine Sonnenschein. Und sind doch aus dem gleichen Schoß gekrochen! Ihnen kann ich solche Ausdrücke sagen, Herr Pfarrer. Ihnen ist nichts Menschliches fremd.

Als Kinder waren die ein Herz und eine Seele. Erst in der Pubertät ging das auseinander. Man fragt sich immer. Als Mutter zumindest. Als der Kai so komisch wurde. Ich hab mir immer Vorwürfe gemacht, weil da kein Mann im Haus war. Ich denke, Jungs brauchen einen Vater. Wer sagt denen Bescheid? Ich hatte die doch überhaupt nicht im Griff. Und mit wem hätten die reden können? Beichte, na ja. Wer weiß. Im Nachhinein denke ich, ich hätte was merken müssen. Aber das kommt alles so schleichend, und man versteht es nicht. Im Nachhinein möchte man zum Messer greifen. Dann ist es zu spät.

Wie der Andi sich gemacht hat, haben Sie verfolgen können. Bei jedem Gemeindefest war der dabei. Und eins hat der von mir mitgenommen: die Freude am Backen. Was war der stolz auf seinen ersten Marmorkuchen! Zum Muttertag. Bis dahin hat er ja immer nur mitmischen dürfen. Aber der Andi hat sich alles gemerkt. Käsekuchen, Donauwelle, Linzer Torte, selbst Frankfurter Kranz hat der als Kind schon gemacht. Da war der gerade neun. Ich hätte heulen können damals. Wer das nicht kennt, wie das ist, wenn man zehn Jahre lang gucken muss, wie man die Kinder durchbringt, der kann das nicht begreifen. Wer hat mir denn schon mal was geschenkt? Ich hab doch nichts außer den beiden gehabt. Aber ich hab die Tränen runtergeschluckt. Wegen dem Kai.

Dieser verkniffene Gesichtsausdruck! Daneben der Andi mit seinem Marmorkuchen.

»Und du?«, hab ich gesagt – und hätte mich ohrfeigen können. Der Kai ist aufgesprungen und aufs Zimmer. Wollte nicht mehr rauskommen.

Als der Andi nach der Hauptschule in die Lehre ist, da hat der Kai angefangen sich rumzutreiben. Hätte ich nicht fragen sollen, wo er war? War ja klar, dass er‘s mir nicht sagen wollte. Sonst hätt er‘s ja getan. Aber man macht sich doch Sorgen.

»Anschaffen«, hat er gesagt. Mein Gott, was sollte das heißen? Hab halt gedacht, er hätte eine Anstellung gefunden und schämte sich, weil es nur Gelegenheitsarbeiten waren, auf dem Lager oder so, das ging ja bis spätnachts. Keine Lehre wie sein Bruder. Der Andi ist früh um vier in die Backstube gleich gegenüber, da war der Kai oft noch gar nicht zurück. Tagsüber war ich selbst unterwegs. Putzen. Hier und da.

Man hat sich gar nicht mehr richtig gesehen. Aber Kai hat dann immer was zu essen eingekauft, da war ich froh. Der Andi brachte Brot vom Vortag mit, manchmal auch Torte, die hatte dann meist schon einen Stich. Aber hätten wir uns sonst gar nicht leisten können.

Von dem Lehrgeld gab's dann eine Überraschung zum Muttertag. Ich kam von der Arbeit und musste im Treppenhaus schon schnuppern. Erst hab ich gedacht, da hätte jemand die Pfanne angelassen. Aber es roch gar nicht angebrannt, das war halt nur das heiße Öl. Da stand der Andi mit der Schürze in der Küche und hat mit der Kelle die Muutzemandeln in der Fritteuse gewendet. Die hab ich ja geliebt! So wunderbare kleine Happen Fettgebackenes in Mandelform. Mit Marzipan, Mandeln und Rum und einem Hauch Puderzucker drüber. Zu Hause kriegte ich die nie richtig hin, weil das Fett im Topf nicht so heiß wird. Das war sein Geschenk. Die Fritteuse. Eigentlich gibt's Muutzemandeln ja nur zu Karneval. Bei uns gab es die dann eine Zeitlang fast täglich. Zum Reinsetzen!

Der Kai hat wieder ein Gesicht gemacht, als er dazukam. Wenn man von einer *mutzigen Miene* spricht hier in Köln – kommt das dann eigentlich von *missmutig*? Schon komisch, was ein Name alles bedeuten kann. Vielleicht war der Kai einfach nur müde. Eine Flasche Eierlikör hat er mir hingestellt. Ein bisschen hab ich mich geschämt, weil ich so was immer nur heimlich schnabuliert hab. Aber da hatte der Kai einen Blick für. Ich dachte immer, der ist irgendwie für sich. Der wollte mir nie in die Augen gucken. In Wirklichkeit hat er aufgepasst wie ein Schießhund. Der wusste genau, was ich mag und was nicht. Beide eigentlich. Jeder auf seine Art.

Der Andi hat dann, als er mit der Lehre fertig war, in der Bäckerei weitergemacht. Das war seins. Dauernd neue Rezepte erfunden. Dafür gesorgt, dass es Stehtische gab, weil die Kunden seine Kuchen so gerne gegessen haben, die mochten gar nicht bis zu Hause damit warten.

Morgens kamen die schon auf einen Kaffee vorbei, und abends wollten die nicht gehen.

Ich hab mich auch immer bemüht, dass es bei uns zu Hause gemütlich ist. Der Kai, der hing doch auch an mir. Das glaub ich schon.

Dann hat er sogar seinen Meister gemacht. Der Andi. Der Chef wollte aufhören und hat ihn gefragt. Da hab ich gedacht, einmal wird doch alles gut. Am gleichen Tag hat der Kai gesagt, er zieht aus. Zufall? Ich glaub's nicht. Sie, Herr Pfarrer, haben damals gesagt, das ist normal.

Ja. Aber für eine Mutter doch schwer.

Er ist gar nicht weit gezogen, gleich um die Ecke, praktisch hinter der Bäckerei. Einmal über den Hof in das Haus mit den vielen Appartements. Da waren die ganzen Frauen. Ich meine, das war ja schon immer ein Viertel hier, wo man lieber nicht wohnen mochte. Die meisten haben doch keine Wahl. Ich hab das lang nicht glauben wollen, dass der Kai damit zu tun hatte. Aber zum Muttertag gab es jetzt Champagner und im nächsten Jahr einen Goldring mit einem kleinen Brillanten. Das muss man sich mal vorstellen! Meine abgenutzten, ganz und gar abgeputzten Hände und ein Brillant!

»Du musst den doch auch mal tragen!«, hat der Kai gesagt. Aber ich hab mich geschämt. Nicht nur wegen meiner Hände. Das wusste der Kai ganz genau. Deshalb war er ja auch so böse.

Der Andi hat eine dreistöckige Sahne-Eierlikör-Torte aufgefahren. Die konnten wir gar nicht aufessen, so viel war das. Den Rest hab ich damals noch zur Nachbarin gebracht, der Frau Schmitz.

Dann ging das zwischen den beiden los. Bei mir nicht. Ich meine, die haben ja nie viel miteinander gesprochen. Seit damals schon, seit der Pubertät. Und auf jeden Fall nicht, wenn ich dabei war. Die Frau Schmitz hat es mir im Treppenhaus erzählt. Ich kann mir auch nicht vorstellen, dass der Andi mit Ihnen darüber gesprochen hat, Herr Pfarrer. Der war immer brav, ist immer zur Kirche gegangen. Aber dass der seinen Bruder angeschwärzt hätte, das hätte der nicht getan. Bestimmt nicht. Da wird es ganz andere geben, die Ihnen vielleicht was erzählt haben.

Das war im Sommer. Da möchte natürlich jeder mit offenem Fenster schlafen. Na, und da war halt der Fettgeruch von der Bäckerei. Der Andi war ja in ganz Köln berühmt für seine Berliner. Krapfen und Muutzemandeln gab es bei dem das ganze Jahr. Sonst nirgends. Überall gab es die sonst nur zu Karneval. Ich glaub ja, das hat der Andi nur meinetwegen gemacht. Ich hatte zwar jetzt die Fritteuse. Aber das dauerte. Der Andi hat immer geguckt, dass er mir eine Freude machte.

Die Frauen hätten sich beschwert. Die Kunden wollten das nicht riechen. Und sie müssten doch auch lüften. Das wär geschäftsschädigend.

Sollten doch wegbleiben!

Aber der Kai hing mit drin. Er wär sogar der Chef, hat die Schmitz gesagt. Mein Sohn! Chef! Wie der Andi. Aber eben ganz anders.

Jede Jeck ist anders, sagen Sie. Ich frage Sie: Warum? Warum ist der eine so, der andere so? Wer sollte die Antwort kennen, wenn nicht Sie, Hochwürden? Was hat der liebe Gott sich dabei gedacht?

Der Andi hat natürlich nichts davon wissen wollen. Wo kämen wir hin, wenn die Sünde den braven Bürgern vorschreibt, was sie zu tun und zu lassen haben? Hat der nicht ältere Vorrechte, der für unser täglich Brot sorgt? Gehört das Fettgebackene da nicht auch zu?

Der Kai hat dann diese Plakatwand an dem Appartementhaus aufstellen lassen. Ich hab sie selbst gesehen. So was ist keine Werbung. Das ist widerlich! Wer denkt eigentlich bei all den nackten Frauen, die heute öffentlich aufgehängt werden, an die Kinder? Gespreizte Schenkel, hoch gerutschter Rock, der keine Wünsche offenlässt. Aber das Schlimmste: die Muutzemandel! Genau da, wo man nicht sehen sollte, was man nun wirklich nicht zeigen darf. Ausgerechnet! Und um die Ecke Andis Bäckerei! Wer konnte da noch reingehen, ohne sich zu ekeln? Das war kein Zufall!

Ich hab den Kai zur Rede gestellt. Mein Leben lang hatte ich kein Wort über all das verloren. Dabei hab ich mich oft gefragt, ob das richtig war. Als Frau sieht man vieles anders. Aber wen interessiert das? Man kriegt gesagt, man solle sich nicht anstellen. Nicht anstellen! Ich hatte den Jungs nie erzählt, wer ihr Vater ist. Das hatte ich auf die Bibel geschworen, und daran hab ich mich auch gehalten. Nein, ich hab mich nicht angestellt. Nie. Hab's immer genommen, wie es war. Alles.

Ich hab dem Kai gesagt, dass das weg muss.

»Hat der Andi dich geschickt?«, hat er gefragt.

»Traust du deinem Bruder so was zu?«, hab ich gesagt.

Er hat ein bisschen um den heißen Brei geredet. Behauptet, das hätte mit seinem Bruder überhaupt nichts zu tun. Die Marketing-Leute hätten nur nach etwas gesucht, was da hinpasste, um das zu bedecken, so von der Form, etwas, das auch als Bild stimmig gewesen wär, und da wär man auf die Muutzemandel gekommen, weil das weibliche Geschlechtsteil im Mittelalter *Mutze* geheißen hätte, weswegen man heute auch *Möse* sagte.

Ich bin so böse geworden! »Dummes Geschwätz!«, hab ich gesagt. »Eine Mutzemandel, das ist etwas Gutes, Köstliches, und wovon du da redest, das ist etwas Schmutziges, Verderbtes! Das ist ja, wie wenn du die schwangere Jungfrau Maria mit einer Hure vergleichst, die ein uneheliches Kind empfangen hat!«

In genau dem Moment hat sich in mir ein Schalter umgelegt. Ich hab mich rumgedreht und bin gegangen.

Der Kai ist in der gleichen Nacht zu seinem Bruder in die Backstube. Es muss ein entsetzliches Geschrei gegeben haben. Das haben die Nachbarn später ausgesagt. Ich hab hier auf der anderen Straßenseite nichts davon mitgekriegt. Die Backstube liegt ja zum Hof hin. Erst als der Kai am nächsten Morgen an meinem Bett stand, hab ich alles erfahren.

Alles, Herr Pfarrer. Und seitdem geht das mit mir um und um. Der Kai hat mir haarklein alles erzählt. Haarklein! Die Bilder verfolgen mich seitdem Tag und Nacht. Ich will sie loswerden. Deshalb bin ich hier.

Die Polizei hat gesagt, vom Ablauf müsste es sich wohl tatsächlich so zugetragen haben. Das mit der Backstube. Von dem anderen hatte ich nichts gesagt. Das tat ja nichts zur Sache.

Der Kai muss dem Andi das mit seiner Mösen-Mutze gesagt haben und dass das mit seinem Fettgebackenen doch gar nichts zu tun hätte und daher genau so wenig geschäftsschädigend sein könne wie Fettschwaden bei geöffneten Fenstern. Aber der Andi hat nur gelacht. Der kannte das ja schon, weil ich es ihm brühwarm erzählt hatte.

Ich war so außer mir! Man versteht oft erst im Nachhinein, was man anrichtet. Man kann mit Worten so viel anrichten. Mit dem, was man tut, erst recht.

Der Andi hat dem Kai dann gesagt, dass *Mutz* in Wirklichkeit etwas ganz anderes bedeute. Das käme nämlich von *mutten*, was so viel hieße wie *stutzen*. Tiere mit gestutzten Schwänzen würden heute auch *Mutz* genannt. Und manchen gehörte nun mal einfach der Schwanz gestutzt. Sie hatten, während sie sich zankten, neben der Frittiermaschine gestanden. Und dann muss der Andi in die Wanne gelangt haben und hat dem Kai mit der großen Kelle brodelndes Fett in den Schritt gekippt.

Ich hab's ja gesehen, wie der Kai zurecht war. Auch wenn ich kein Arzt bin, Herr Pfarrer, ich glaub nicht, dass der Kai jemals wieder da irgendwas hätte empfinden können. Ich weiß gar nicht, wie der damit überhaupt noch laufen konnte. Er musste vollkommen außer sich gewesen sein.

Ich hab alles, was wir im Tiefkühlfach hatten, rausgeholt und ihm in den Schoß gelegt. Ich konnte doch gar nicht anders. Er ist doch mein Sohn! Natürlich war es entsetzlich, was er getan hat. Noch viel entsetzlicher als das, was der Andi ihm angetan hatte. Aber so ist das nun mal im Leben. Eins entsteht aus dem anderen. Und man fragt sich immer, wo all das Böse seinen Ursprung genommen hat. Der Satan lauert doch immer und überall.

Der Kai war jedenfalls so außer sich, dass er den Kopf von dem Andi in das brodelnde Fett gedrückt hat. Er hat mit einer Hand den Deckel runtergeklappt und sich mit dem ganzen Körpergewicht draufgeworfen. Der Andi kann nicht lang gezappelt haben, der war wohl gleich schockfrittiert. Der Rechtsmediziner hat gesagt, da wär fast kein Öl in der Lunge gewesen. Der Herzkasper war schneller. Fast schon ein gnädiger Tod, wenn man sich's überlegt.

Ein Brudermord, wie er in der Bibel steht. Die Wahrheit ist aber doch: Der Kai war nicht böse. Er war immer ein Muutzekopp. Aber in der Nacht hat er sich alles von der Seele geweint. Dann hat er ein Taxi gerufen. Ich hab gesagt, er muss ins Krankenhaus. Aber er hat gemeint, er brauche eine Abkühlung. Hat mich geküsst und ist gegangen. Auf der Deutzer Brücke hat er sich absetzen lassen und ist gesprungen. Kurz vor Düsseldorf haben sie ihn gefunden. Drei Tage später. Aber das wissen Sie ja schon. Ich hab keinen der beiden aussegnen lassen. Der Vater im Himmel wird sie auch so gnädig aufnehmen. Wenn nicht, ist er's nicht wert.

Ihren Vater auf Erden wollte ich nicht mehr an sie ranlassen. Ich hatte lang genug stillgehalten. Nein, ich hab es keinem erzählt. Es macht keinen mehr lebendig. Aber Ihnen musste ich es sagen. Ich will, dass Sie damit leben müssen. Nicht lang. Nur so lang, bis Sie sich entschieden haben. Ich hab am Anfang gesagt, ich hätte zum Messer greifen mögen. Ich hätte am liebsten jemanden einen Schwanz kürzer gemacht, um meine Kinder zu rächen. Dafür ist es nun zu spät. Die Genugtuung kann ich ihnen nicht mehr geben.

Ein Vater, der im Namen der Jungfrau Maria die eigenen Kinder verleugnet, ist schlimm. Einer, der den Kommunionsunterricht nutzt, um einen unschuldigen Jungen zu missbrauchen, ist der ungleich größere Sünder. Einer, der dies seinem eigenen Sohn antut, ist der Satan höchstselbst.

Ich geb Ihnen die Wahl, was Sie damit machen, Herr Pfarrer. Lassen Sie andere richten oder richten Sie selbst.

Sie hatten ein Gespräch auf Augenhöhe angeboten. Wir beide sind nicht auf Augenhöhe, sind es nie gewesen. Sie sind weit darunter. Daher nehmen Sie meine Bitte ernst: Kommen Sie mir nie wieder unter die Augen.

Amen.

Kulinarischer Aufhänger: Müsli

Erstveröffentlichung in: *Törtchen-Mördchen,* Hrsg.: Petra Busch, KBV Verlag Hillesheim 2015

SANDRA KLAUS

Es braucht, ehe man kapiert, was man jemandem zu verdanken hat. Ich hab am Ende einfach rot gesehen. Vierzig Jahre hatten wir uns arrangiert. Rubinhochzeit, Riesenfeier, wir haben Walzer getanzt. Sandra hat mir ins Ohr gezischt: »Eins, zwei-drei, eins, zwei-drei, eins, zwei-drei!«, und mir bei jedem »eins« das Knie vors Bein gerammt, dass ich im Takt übers Parkett gestolpert bin. Ich konnte es nicht. Einige Dinge waren nun mal ihre. Ich fand das immer okay. Arbeitsteilung halt.

Ihre kratzigen Wollsocken hab ich gehasst. Aber so war das. Schon meine Mutter hatte mir kratzige Wollsocken gestrickt. Wir hatten kein Geld, aber ein Schaf. Sandra tat es aus Überzeugung. Weil es gesund wär'. Dabei hätte man bei Woolworth in Norden zehn Polyestersocken zum Preis von einem Wollknäuel gekriegt. Aber Stricken war ihr Ding. Eine Kunst, von der Männer nichts verstanden. Genauso wenig wie von Putzen, Kochen und Kinderkriegen. Kinder hat sie nie gekriegt. Dafür war sie in allem anderen tausendprozentig. Meine Henkelmänner wurden in der Brauerei hoch gehandelt. Ein ganzes Päckchen Zigaretten kriegte ich für Sandras Dreigängemenüs, wenn ich sie für einen Labskaus hergab.

Mein Job war, dass Geld reinkam. Tagsüber stand ich an den Kesseln und braute Bier, abends hockte ich im »Lüttje Kaiser«, versoff es und spielte Karten. Das Deputat verkaufte ich. Wer will schon am Küchentisch trinken, wo die Frau neben dir Strümpfe strickt und den »Musikantenstadl« guckt? Im »Kaiser« knüffelte ich mit Hauke, Ricklef und Sönke. Vierzig Jahre lang ließ es sich so einigermaßen aushalten.

Im März die Rubinhochzeit. Vier Wochen später das vierzigjährige Betriebsjubiläum, und dann konnte ich gehen. Alles neu macht der Mai. Modernisierung nannten sie das. Die Dr. Imker Holding hatte die kleine Norder Brauerei in Ostermarsch übernommen und wollte sie für den Weltmarkt fit machen. Der Konkurrenz in Jever die Stirn bieten. Da mussten Köpfe rollen. Kaum hing das Damoklesschwert über uns, da verabschiedeten sich die ersten freiwillig. Hauke kriegte einen Herzinfarkt und guckte die Radieschen von unten an. Sönke wurde durch einen Schlaganfall zum Pflegefall. Vierzig Jahre Sauferei forderten ihren Tribut. Ricklef setzten sie mit mir vor die Tür und er eins drauf. Aus Rache trank er von Stund' an kein Bier und auch keinen Tee mit Rum, sondern andersrum. Nur noch dösig oder duun. Der »Lüttje Kaiser« hatte ausgeknüffelt.

Ich hockte den lieben langen Tag zu Hause rum. Vielmehr meiner Frau im Weg. Versuchte, mich im Sessel unsichtbar zu machen und was sie sagte, rechts rein-, links rauszulassen. Etwas blieb trotzdem hängen, und das klang nicht gut. »Trantüte« gehorte noch zu den nettesten Ausdrücken, die sie für mich übrighatte. Vier Jahrzehnte Fernsehen waren an der Frau nicht spurlos vorübergegangen. Schließlich gab's da nicht nur Musikantenstadl, sondern auch Jauch und sone Jauche. Vierzig Jahre Bildung! Und ich? Vierzig Jahre Bier. Ich hatte meiner Frau nichts mehr entgegenzusetzen. Der vorgezogene Ruhestand riss ein Loch ins Portemonnaie. Wir müssten was machen, hat Sandra gesagt. Mithalten. Die Welt hätte sich gedreht und mit ihr das Verständnis von den Dingen. Ich müsste umdenken. Mir, was ich als Bedrohung empfände, zu eigen machen. »Wer so eigen ist, wie du, wird untergebuttert«, drohte sie.

Ja, watt denn nu?

Sie wusste, worum es ging. Marktstrategien, Mehrwert, Marketing und so. Zumindest gab sie dauernd so einen Mist von sich. Man müsse auf den Zug aufspringen. Da kam mir schon der Gedanke, sie könnte genauso gut *vor* den Zug springen. Sie war aber kein bisschen schwermütig. Im Gegenteil, mein Niedergang schien ihr geradezu Auftrieb zu geben. Ich ging in Sack und Asche, und sie gab den Föhnix. Beim Kochen trällerte sie Liedchen, und wenn sie an meinem Sessel vorbeikam, griff sie meine Hände, rief: »Hintern hoch!«, machte Trippelschritte und kommandierte: »Eins, zwei-drei, eins, zwei-drei, eins, zwei-drei!« Ob ihr der Unterschied zwischen Dampfwalze und Donauwalzer nicht klar wäre, fragte ich mich, hielt aber lieber die Klappe.

Im Fernsehen gab es den Grand Prix d'Eurovision und für mich kein Entrinnen. Ich war ja ans Haus gefesselt. Sandra geriet völlig aus dem Häuschen. Zur Feier des Tages gönnte sie sich ein Karäffchen Sinbohntjessopp, und je mehr sie davon zwitscherte, umso lauter sang sie. Von der Musik kriegte ich nicht viel mit, aber die Show war beeindruckend. Suchscheinwerfer, zuckende Blitze. Silvesterfeuerwerk war nichts dagegen.

»Watten Lametta!«, entfuhr es mir. Aber klar, davon verstand ich nichts:

»Davon verstehst du nichts, Niko!« Sandra schnalzte mit der Zunge, wie sie es immer machte, wenn sie Essensreste aus den Zähnen saugte. Mich schauderte. Die nächste Kandidatin betrat die Bühne. Funkelte doller als ein ganzer Weihnachtsbaum. Ein Kleid eng wie eine Wurstpelle, aber schieres Goldgeflimmer. Als die Kamera auf das Gesicht zoomte, fiel ich bald aus dem Sessel. Die Lady hatte lange schwarze Locken – aber was waren das für Haare im Gesicht?

Meine Frau war nicht mehr zu halten. Keuchte, wie wenn sie mit schweren Einkaufstaschen beladen wär. »Conchita!«, jubelte sie, sprang auf und wand den Wanst schlangengleich vor dem Bildschirm im Takt der Musik.

»Was'n das für'n Würstchen?«, fragte ich entsetzt.

Den Rest des Abends wurde ich ins Bett verbannt. Hinter geschlossenen Lidern schwarze Pläne schmiedend. Was für eine verkehrte Welt! *Niko Klaus*, sagte ich mir, *da muss was passieren.* Oder es passiert was.

Aber was?

Meine Gattin stieß erst spät zu mir. Atemlos. Schnaufend. Ein satter Plumps. Minuten später dröhnte ihr Schnarchen durch die Nacht.

Beim Frühstück eröffnete sie mir ihren Plan. Unseren. Immerhin kam ich auch drin vor. Die Jever-Werbung hätte sie inspiriert, sagte sie. Ich denke, es lag eher am Spiritus. Die schickten vor Weihnachten einen »Sander Klaus« auf Tour. Der fuhr durch ganz Friesland und man konnte abstimmen, wo er hinkam, und dann konnte man Päckchen suchen und was gewinnen – irgendein Quatsch mit Internet, sagte sie. Eine Marketing-Maßnahme.

Norder-Bier sollte das toppen, sagte sie. Mit einer Träsch-Figur. So holten wir uns das Geld wieder zurück, das sie uns genommen hätten.

Ich verstand rein gar nichts. Brauchte ich auch nicht, sagte sie, mein Job wär' Schofför, Boddigard und Päckchenbote.

Als ich immer noch glotzte, klopfte sie mit dem Fingerknöchel an meine Stirn und sagte: »Auto fahren! Klöterig gucken! Jedem sein Päckchen! Das kannst du doch noch, oder?«

Da war ich mir zwar nicht so sicher, aber ich nickte. Alles besser als Sesselfurzen.

Am Mittwoch zog sie los. Zu meinem ehemaligen Arbeitgeber in Norden-Ostermarsch in der Steinstraße 18. Stracks in die Chefetage. Ich sollte besser nicht mitkommen, sagte sie. Wenn man so'n Konzept verkaufen wollte, müsste man ohne Ballast kommen. Ich fand's ja schon rappschnutich, schließlich brachte sie mit ihrem Kopf kleiner nicht viel weniger Ballast als ich auf die Waage. Aber bevor sie mich wieder einen Kopf kürzer machte, hielt ich lieber das Maul. Freute mich, dass ich mich ein ungestörtes Stündchen in die Badewanne legen konnte. Nachdem ich eine Weile vor mich hingedümpelt hatte, stellte ich fest, dass mein roter Bademantel weg war. Dabei war ich sicher, dass er morgens noch da gehangen hatte.

Als die Haustür klapperte, brütete ich längst wieder im Wohnzimmer vor mich hin. Sandra stürmte rein und stieß einen langgezogenen Schrei aus, der an eine Heulboje erinnerte, nur länger anhielt. Sie riss mich aus dem Sessel und schleuderte mich durchs Zimmer, dass mir Hören und Sehen verging. »Ich hab den Job!«, schrie sie. »Ich hab ihn! Ich und du! Wir sind ein Driemtiem!«

»Schrei lauter«, knurrte ich. »Ich versteh kein Wort.«

Sie blieb stehen und strahlte wie Fukushima nach dem GAU. »Ich bin die Sandra Klaus!«

»Steht in der Heiratsurkunde. Und?«

»*Sandra Klaus*!«, wiederholte sie und betonte quasi jeden einzelnen Buchstaben. »Kapierst du nicht?«

Dass sie vollkommen durchgeknallt war? Ich schüttelte den Kopf.

Da hat sie mir alles erklärt. So was Bescheuertes muss man ja erst mal sacken lassen. Aber okay. Schöne neue Welt.

Unter dem Motto »Ostermarsch-Weihnachts-Offensive« sollte ich meine Liebste ab Ende November quer durch Friesland von Weihnachtsmarkt zu Weihnachtsmarkt fahren. Mit einem Rover, der als überdimensionierter Schlitten getarnt und mit dem Norder-Bier-Logo beklebt wurde. Ich kriegte Hörner verpasst – ein Rentiergeweih – und den Künstlernamen Rudolph. Sandra thronte auf der Rückbank mit meinem roten Bademantel und einem Wattebart angetan, auf dem Kopf eine rote Klabautermann-Mütze. So gingen wir auf Tour.

Meine Holde eroberte Weihnachtsmarkt-Bühnen und Herzen der Weihnachtsmarkt-Besucher im Sturm, indem sie rumhopste und mit schriller Stimme Melodien trällerte, die entfernt an Weihnachtslieder erinnerten und an Dösigkeit kaum zu unterbieten waren, etwa: »Es ist für uns e-hein Bier angekommen«, oder: »Es ist ein Hopf' entsprungen«, oder: »Norder, Kinder, wi-hird's euch geben!«

Wer sich zu ihr auf die Bühne traute und mitsang oder anschließend in zwei, drei Sätze ins Mikro verkündete, was er an Norder-Bier so einzigartig fand, durfte ein Los ziehen. Gewinne waren Zapfhähne, Gläser, Caps, T-Shirts, Schlüsselanhänger, alles mit Norder-Logo, der Hauptgewinn war ein 10-Liter-Fässchen.

Ein Kamerateam begleitete uns auf der Tour, die Aufnahmen wurden ins Internet hochgeladen. Norder-Bierstände auf den Weihnachtmärkten, Getränkeabteilungen der Supermärkte und Kneipen boten »Glühbier« an, eine »Sandra Klaus«-Edition. Auf den Flaschenbierhälsen prangte das Porträt meiner Frau mit Bademantel und Rauschebart. Das Zeug verkaufte sich wie geschnitten Brot. Die Fangemeinde wuchs. »Total träschig«, hieß es im Radio. Auch Sandra hatte von einer »Träsch-Figur« gesprochen. Neudeutsch für »Müll«. Erklär' mir mal einer, warum Leute sich freiwillig so was antun. Das wär' eine Reaktion auf die Werbung, hatte meine Frau entgegnet. Immer nur gutaussehende, gesunde und nette Menschen, das wollte doch keiner mehr sehen und hören. Jeder wüsste doch, dass das alles Fäik wär. Die Menschen wollten die Welt sehen, wie sie wirklich wär. Die ungeschminkte Wahrheit. Die Conchita, die von dem Grand Prix, die mit dem Bart, also *der* vielmehr, der wär' auf diese Welle aufgesprungen – ich überlegte noch krampfhaft, was an der Glitzertusse ungeschminkt war, da quasselte meine Teure schon weiter –, und da hätte sie – also Sandra – sich überlegt, dass sie halt auch als Frau mit Bart –«

Es platzte aus mir raus, ehe ich nachgedacht hatte: »Aber die kann *singen* und hat ein Figürchen, da kannst du dich doch nur hinter versteck– Ach, schiet di watt!« Genau *das* konnte meine Ehefrau ja nun überhaupt nicht.

Was mir aber in dem Moment wie ein ganzer Christbaum innerlich aufgeleuchtet war: Wenn Sandra auf Müll machte, musste ich mir früher oder später Gedanken über die Entsorgung machen.

Die Gelegenheit kam früher, als ich mit gerechnet hatte. Und ich konnte meine Hände in Unschuld waschen. Niemals hätte ich so was extra …! Okay, nachgedacht darüber hab ich Tag und Nacht. Aber was heißt das bei mir? Ehe ich so was zu Ende ausgebrütet hätte, wären Weihnachten und Ostern auf einen Tag gefallen. Der Moment musste erst mal geboren werden, wo alles passte. Diese jähe Wut! Am Ende war mein Fuß schneller als mein Kopf. Ich hab überhaupt nicht Hand anlegen müssen. Da war nur dieser Impuls. Man kann sich das gar nicht vorstellen, wie der Jeep immer umlagert war! Leute, die Hälse reckten und uns Flaschenhälse entgegenstreckten, damit Sandra die Etiketten signierte! Obwohl ich den Motor schon angelassen hatte, drängelten immer wieder welche nach. Und dann nahm einer mich beim den Hörnern. Also beim Geweih. Der wollte wahrscheinlich einfach nur testen, wie sich das anfühlte oder wie fest das saß. Ich hatte ja die Hände am Steuer und hab nur gedacht: *Bloß wech hier*! Ich lass mich doch nicht begrabbeln! Und da hat mein Fuß irgendwie zugetreten. Also das Pedal. Wie das dann passiert ist, weiß ich nur aus dem, was man mir nachher erzählt hat. In dem Moment, als ich Gas gab, hatte der Idiot mein Geweih in der Hand. Das war schon eine ziemliche Schaufel. Weil er also stehenblieb und das Auto vorwärts schoss, bewegte sich das Rentiergeweih auf die dicke Frau im roten Mantel mit dem weißen Bart zu, die sich gerade weit aus dem Sandramobil lehnte, um irgendwas in Empfang zu nehmen oder zurückzugeben, und die natürlich sofort das Gleichgewicht verlor. Es gab ein komisches Geräusch in meinem Rücken. Eigentlich mehrere Geräusche auf einmal. Schreien war auch dabei. Aber ich kann beim besten Willen nicht sagen, ob es von meiner Frau, den Umstehenden oder von mir kam. Da war auch so was Dumpfes, irgendwas zwischen Klatschen und Poltern und ein tiefes Stöhnen. Na, und der Aufprall. Der war nicht von schlechten Eltern. Im Polizeiprotokoll stand, dass das Geweih Sandra praktisch von den Füßen gehebelt hatte. Sie machte den Flieger. Ich hab das mal im Fernsehen gesehen. Da war so eine Band auf einer Bühne, umlagert von jubelnden Fans, und dann breiteten die – also die Musiker – die Arme aus und sprangen und wurden von den Leuten vor der Bühne aufgefangen. Ich denke, sie muss sich großartig gefühlt haben in dem Moment. Hatte sie nicht selbst von dieser Welle gesprochen, auf die sie aufspringen wollte wie diese andere, die Wurst mit dem Bart? Vermutlich hätten sie *die* auch halten können. Bei Sandra musste man froh sein, dass sie nicht noch jemand erschlug, der da stand. Aber die sind wohl gleich zurückgewichen. Bei so einem Zweizentnergewicht gab's ja kein Halten. Nur einen dicken Platsch. Der ihr das Genick brach. Und mir die Freiheit brachte. Man hat mir schließlich den Stress zugutegehalten.

Ganz Friesland trauerte. Die Konzernzentrale kondolierte.

Im Frühjahr darauf wurde ich in eine Konferenz komplimentiert.

Man hätte sich Gedanken über die Strategie gemacht und wollte da ein bisschen zurückrudern. Aber an der Idee doch festhalten. Also mit dem Bierboten über die Weihnachtsmärkte. Aber eher klassisch. Dicker alter Weihnachtsmann und blond gelocktes Christkind. Ob ich die Frau Fischer kennte? Nee, hab ich gesagt. Ich wär' ein Küstenjung alter Schule und Fischen Männersache. Das fanden sie richtig gut. Ich wär' ihr Mann, sagten sie. Schon der Name! »*Niko Klaus*!«, sagten sie und betonten quasi jeden einzelnen Buchstaben. Ich könnte gern weiter in der Deckung bleiben. Fürs Singen würden sie eine Schlagersängerin an die Front schicken, die das Christkind geben würde. Die Helene und ich, wir würden schon miteinander klarkommen. Ich müsste im Prinzip das Gleiche machen wie vorher, aber es gäb' mehr Geld dafür. Schofför, Boddigard und Päckchenbote, aber eben aufgewertet. Mit meinem rotem Bademantel, Sandras weißem Bart und Mütze. Träsch wär' aut. Die Welt hätte sich gedreht und mit ihr das Verständnis von den Dingen. Man müsse umdenken. Die Leute wollten wieder Besinnlichkeit zum Bier.

Na, mir sollte es doch recht sein! Im Herzen hab ich mit Sandra meinen Frieden gemacht. Hab ich doch im Grunde alles ihr zu verdanken. Von daher bereue ich nichts.

Weihnachten kann kommen.

Kulinarischer Aufhänger: Nordisches Bier

bisher unveröffentlicht

SCHÖNE ZEIT UND NUDELSALAT

Die Tafel mit den Namen der Bewohner passte nicht zu dem Haus in dem sonst eher studentisch geprägten Marburger Südviertel. Es waren fremdländische Namen, mit Filzstift auf die Rückseite der ursprünglich als Platzhalter gedachten Namensschilder gekritzelt. Die Beleuchtung im Inneren der Anlage sorgte dafür, dass hinter jedem Namen von rechts nach links der Vordruck *Mustermann* durchschimmerte: *nnamretsuM*. Druckbuchstaben, die irgendwie offiziell aussahen. Die krakelige Handschrift auf der Vorderseite, *Nasrin Khosum*, wirkte dagegen, als wäre ein Analphabet daran gescheitert, den Namen von der Rückseite abzuschreiben. Darunter: *G. PIOTROWSKI*, *Deepa Singh* und *riva*. Schließlich ein Aufkleber mit roten Druckbuchstaben: *familia*. Erst beim zweiten Hinsehen erkannte ich das *pro* in dem kleinen roten Feld davor. Kein italienischer Einwanderer also. Der einzige gedruckte Name zwischen all den provisorisch angebrachten vermittelte ein Gefühl von amtlicher Sicherheit. Alle anderen mochten kommen und gehen. *pro familia* würde die Stellung halten. Ein Bollwerk inmitten von Menschen auf der Durchreise, Flüchtlingen, Menschen in Not. In *wirklicher* Not.

Wofür war ich gekommen?

Noch konnte ich wieder gehen.

Die Tür ging auf. Ich trat einen Schritt zurück. Eine dunkelhaarige Frau blickte mich überrascht an, lächelte, zögerte, fragte etwas, das sich anhörte wie: »Vuole entrare?« Sie machte einen Schritt zur Seite, in der Rechten hielt sie einen Eimer mit Küchenabfällen. Der Moment, in dem ich hätte eintreten müssen. Oder gehen.

»No, thank you«, sagte ich und hätte mich auf die Zunge beißen können. Wieso sprach ich Englisch, wenn ich doch auf Italienisch angesprochen worden war? Zumindest hatte es sich danach angehört. Ich floh. Tat, als hätte ich mich im Eingang vertan. Überquerte den Bürgersteig, die Frankfurter Straße, sah mich um. Die Frau hatte den Komposteimer geleert und stand nun mit dem Rücken zu mir im Eingang des Hauses, schloss auf und verschwand durch die Tür. Ich blieb noch einen Moment stehen. Man konnte ja nie wissen. Besah mir die gegenüberliegende Fassade. Ein herrschaftliches Haus. Keine Ahnung, wie der Stil hieß, mit Erkern und Ornamenten jedenfalls. Eine Jahreszahl: 1903. Zwischen zwei Bäumen rechts und links starrte ein griesgrämiger Engelskopf aus Stuck von der Hausfront in die Ferne. War es überhaupt ein Engel? Die waagerecht gespreizten Flügel erinnerten eher an einen Totempfahl. Zumal der Kopf so tief dazwischen angesetzt war, dass man meinen konnte, er ziehe ihn zwischen die Schultern. Ein Schutzengel, der sich in seiner Haut nicht wohl fühlte. Er machte mir mehr Mut als das Klingelschild. Ich ging zurück auf die andere Straßenseite, zum Eingang auf der rechten Seite, fand den roten Schriftzug, ohne genau hinzusehen, schellte.

Weil.

Letzte Sommerferien. Wir waren am Baggersee gewesen. Sonne, Strand, Sonnenbrand. Als Mutter spät vom Kino kam, schimpfte sie. Anderntags hatte sie Frühschicht. Auf dem Küchentisch stand eine Niveaflasche. Schutzfaktor zwanzig. Auf einem Zwanzigeuroschein.

Mara hatte bei mir übernachtet. Dreizehn von unseren sechzehn Lebensjahren waren wir fast ununterbrochen zusammen gewesen.

Ich kochte Kaffee und Nudeln, sie quirlte Eigelb in Öl, würzte die Mayo und schnitt Salatzutaten klein. Als alles fertig war, brachen wir auf.

Die Jungs hatten ihr Zelt auf dem Campingplatz aufgeschlagen. Sie aalten sich im Schwimmbadbereich am Ufer und beobachteten uns träge aus übernächtigten Augen. Roy schlenderte zum Wasser.

Wir breiteten die Decke aus, schälten uns aus den Klamotten, unter denen wir Bikinis trugen. Ich half Mara mit dem Reißverschluss ihres roten Kleids, wir cremten uns gegenseitig ein, massierten und räkelten uns. So hingebungsvoll, dass nebenan Augen größer wurden und Badehosen beulten. Mark und Julian sprangen auf und rannten zum See. Wir bogen uns vor Lachen.

Roy hatte sich kraulend durch den Schwimmerbereich gepflügt. Am Rücklaufsteg der Wasserskianlage kletterte er auf die Planken, schüttelte sich wie ein nasser Hund und ging in den Handstand. Stand wie gemeißelt. Drückte sich schließlich schwungvoll ab, glitt mit einem Kopfsprung zurück in den See und schwamm zum Ufer zurück.

Wir staksten zum Wasser, tauchten Zehen ins kühle Nass, quietschten, kicherten, wateten tiefer hinein, bis zur Hüfte.

Roys Kopf tauchte neben Mara auf. Jemand zog an meinem Knöchel. Julian. Zu dritt griffen sie an, spritzten uns blind, schnellten hoch, sehnige Körper klatschten gegen unsere, sie kamen von allen Seiten, zerrten uns unter Wasser. Arbeiteten sich an uns ab. Nackte Brustkörbe, kräftige Arme, Beine, die sich um meinen Leib schlangen – im Überschwang der Hormone überschätzten sie unsere Lungen –, mehrmals war ich knapp vorm Ertrinken, meine schrillen Schreie ignorierten sie.

Der einzige Grund, weshalb wir uns überhaupt auf sie einließen, war Roy. Vielmehr Mara. Die aus unerfindlichen Gründen an ihm etwas fand. Weil er den Leithammel gab? Als Mark sich allzu stürmisch an sie ranmachte, kommandierte Roy ihn zurück. Julian, das Pickelface, tunkte mich so inbrünstig, dass selbst eine Walfischkuh seine Annäherungsversuche nur mit Mühe überlebt hätte. Roys Pfiff beendete mein Martyrium abrupt.

Sie luden uns zum Grillen ein. Mara kicherte. Ich gab schließlich nach. Wir zogen um in Richtung Tauchersteg, lagerten vor dem Dreimannzelt. Die Jungs kippten Kohle in eine rußige Schale, zündelten, Spiritus und Qualm waberte über unsere Köpfe, wir wedelten mit den Händen. Während die Gastgeber Würstchen wendeten, packten wir Maras Nudelsalat, Plastikschüsselchen und -geschirr aus.

Der Salat war zum Reinsetzen. Die Würstchen halb verbrannt, halb roh.

Wie alles damals. Nicht Fisch, nicht Fleisch. Halbe Kinder noch. Wie lange war das jetzt her? Monate, Jahre, ein Menschenleben?

Wir blieben, bis es dunkelte. Das Bad wurde geschlossen. Im Nachhinein dreht es mir den Magen um, wenn ich daran denke, wie wohlig es sich trotz allem anfühlte. Kuscheln mit Decken am Feuer, während der Sternenhimmel über uns blinkte. Roy reichte eine Wodkaflasche herum. Ich nippte mit spitzen Lippen, ekelte mich vor der fremden Spucke. Nach der zweiten Runde war es mir egal. Der angenehme Zustand zwischen Wachsein, Erschöpfung und Traum.

Ich musste eingeschlafen sein. Wachte auf, weil jemand an mir herumgrabbelte und -leckte. Julian. Mark lag quer vor dem Zelt und schnarchte. Mara und Roy waren verschwunden. Schlagartig ernüchtert haute ich Julian eine runter, sprang auf und rief nach Mara, die nicht antwortete. Ich lauschte. Irgendwo im Dunkeln hörte ich sie kichern und Roy auf eine Art und Weise stöhnen, die mir einen Stich ins Herz versetzte. Ohne ein weiteres Wort raffte ich meine Sachen zusammen, rannte zur Pforte, kletterte darüber, lief die ganze Strecke die Herborner Straße entlang und hörte erst auf zu schluchzen, als ich zu Hause angekommen war. Vorsichtig schob ich den Schlüssel ins Schloss und drehte ihn lautlos um. Unnötige Vorsichtsmaßnahme. Meine Mutter war nicht da. Auf dem

Wohnzimmertisch ein Zettel: »Bin bis Sonntag bei Paul. Essen im Kühlschrank.«

Ich hätte gar nicht hingehen müssen. Sie hatten keinen Namen. Zumindest nicht den richtigen. Eigentlich hasste ich Lügen, wollte nur, dass es irgendwie weiterging. Mit uns.

Das Treppenhaus machte es mir leicht. Weiß gestrichene Wände, graue Stufen, hölzernes Geländer, große Fenster. Die Tür war angelehnt, also ging ich rein. Stand in einem beige gefliesten Flur, helle Tapeten, links eine offene Tür mit einem Schild: »Anmeldung«. Niemand im Zimmer. Vor mir Ablagen mit Broschüren. Zwei Pappaufsteller. Männlein, Weiblein. Beide hielten den rechten Arm angewinkelt. Wollten sie mir zeigen, wo es langging? Bevor ich die Botschaft entziffern konnte, öffnete sich eine der weiß lackierten Holztüren und eine Frau mit streichholzkurzen Haaren guckte raus.

»Hatten Sie einen Gesprächstermin?«

Wenn es mehrere Wahrheiten gab, konnte die andere keine Lüge sein.

Im Herbst hatte ich mit der Ausbildung begonnen. Abitur könnte ich immer noch machen, hatte meine Mutter entschieden. Ich sollte erst gucken, ob ein Medizinstudium überhaupt was für mich wäre. Also Arzthelferin. Das hieß: Etiketten beschriften im Labor, Desinfizieren von Geräten, Reinigen von Untersuchungszimmern, Patientenverwaltung und Ablage. Nach einem Monat durfte ich immerhin schon mal Blutdruck messen.

Mara ging ich aus dem Weg. Und sie mir. Von einem Tag auf den anderen. Seit dem Kindergarten waren wir unzertrennlich gewesen. Der

Stich ins Herz wuchs zur klaffenden Wunde. Ich übte mich im Totstellen. Dass ich jetzt jeden Tag nach Marburg fuhr, half ein wenig. Aus dem Kopf kriegte ich sie nicht. Roy wünschte ich die Pest an den Hals. Mindestens eine ausgewachsene Syphilis oder Aids. Sollte Mara doch sehen, was sie davon hatte!

An der Kaufmännischen Schule knüpfte ich Kontakt mit einem Mädchen, das bei meinem ehemaligen Kinderarzt lernte. Mara war auch bei ihm gewesen. Und Roy. Als ich sie an meinem freien Tag in der Praxis besuchte, ließ sie mich in seiner Akte blättern. Ein Frühchen und Spätentwickler! Roy, der auf dem Steg den Handstand machte wie eine Eins, war durch jahrelange Krankengymnastik und Ergotherapie in Form gebracht worden. Herzklappeninsuffizienz. Was für ein Weichei! Zu gern hätte ich Mara eine Kopie zukommen lassen.

Im März kam es zu einem Zusammenstoß. Ich eierte eben im Edeka vor dem Kosmetikregal mit einem Einkaufswägelchen um die Ecke, dessen Räder sperrten, sodass mein Blick nach unten gerichtet war und ich nur zottelige Winterstiefel sah, als ich vor etwas unförmiges Weiches rumpelte. Mein Blick wanderte rauf und wieder runter. »Nein!«

»Uff! Melli!« Maras Blick war meinem gefolgt, ihre Stimme klang dünn, kein bisschen wie die Mara, mit der ich früher den Spielplatz, später das Jugendheim unsicher gemacht hatte.

Was machte der dicke Bauch an meiner Freundin?

»Ist es das, was ich denke?«, fragte ich, selbst verblüfft, dass ich schlagartig nicht mehr sauer war. Es war so ungeheuerlich!

»Hm«, gab sie ähnlich präzise Auskunft, wie ich gefragt hatte.

»Ist das – hat das etwa mit – Roy zu tun?«

Ihr sich im Ansatz abzeichnendes Lächeln machte einem Bitterböse-Modus Platz. »Scheißkerl«, sagte sie. Da war er wieder, der rotzige Ton.

Als ich ausgestarrt hatte, fragte ich: »Kaffee?«

»Kakao«, sagte Mara. »Aber zuallererst ein bisschen frische Luft.«

»Okay. Gutsstübchen«, entschied ich

Wir spazierten die Umgehungsstraße entlang in Richtung Weimar, hockten mit Kakao und Roter Grütze unter den rustikalen Deckenbalken des ehemaligen Ritterguts, Mara kotzte sich aus, wir quatschten uns Steine von Herzen.

Als ihre Eltern mit Mara bei Roys Eltern aufgelaufen waren, hätten die dichtgemacht. *Ihr* Sohn? Niemals! Als es nichts half, wurden sie schärfer. Wieso Mara sich eigentlich so sicher wäre, dass ausgerechnet Roy … An dem Punkt hatte Mara Roy eine runtergehauen. Seitdem gingen sie sich aus dem Weg.

»Wie wir«, sagte ich.

»Quatsch«, sagte Mara, »wir sitzen hier und trinken Kakao.«

»Und was ist jetzt mit Roy?«

»Arschlecken.«

Ihr Vater und ihre Mutter hatten eine Riesenwelle gemacht, als Mara sich weigerte abzutreiben. Sie musste schwören, dass sie ihnen nicht zur Last fallen würde. Hatte sich Jobs gesucht, Zeitungen austragen, Putzen, Kellnern, zahlte zuhause jetzt Miete und sparte sogar etwas an. In anderthalb Jahren wäre sie volljährig, dann wollte sie ausziehen. Bis dahin würde sie alles tun, was die Eltern verlangten, solange sie sie und das Kind duldeten und den Drecksack nicht verklagten.

»Bist du bescheuert? Der muss bluten!«

»Ich *kotze*, wenn ich von dem irgendwas annehmen müsste!«

»Aber das Kind ist doch auch von ihm!«

»Was kann das denn dafür? Es wird es niemals erfahren! Ich gebe genau das an, was er behauptet hat: Ich hätte mit jedem gevögelt, der bei drei nicht auf den Bäumen war. Aber *never ever* mit Roy!«

»Und wie willst du das schaffen? Was ist mit Ausbildung? Wolltest du nicht Erzieherin –?«

Mara schnitt mir das Wort ab. »Ich krieg das schon hin! Ich hab zwei Beine, zwei Hände und ein paar graue Zellen. Ich bin auf niemand angewiesen. Nicht auf meine Eltern und schon gar nicht auf dieses Roy-Dreckspack.«

»Du brauchst jemand, der dir hilft!«

Sie funkelte mich an. »Melli! Ich komme allein klar! Kapiert das gefälligst mal!«

Ich schwieg. *Kapiert das gefälligst mal!* Ein halbes Jahr war eine lange Zeit. Ich zog mit dem Löffelchen eine Linie durch die Grütze, schob eine Hälfte nach links, die andere nach rechts. Keine Chance. Die rote Masse rutschte immer wieder in der Mitte zusammen.

Mara winkte die Kellerin herbei. »Ich muss los.«

»Mara«, sagte ich. »Meine Mutter wartet nur darauf, dass sie mit Paul zusammenziehen kann.«

Sie starrte mich an. Es dauerte, ehe es klickte. Dann grinste sie breit. »Wenn's nach mir geht, wird es ein Mädchen. Frauen sind einfach cool.«

»Natürlich kann Sie niemand zwingen«, sagte die Frau mit den kurzen Haaren. Ihr Name war mir rechts rein und links wieder rausgerutscht. In meinen Ohren pochte es viel zu laut, als dass ich ihn hätte festhalten können. »Aber denken Sie auch an Ihr Kind! Es hat ein Recht auf beide Eltern.«

Ich starrte aus dem Fenster in den Garten. Rechts stand ein grünes Gerüst mit einer roten Schaukel, die im Wind leicht hin und herschwang. Als wenn ein unsichtbares Kind darauf saß.

Nisse dachte ich. Wenn *ich* mitreden dürfte.

»Eine Rechtsberatung kann zumindest nicht schaden«, sagte die Frau. »Jeden ersten Montag im Monat haben wir zwei Fachanwältinnen für Familienrecht im Haus. Sie könnten da einen Termin machen. Die Liste mit den Hebammen kann ich Ihnen auch schon einmal mitgeben.«

»Und die Nummer vom Jugendamt?«

»Klar.« Sie blätterte in einer Liste und notierte sie auf einem Post-it-Zettel. Ich fixierte die Frau mit dem roten Kleid auf dem Bild an der roten Wand. Sie stand mit verschränkten Armen in einem Hauseingang. Rotzig-trotzig. So schön, dass es mir die Kehle zuschnürte.

»Könnte ich auch eine Freundin mitnehmen?«

»Natürlich. Aber Sie sollten sie darauf vorbereiten.« Mit Blick auf meinen Bauch: »Wie gesagt. Das hat ja noch Zeit.« Sie lächelte, schaffte es aber dabei total ernst zu bleiben. »Ihnen stehen hier in der Region alle Möglichkeiten offen: Klinik, Geburtshaus oder Hausgeburt.«

»Sie hatten von einer Einrichtung in Gisselberg gesprochen. Könnte ich mir die mal angucken?«

»Selbstverständlich. Machen Sie sich ruhig frühzeitig mit den Möglichkeiten vertraut.« Wieder ließ sie den Blick prüfend an mir herunterwandern. Das Pochen in meinen Ohren verstärkte sich. »Da kommt einiges auf Sie zu. Es ist gut, wenn man Unterstützung hat bei der Geburt. Das gilt aber erst recht für die Zeit danach. Vielleicht renkt sich das mit Ihren Eltern bis dahin ja wieder ein.«

Als Nisse zur Welt kam, war Mara längst zur Untermiete ein- und meine Mutter ausgezogen. Der Vertrag lief weiter über sie. Mit meinem Azubi-Salär, Jobs, Kindergeld, Jugendamt und Zuschüssen unserer Eltern kamen wir über die Runden. Maras Eltern waren zu Kreuze gekrochen und hatten ihr am Ende glaubhaft versichert, dass sie sich auf den Enkel freuten.

Ich rief das Taxi erst, als die Wehen im Dreiminutentakt kamen. Schließlich waren es nur ein paar Minuten bis zum »Storchennest« im Wäldchesborn. Ich hatte die Alternativen gründlich abgewägt. Mara konnte mir vollständig vertrauen. Wozu lernte ich schließlich Medizinische Fachkraft? Dabei stand ich selbst total unter Strom. Obwohl ich jetzt schon fast ein Dreivierteljahr in einer Frauenarztpraxis arbeitete, war es das erste Mal, dass ich eine Geburt erlebte.

Wenn es irgendetwas gibt, das einem klarmacht, was Leben eigentlich ist, dann das. Es war der Hammer. Als Nisses Kopf zwischen Maras Schenkeln auftauchte, blaurot, war ich halbtot, nur vom Zugucken. Nisse fing an zu schreien, bevor wir noch recht wussten, dass es sich um ihn und nicht um Kara handelte, Maras Wunschkind. Er brüllte aus vollem Halse, bis der Rest samt Pimmel rausflutschte.

Klar waren da jetzt die schlaflosen Nächte, und ich musste trotzdem täglich pünktlich zur Arbeit. Aber ich wusste, dass es das war, was ich gewollt hatte. Wusste: Mara und ich, wir gehören zusammen. *Ich komme allein klar. Kapiert das gefälligst mal,* hatte sie gesagt. Mich in einen Topf geschmissen mit den anderen. Den Arschlöchern. Dabei war ich die Einzige, die zu ihr gestanden hatte. Während Mara sich einigelte, Wunden leckte und froh sein konnte, dass jemand die Initiative ergriff, Erkundigungen einholte und Entscheidungen traf.

Meine einzige Sorge galt Roy.

Im Sommer waren wir wieder am See. Mit Decke und Nudelsalat. Mara sah in dem roten Kleid umwerfend aus. Als wäre da nie ein Bauch gewesen. Nur die Brüste waren voller. Gerade richtig. Wir aalten uns in der Sonne, cremten uns genüsslich ein, kicherten und gaben acht, dass Nisse nicht über den Rand der Decke hinaus kullerte oder robbte.

Rund um uns lagerten, picknickten, spielten Menschen, saßen in der Strandbar, drängelten sich an der Wasserski-Anlage. Jugendliche aus unserer ehemaligen Klasse kamen vorbei. Aus einer anderen Welt. Nach kurzem Hallo und Rumdrucksen verzogen sie sich. Roy, Mark und Julian ließen sich nicht blicken.

»Guck!« Mara kniff mich und deutete über den See. Jemand machte Handstand auf dem Steg. Wie eine Eins. Glitt auf der anderen Seite ins Wasser und pflügte durch den See zum gegenüberliegenden Ufer.

Jäh schnürte es mir die Kehle zu. Diesmal war es ein Brennen, eine heillose Wut. Natürlich kamen die Jungs weiterhin an den See! Lagerten jetzt offensichtlich zwischen den Büschen auf der anderen Seite. Sie mussten ein Loch in den Zaun geschnitten haben. Durch das Schwimmbad konnten sie nicht gekommen sein. Wir waren kurz vor zehn schon dagewesen.

Während Mara Nisse stillte, schwamm ich einmal quer über den See und schlich ein Stück durch die Büsche am Ufer entlang. Batterien von Wodkaflaschen im Gestrüpp. Ich hatte genug gesehen. Machte kehrt, ließ mich ins Wasser gleiten, tauchte ein Stück, schwamm langsam bis in die Mitte, rollte mich auf den Rücken, machte »Toter Mann«. Schloss die Augen. Gab mich meinen Gedanken hin. Der Ruhe. Genoss die Sonne auf dem Bauch. Wasser gluckste in meinen Ohren.

Ein Platschen ließ mich hochschrecken. Ein Gurgeln, Japsen, Wasserwirbel, die die unmittelbar unter der warmen Oberflächenschicht lauernden eiskalten Strömungen spürbar werden, mich frösteln ließen. Jemand in meiner Nähe zappelte, zuckte wild, schlug um sich, kämpfte darum, die Oberhand zu behalten. War da jemand, der ihn tunkte? Instinktiv hielt ich mich zurück, besorgt, jemand könnte sich an mich klammern oder in eine Rangelei verwickeln. Ein Gesicht tauchte dicht vor mir auf, die Augen glasig, blind von Wasser und Panik. Ich warf mich herum, machte einige kräftige Stöße, hielt inne. Mit einem Blick in die Runde vergewisserte ich mich, dass am Ufer alles ruhig war. Ich war viel zu weit weg, um Mara zu erkennen. Aber ich wusste genau, wo sie saß, Nisse im Arm. Ihre weißen festen Brüste.

Ha! Dieser Idiot würde nie wieder Hand an meine Freundin legen! Statt Wichsen und Wodka zu wählen, wäre das Weichei besser bei Ergotherapie und Krankengymnastik geblieben. Bei Insuffizienz war der

Schritt vom Saufen zum Absaufen schnell getan. Ich brauchte nichts weiter tun als nichts zu tun.

Ganz langsam schwamm ich zurück, entfernte mich von Roy, dessen Kopf nun unter Wasser blieb, dessen Arme mir noch ein-, zweimal zum Abschied zuwinkten, ehe die sommerliche Ruhe wiederhergestellt war.

Die Nudelsalatschüssel war leer, Nisse schlief im Kinderwagen, wir hatten eben alles eingepackt und uns zum Gehen gewandt, als auf der Auffahrt zum Haupthaus ein Blaulicht aufflackerte.

»Hoppla, was ist denn da los?«, fragte Mara.

»Wahrscheinlich hat jemand einen Sonnenstich gekriegt«, mutmaßte ich.

Mara seufzte. »Eigentlich geht's uns doch saugut«, meinte sie. »Findest du nicht?«

»Stimmt«, sagte ich. »Wir haben uns, den See und Nudelsalat. Besser geht's doch gar nicht.«

Kulinarischer Aufhänger: Nudelsalat

Erstveröffentlichung in: *Soko Marburg-Biedenkopf*, Hrsg.: Christina Bacher, KBV Verlag Hillesheim 2016

OFENSCHLUPFER

In meinem Alter fällt einem manches nicht mehr ganz leicht. Da ist es gut, wenn man Nachbarn hat. Bei uns in Aalen achtet man aufeinander. Als die Vogels hierhergezogen sind, war das nicht anders. Natürlich werden die Neuen erst einmal in Augenschein genommen. Von mir zumindest. Man will ja schon wissen. Zumal dieser Miso Vogel etwa mein Alter hatte. Dem Vornamen nach ein Slowake oder so. Der Nachname sprach für einen Juden. Aber ich habe es ihn nicht spüren lassen, ihn und seine Frau. Meine Frau auch nicht.

Wir hatten in diesem Jahr Schnittlauchhochzeit. Da kennt man sich. Obwohl es immer noch Dinge gibt, die wir gar nicht wissen wollen voneinander. Sie kam wie ich aus Kretinga. Das genügte, dass man sich aneinander festhielt in der Fremde. Displaced Persons. Sie war ruckzuck schwanger. Da haben wir geheiratet. Vor bald 67 Jahren. Als die Tochter fünf war, kam der Sohn. Der war drei, da sind wir in die USA. Chicago. Wir haben uns aneinander festgehalten. Ich war ja Bäcker. Hab ihr immer die Gerichte aus Litauen gekocht. In Amerika zumindest. Die haben da ja keine Esskultur.

Hier in Schwaben ist das etwas anderes. Da gibt es eine bodenständige Küche. Aber vielfältig. Kartoffeln, Teigtaschen, vieles ähnlich wie in Litauen. Ein paar Gerichte liebe ich ganz besonders. Nichts Ausgefallenes.

Nichts Raffiniertes oder Überkandideltes. Nahrhaft, schmackhaft, traditionell. Das gibt es auch zu hohen Festen. Wie die Ofenschlupfer zu Weihnachten. Die Kinder haben es geliebt. Meine Frau sowieso. »Scheiterhaufen« hieß das Gericht in der Heimat.

Ich hab die neuen Nachbarn auf der Straße gegrüßt. Er zog ein Bein nach. Zerknautschtes Gesicht. Hab sie eingeladen. Er hat geguckt.

»Kennen wir uns?«, hat er gefragt.

»Zumindest stehen wir uns nahe«, habe ich gesagt. Gelacht. Meine Frau hat übernommen. Kaffee gekocht. Ich hab einen Krupnik auf den Tisch gestellt. Er hat mich beobachtet. So aus den Augenwinkeln. Aber da war ich ja drauf gefasst. Hab mein Glas gehoben, auf gute Nachbarschaft angestoßen und sie ein wenig ausgefragt. Alle beide. Natürlich hat er nicht die Karten auf den Tisch gelegt. Aber man konnte sich das meiste zusammenreimen. Es passte. Ich hatte keinen Zweifel. Diese Leute sind so dumm. Sie wähnen sich auf der richtigen Seite. Das lässt sie vergessen, wie schnell sich alles wieder ändern kann.

Er war ein Ofenschlupfer.

Am Wochenende darauf sind wir mit Brot und Salz vorbeigekommen. Sie haben sich angenehm überrascht gegeben und ich hab mich umgeguckt. Ich war davon ausgegangen, dass sie etwas geändert hätten, umgestellt, renoviert, saniert. Aber es war alles genau wie bei den Vorbesitzern. Solche Leute haben keine Mittel für einen Umbau. Die sind froh, wenn sie die Raten bezahlen können. Kohleofen, Kamin, die alten Leitungen, teils über der Tapete und auf dem Außenputz verlegt, gesprungene Dachfenster, unter dem Anbau der Holzstapel mit der morschen Leiter. Ich hab den Schornsteinfeger oft genug beobachtet. Wie vorsichtig er sie erklomm. Im Herbst war er noch dagewesen. Hatte gefragt, was mit dem Nachbarhaus sei. Jetzt, wo die Heizperiode beginne, sei es höchste Zeit. Ich hab die Achseln gezuckt, gesagt: »Wer weiß, wann die einen Käufer oder Nachmieter finden.« Ich hab ihm versprechen müssen, dass ich Bescheid gebe, wenn sich etwas ändert.

Warum sollte ich?

Er war auf unserem Dach und hat ein Vogelnest aus dem Kamin geholt. Es war verlassen. Ein kaputtes Ei, sonst nichts. Hat es mir ausgehändigt. »Da haben Sie aber Glück gehabt, dass ich rechtzeitig vorbeigekommen bin.« Ich hab mich bedankt. Nicht auszudenken, was hätte passieren können, wenn der Abzug verstopft gewesen wäre. Meine Frau hat das Nest zwischen die Blumentöpfe auf die Fensterbank gestellt. Sie liebt Nippes. Spitzenvorhänge, Untersetzer, Vasen. Wenn es nach mir ginge, genügten Jalousien. Man muss nicht alles zeigen. Man muss nicht alles sehen.

Da hing noch kein Namensschild an der Tür, als der Briefträger klingelte. Sie waren anscheinend unterwegs. Der klapprige Lada stand nicht vor dem Haus. Ein dicker Umschlag mit Absenderaufdruck in hebräischer Schrift. Ob ich wüsste, ob da wieder jemand eingezogen wäre. Wenn ich gesagt hätte, ich nehme die Post an, wäre er misstrauisch geworden. Ich habe sie aus dem Briefkasten gefischt und anschließend wieder zugeklebt. Wie kann man so blöd sein!

Wir haben uns angefreundet. Man ist ja aufeinander angewiesen. Und keiner hier hat es wirklich dicke. Der eine kann dies, der andere das. Werkzeug borgen, mal ein Ei ausleihen, wenn man spontan einen Kuchen backen will. Obwohl. Juristisch ist das kein Leihen. Es ist ein Sachdarlehensvertrag. Das Ei ist ja weg. Man kriegt ein anderes zurück. Mit rechtlichen Dingen kenne ich mich aus. Zwangsläufig. Man zahlt es einander heim.

Im Guten wie im Schlechten.

Für den Ofenschlupfer genügen zwei Eier. Zur Not eins, das kann man strecken. Es ist eigentlich ein Resteessen zur Verwertung von altem Brot oder Brötchen. Wichtig sind Äpfel und Rosinen. Milch, Zucker, Zimt, Butter. Das Sahnehäubchen ist die Vanillesoße. Sahne geht auch, klar. Mandelblättchen hatten wir nicht immer oder konnten wir uns nicht immer leisten. Aber die geben dem Ganzen neben der Kruste den Biss.

In Aalen hackt keiner dem anderen ein Auge aus. Wer sollte uns schon was wollen? Bis die Vogels hierher zogen. In der Nachbarschaft wohnen vor allem Alte. Die schon immer hier gelebt haben. Die schon da waren, als es losging. Am Anfang war man ja eher skeptisch. Aber durch die Umstrukturierungen hat der Ort an Bedeutung gewonnen. Unterrombach war am Ende komplett eingegliedert. Na, fast. Bis auf Forst. Die haben schon was bewegt damals. 1934 die braune Messe, zwei Jahre später die Stationierung der Reit- und Fahrschule des Wehrkreises, die Errichtung des Heeresverpflegungsamts des Nebenzeugamts und die Unterbringung der Nebenmunitionsanstalt. Im städtischen Krankenhaus konnten die Diakonissen ihre Häubchen nehmen. Zugunsten der Schwestern der Nationalsozialistischen Volkswohlfahrt. Hygiene heißt nun mal nicht nur, dass man Hände in Unschuld wäscht. Sterilisation ist Drecksarbeit im Dienst der deutschen Volksgesundheit. Wer will sich damit schon abgeben? Heute werden wieder alle durchgefüttert und verbreiten minderwertiges Erbgut wie die Karnickel. Wenn Krankheiten im Keim erstickt werden, ist viel gewonnen.

Ich weiß, wovon ich rede. Es ist nicht schön, was wir durchmachen mussten. Aber welche Wahl hatten wir? Wer hätte das alles schon freiwillig auf sich genommen?

Im Lager Wiesendorf in Wasseralfingen kamen die Zwangsarbeiter unter. Die haben die Hüttenwerke und die Maschinenfabrik Afing Keßler vorangebracht. Alles für die Rüstungsindustrie. Von Wiesendorf sind nur noch Fundamente erhalten. In der Moltkestraße. Natürlich will niemand mehr davon was wissen. Aber zu vorgerückter Stunde, wenn genügend Löwenbräu geflossen ist, erzählt man sich das ein oder andere. Es war nicht alles schlecht. Nestbeschmutzer machen es doch nicht besser. Schräge Vögel. *Miso*. Wie das schon klingt. *Miesmacher*. Man muss auch mal gut sein lassen. Wer hat denn nicht gelitten? Als wenn wir es leicht gehabt hätten. Litauendeutsches Handelsgut bei den Bevölkerungsaustausch-Verhandlungen zwischen der UdSSR und dem Dritten

Reich. Wir hätten genauso gut auf der anderen Seite landen können. Aber die Sowjets wollten uns doch erst recht nicht haben. In der Heimat besaßen wir ein Bauerngut. Gut, ein kleines. Aber mein Vater war ein freier Mann. Am Ende musste er in Pommern als Knecht arbeiten, um die Familie durchzubringen. Dabei hieß es ursprünglich, wir würden in Polen einen eigenen Hof bekommen. Auch wenn wir die Sprache nicht beherrschten, galten wir 1941 schließlich als Heimkehrer. Immerhin evangelisch. Getraut haben uns die Deutschen trotzdem nicht mit ihrer Heidenangst vor kommunistischen Spionen. Da haben sie aus den Umflugs *An*siedler gemacht. Ich war groß und kräftig und habe mich vor keiner Drecksarbeit gescheut. Deswegen haben sie mich genommen. Das ist es doch letzten Endes, was zählt. Wir können uns nicht hinterm Ofen verkriechen. Die Natur kennt auch keine Gnade. Da wird selektiert. Bei uns hieß es: Ab in den Ofen! Die Schornsteine mussten rauchen. Tag und Nacht. Wer entschlupfen wollte, musste mit anpacken. Es war der einzige Weg zu überleben. In Amerika nennen sie es »Survival of the fittest«.

Heute reden wir von Globalisierung. Was ist denn das anderes? Nur dass sie die Welt jetzt mit Kapital erobern statt mit Kalaschnikows. Die ganzen Wirtschaftsflüchtlinge sind doch der Beweis. Wem es gelingt, sich bis nach Deutschland durchzuschlagen, der hat zumindest gezeigt, dass er was aushält. Alte, Kranke, Schwache, wer nicht schwimmen kann … Letzten Endes schaffen das nur die jungen Burschen. Die hier keiner haben will. Die heutige Gesellschaft ist vollkommen degeneriert. Da kann man mit Kulleraugen und Krückstock punkten. Babys, Behinderte, Greise werden mit offenen Armen aufgenommen. Die Starken mit Misstrauen beäugt, weil sie Frauen und Arbeitsplätze wegnehmen. Dabei: So verweichlicht, wie unsere Leute sind, kann Konkurrenz überhaupt nicht schaden. Schuften ist den jungen Männern genauso ein Fremdwort wie den Mädchen das Kinderkriegen. Das mit der Überfremdung ist letzten Endes nur ein Vorwand, wenn es darum geht den Kuchen zu verteilen. Der ist nun mal endlich. Dann schafft man halt Kriterien.

Blond, blauäugig, Blut und Boden. Nachdem ich mein ganzes Leben nirgendwo hingehört hab, aber immer durchgekommen bin, in Russland, Deutschland und Amerika, kann mir keiner mehr was vormachen. Alles Ideologien, mit denen man die verscheißert, die zu blöd oder zu schwach sind, es in die Hand zu nehmen. Auf die Macher kommt es an, nicht auf die Maulhelden. Wer sich einfindet, die Sprache lernt, schafft, sich bescheidet und die Zähne zusammenbeißt so wie ich – Warum sollte der keine Chance kriegen?

Natürlich war es angenehmer in der Lagerküche. Wie gesagt, Mandeln gab es nicht immer. Zeitweise war sogar altes Brot Mangelware. Die haben da geklaut wie die Raben. Die Ofenschlupfer waren die schlimmsten. Wer dem Tod so gerade noch von der Schüppe gesprungen war, wusste ja, dass es nichts mehr zu verlieren gab, weil eh alles verloren war. An einen Miso erinnere ich mich nicht. Aber wie sollte man die auseinanderhalten? Die sahen alle aus wie auf dem Gemälde von diesem norwegischen Maler, »Der Schrei« heißt es, glaube ich, wo ein Mensch sich mit beiden Händen an den Kopf fasst und Mund und Augen aufreißt, Totenschädel-Gesicht, gekrümmter Körper, stummes Entsetzen vor purpurnem Hintergrund. Die Schlote sprühten Funken, rund um die Uhr. In der Küchenbaracke hatten sie nicht ganz so viel zu tun, weil es an allem mangelte. Wir waren hoffnungslos überbelegt. Die kamen einfach nicht schnell genug nach, ehe der Nachschub wieder da war.

Ich hab mich nie versteckt. Man muss nicht jedem alles auf die Nase binden. Zum Hochzeitstag habe ich meiner Frau einen Bund Schnittlauch aus dem Garten auf den Frühstückstisch gestellt. Was gab es dem noch hinzuzufügen? Reden ist Silber, Schweigen Gold. Gute Staatsbürger, Mitarbeiter, Nachbarn, Eheleute, Eltern kennen das. Das war vor dem Krieg nicht anders und wird auch nie anders sein. 66 2/3 Jahre. Nie habe ich die Hand gegen meine Frau erhoben. Ich bin ein friedlicher Mensch.

Sie springt auf, als ich die Küche betrete und mich mit einer sauberen Hose zum Frühstücken hinsetze. Greift die Kanne, kommt um den

Tisch, beugt sich über meine Schulter, fasst nach der Tasse und schenkt mir ein. Dabei fällt ihr das Aufstehen schwer. Die knotigen Finger passen nur noch mit der Kuppe in den Henkel. Unter den Geruch von frischem Kaffee mischt sich säuerlicher Atem. Wo ich gewesen sei, fragt sie.

Während ich draußen nach dem Rechten gesehen habe, ist sie gleich nach dem Aufwachen in die Küche geschlurft, wo sie in der alten Handmühle braune Bohnen gemahlen hat. Das schätze ich an ihr. Es geht nicht um Gewohnheiten. Die Haltung zählt. Man darf sich nicht von den Mühlen des Lebens klein machen lassen.

»Was hast du auf der Leiter gemacht?«, hakt sie nach. Natürlich hat sie die Hose in der Wäschekammer gesehen. Die Grünspan-Spuren. Sie fragt nur selten. Sie spürt es. Sie sorgt sich. Die Sprossen sind glitschig. Man kann tief fallen. Ich weiß, dass sie nichts weiß. Ahne, dass sie ahnt, dass es nicht um meine Knochen geht. Um Kopf und Kragen.

»Die Regenrinne«, sage ich. »Höchste Zeit.« Sie wirft einen Blick durch das Küchenfenster. Der Komposthaufen ist voller nasser Blätterklumpen. Sie fixiert die Lücke zwischen den Blumentöpfen.

»Du warst bei den Vogels?«

»Wo ich schon mal dabei war«, sage ich.

Misos Gestalt taucht im Fenster auf. Er winkt. Hinkt näher. Gottseibeiuns! Als er in unserer Küche steht, knetet er den Hut in der Hand. Weicht meinem Blick aus. Stammelt. Spricht von Überraschung am frühen Morgen. Bedankt sich. Er sei nun mal nicht mehr so gut zurecht. Die morsche Leiter. Ich sage etwas von Weihnachten und Nächstenliebe. Er sagt, sie feierten das Lichterfest. Erzählt was von Chanukka- und Schabbat-Kerzen.

Ich sage, das Wichtigste sei doch, dass das Feuer im Ofen immer brenne. Da lädt er uns zum Essen ein. Sie würden einen Gänsebraten besorgen. Als gemeinsamen kulinarischen Feiertagsbrauch. Ich erzähle ihm von dem Ofenschlupfer. Wir einigen uns, dass ich ihm heute Nachmittag eine Auflaufform vorbeibringe. Wenn er sie abends in den Ofen schiebe, sei sie anderntags genau richtig. Unser Beitrag zum Festtagsdinner. Der Nachtisch.

Wir verbringen einen ruhigen Heiligabend. Einen Tannenbaum gibt es bei uns nicht mehr, seit die Kinder aus dem Haus sind. Auf dem Fensterbrett steht jetzt eine Kerze. Das genügt. Nebenan flackern viele Lichter. Erst spät wird es dunkel.

Im Hellen sieht alles aus wie immer. Als es dämmert, bleibt es dunkel. Zur verabredeten Uhrzeit klopfen wir an der Tür. Nichts. Der Lada steht vor dem Haus.

Eine Stunde später. Meine Frau sieht mich von der Seite an. Ich zucke die Schultern. Sie telefoniert mit der Wache. Erzählt. Man beruhigt sie, wünscht uns ein frohes Fest, verspricht, dem Streifenwagen Bescheid zu geben.

Wieder eine Stunde später klingeln zwei Beamte bei den Vogels. Gehen ums Haus. Versuchen es wieder. Dann kommen sie zu uns. Plaudern mit meiner Frau über Ofengerichte. Mutmaßen, was den Nachbarn dazwischengekommen sein könnte. Mir fällt ein, dass ich versäumt hatte, dem Schornsteinfeger Bescheid zu geben. Meine Frau erzählt von dem Nest. Die beiden wirken alarmiert. Gehen noch einmal ums Vogelhaus. Mit Taschenlampen. Leuchten die Fenster aus. Gestikulieren. Telefonieren. Der eine zückt eine Karte. Die Tür öffnet sich. Sie stoßen sie weit auf, bleiben draußen stehen, richten den Lichtstrahl ins Innere, zögern. Einer hält sich etwas vor den Mund, geht rein, das Parterrefenster wird von innen aufgestoßen, er kommt wieder raus. Der andere telefoniert immer noch. Gleiche Aktion, das andere Fenster. Ein Feuerwehrwagen fährt vor. Männer mit Atemschutzmasken betreten das Haus. Zwei Unfall- und ein Notarztwagen. Es ist bereits stockdunkel, als zwei schwarze Limousinen dazukommen.

Wir haben den Beamten alle Fragen beantwortet. Was hätte man mir vorwerfen können?

In den Zeitungen steht allerhand über einen der letzten Überlebenden des Holocaust. Über Entkommen, Schicksal und Tod.

Früher oder später holt es einen halt ein.

Heute stand der Streifenwagen wieder vor der Tür. Vor unserer. Mit einem Haftbefehl. Ausgestellt gegen Hans Lipschis, geboren 1919 als Antanas Lipsys. Das Verrückte: Es hat rein gar nichts mit dem Ableben der Vogels zu tun. Mit dem Zehntausender anderer. Nach 68 Jahren wollen sie mir wegen der Auschwitz-Sache an den Karren fahren. Nachdem sie den Demjanjuk 2011 für Beihilfe zum Mord rangekriegt hatten, bin ich auf der Liste der zehn meistgesuchten NS-Verbrecher des Simon-Wiesenthal-Zentrums auf Platz Nummer vier gerutscht. Hallo? Sobibor ist nicht Auschwitz! Und das Urteil gegen Demjanjuk ist nie rechtskräftig geworden, taugt daher nicht als Präzedenzfall. Er hat noch während der Revision den Löffel abgegeben. Mit rechtlichen Dingen kenne ich mich aus. Alles andere habe ich vergessen. Beginnende Demenz. Meine Frau kann es bezeugen.

»Noch nicht mal an unseren Hochzeitstag hat er sich erinnert!«, klagt sie. Tränen in den Augen. »Kein Wort hat er dazu verloren!«

Sie hat keine Ahnung. Aber Haltung. Das schätze ich an ihr.

Kulinarischer Aufhänger: Ofenschlupfer

Erstveröffentlichung in: *Schwäbisch-kriminelle Weihnacht,* Hrsg.: Bettina Hellwig, Wellhöfer Verlag Mannheim 2017

PICHELSTEINER MISS-VERSTÄNDNIS

Sehepp ist ein Dehepp!«, rief eine Kinderstimme, als Josef am Spielplatz vorbeilief. Da er beim Gehen den Klumpfuß hinterherzog, bewegte sich der Kopf oberhalb der Hecke auf und ab, als hopste er. Schon wenn er langsam ging, fiel er von weitem auf. Ein guter Grund, sich nur in der Dämmerung durch die Regener Innenstadt zu bewegen. Wo zu viele Menschen waren, die ihn beäugten. Schulen, Sport- und Spielplätze, Kinder mied er ohnehin. Sie reagierten zuverlässig mit Schreien, Lachen oder wie jetzt, indem sie zur Hecke liefen, auf der Spielplatzseite daran entlang flitzten, ihn überholten, zum Ausgang rannten, wo sie ihn bereits erwarteten. Der johlende Pulk blockierte den Bürgersteig. Josef schlug einen Haken und lief über die Straße auf die andere Seite. Einige der größeren Kinder hüpften hinterher, blieben ihm auf den Fersen. Vom Spielplatz her kreischten Frauen, eine Männerstimme brüllte etwas, was er nicht verstand, weil er sich die Ohren zuhielt. Das wiederum verlangsamte seinen Lauf. Im Nu hatten die Kinder ihn eingeholt. Mehrere Buben umringten ihn. Von hinten, von der anderen Seite kamen Erwachsene dazu. Josef stand keuchend, presste den Rücken an die Hauswand hinter sich, zog den Arm schützend vors Gesicht, sodass er nichts mehr sehen konnte, schrumpfte in sich zusammen vor Angst.

Die Angst saß ihm seit Tagen in den Knochen. Aufgekommen war sie mit dem Ausmarsch der Pichelsteiner am Freitagnachmittag, Auftakt zu der alljährlichen sechs Tage andauernden Feierei in Festzelten, mit Umzügen, Bootsfahrten, mit jauchzenden und grölenden Menschen, Musikkapellen. Deren dröhnende Trommeln, schmetternde Trompeten und gellende Pfeifen ihn bis auf die andere Seite des Schwarzen Regen verfolgten. Josef konnte sich nicht verkriechen, weil das Fest eine gute Gelegenheit bot, Geld zu verdienen. In diesem Jahr durfte er wieder im Suppenzelt des Gastwirts Gruber aushelfen, wo in zwei riesigen Kesseln Pichelsteiner Eintopf garte. Es hieß, den Sud mit großen schweren hölzernen Löffeln zu rühren. Eine anstrengende, stumpfsinnige Arbeit. Genau das Richtige für Sepp, den Depp, wie ihn auch der Gruber nannte.

Etwas gab es, worauf Josef stolz war: Er hatte Kräfte wie ein Bär, war willig und ausdauernd. Er konnte acht Stunden am Stück rühren. Das Ausschenken und Wiederauffüllen der Kessel übernahm der Wirt selbst. Oder Bernhard, der Koch, der allerdings die meiste Zeit in der Küche der Gaststube stand und Zutaten klein schnitt: Kartoffeln, Karotten, Petersilienwurzeln, Kohl und Lauch. Und Fleisch natürlich, Rind, Kalb und Schwein. Josef hatte auch schon in der Küche ausgeholfen. Hatte sich nicht nur beim Gemuseschneiden und Kartoffelschälen geschickt angestellt, sondern insbesondere beim Ausbeinen des Fleischs. Die Arbeit lag ihm viel mehr als die an den Kesseln. Nicht nur, weil er dabei keinen Gästen ausgesetzt war, die sich am Zelt die Schüsseln mit Pichelsteiner Eintopf füllen ließen. Er liebte es, die Messer zu wetzen, bis sie wie von selbst durch die Muskelfasern glitten. Er war ein guter Küchengehilfe.

Aber der Koch wollte nicht, dass Josef blieb. »Der Depp hot a Messer klaut«, hatte er gesagt. Behauptet, eins sei verschwunden. Bernhard selbst war schmächtig, fast zwei Köpfe kleiner als sein Küchengehilfe. Obwohl er selbst so klein war, nannte er Josef ein »Riesenbaby«, manchmal auch »grenzdeppil«, was nichts anderes heißen konnte, als dass seine

Deppertheit alle Grenzen überstieg. Immerhin war Josef nicht deppert genug, um nicht zu verstehen, dass ihn alle für deppert hielten.

Vermutlich hatte der Koch Sorge, dass der Depp eines Tages ausrasten könnte. Er schien zu spüren, dass Josef tief drinnen gar nicht so ruhig war, wie er tat. Nein, dort zitterte es, und gelegentlich tobte auch etwas, das sich Luft verschaffen wollte. Besonders, wenn es stressig wurde. Wenn der Koch zu schreien begann. Oder mit Löffeln, Kellen, Töpfen warf, wenn Josef nicht schnell genug reagierte. Was gerade zur Hand war. Der Krach machte Josef mehr zu schaffen, als die Zielscheibe zu sein. Aber er hatte immer Ruhe bewahrt. Egal, wie es schepperte, egal, wie es in ihm rumorte.

Krach gehörte zum Pichelsteinerfest dazu. Erst mit dem Abschlussfeuerwerk am Mittwoch würde wieder Ruhe ins Städtchen einkehren. Josef tat sich schwer mit Zeit. Was waren sechs Tage? Eine Ewigkeit! Er wusste, dass der liebe Herrgott die Erde in sieben Tagen geschaffen hatte. Ein Zeitraum, in dem viel passieren konnte. Im Moment war die Welt aus den Fugen. Er hatte zum Gruber gewollt. Zum Zelt. Zu den Pichelsteiner-Kesseln. Warum hatte er es so eilig gehabt? Die böse Angst! Er war über den Gallinger-Max-Steg auf die andere Uferseite gekommen und hatte wegen der Menschenmassen einen Umweg machen müssen. Jetzt hatten sie ihn eingekesselt. Es gab Momente, in denen Josef Kinder hasste.

Das kleine Mädchen war anders gewesen. Sie hatte auf der Ludwigsbrücke vor dem Nepomuk gestanden. Kopf im Nacken, mit dem Heiligen in stummem Zwiegespräch. Oder guckte sie bloß? Nein, sie bewegte die Lippen. Alle waren vorbeigelaufen. Nur Josef blieb stehen. Sie war ihm aufgefallen, weil sie so unauffällig war. Ein kleines blondes Mädchen, die langen glatten Haare am Hinterkopf zu einem Zopf geflochten. Ihr Rucksack wirkte viel zu groß.

Endlich wendete sie den Blick von Nepomuk ab und sah Josef an. Lächelte. »Da bist du ja!«

Sie waren hintereinander her über die Brücke gegangen, auf der anderen Seite des Flusses nach rechts, die Ruselstraße entlang. Da war er schon neben ihr hergegangen, hatte sie zur Straße hin abgeschirmt. Sie erzählte ununterbrochen. Aber es fiel ihm schwer, ihr dünnes Stimmchen zu verstehen, wo doch links von ihm die Autos fuhren und sie so weit unter ihm sprach. Es fühlte sich gut an. Das zählte.

Sankt Nepomuk hätte ihn ihr geschickt, sagte sie. Sie hatte den Heiligen gebeten. Sie brauchte doch jemanden. Jemand Großes. Weil sie weggelaufen war von der Feierei. Nach Hause, wo sie den Rucksack gepackt hatte. Jetzt in die Welt. Vielleicht Südamerika.

Josef konnte helfen. Zumindest für eine Nacht. Nein, er hatte sie nicht mit in seine Wohnung genommen. Er hätte es nicht erklären können, aber er wusste, das wäre falsch gewesen. Sie waren in die Badstraße abgebogen, an dem Freibad vorbeimarschiert zu dem Zeltplatz. »Regental Aktiv Camping«, las Emily laut die Wörter auf dem Schild. Josef staunte. Weil er das Wort in der Mitte, obwohl er die Buchstaben entziffern konnte, nicht verstand. Er hütete sich zu fragen. Schließlich war er ihr Retter und wollte sich nicht blamieren. Er führte sie hinter den Bauzaun, dahin, wo sie keiner sehen konnte. Dort stemmte er zwei lose Bretter weg. Er kannte den Platz gut. Nachdem Jugendliche die drei Regenwald-Blockhäuschen abgefackelt hatten, war Josef beim Abriss, später beim Aufbau dabei gewesen. Während der Feierei ruhte die Baustelle. Aber das erste Häuschen war schon so weit fertig, dass es ein Dach überm Kopf bot.

Emily las Josef aus dem Buch vor, das sie neben der Decke und zwei Schokoriegeln aus ihrem Rucksack zog. Von der kleinen Miss namens Emily. Die aufgebrochen war, um den winzigen Max Pichelsteiner zu finden. Das Buch war von einem Erich Kästner, was nach einem sehr altmodischen Namen klang, und die Geschichte hieß: »Der kleine Mann und die kleine Miss«. Es ging um zwei Menschlein, die sich allein fühlten auf der riesigen Welt. Um eine Entführung und einen Zauberer. Das meiste hatte Emily ihm erzählt. Sie wollte an der Stelle weiterlesen, wo sie ein Foto ins Buch gesteckt hatte. Eins von ihrem Papa. Aber dann hatte sie doch immer weitererzählt, weil es schon zu dunkel zum Lesen war. Von ihrem Papa und dem neuen Freund ihrer Mama. Von dem Festumzug, bei dem sie mit den anderen Kindern als weißgekleidete Küchenhilfe hinter dem Baldachin hergegangen und mit einer Stange Porree gewinkt hatte. Unter dem Baldachin war der Koch gegangen, der Pichelsteiner Koch, dem zu Ehren man dieses Fest feierte und den Umzug machte und der der Freund der Mutter war. Josef fragte nicht, was »Baldachin« hieß. Vielleicht so etwas wie Kochmütze? Es war nicht so wichtig. Wichtig war der kleine Körper, der sich vertrauensvoll an ihn schmiegte. Er erinnerte ihn an seine eigene Kindheit. Einen Vater gab es in seinem Kopf nicht. Aber einen anderen Mann. Als Emily von der Toilette erzählte, auf die der Kerl sie mitgenommen hatte, weil die Mutter schon zu betrunken war, als dass sie es hätte verhindern können, fiel Josef wieder ein, was »Baldachin« hieß. Ihm hatte ein »r« darin gefehlt. »Baldrachin«. Immer bevor Josefs Muttermann kam, hatte sie es ihrem Sohn verabreicht. Oder hieß es »Baldrichan«? Hatte die kleine Miss das verwechselt? Sie war doch so schlau! *Er*, Sepp, der Depp, brachte alles durcheinander. Die Mutter hatte ihm den Verstand nicht einprügeln können. Aber die Angst. Im Dunklen. Den Mann bekam der kleine Josef nie zu sehen. Weil er vorher in die Besenkammer gesperrt wurde. Gehört hatte er ihn. Das dumpfe Grunzen, das Lachen und Kreischen der Mutter. Laute, die sich durch bleierne Müdigkeit, Benommenheit, Rotz und Tränen einen Weg in die Finsternis bahnten. Allein sein im Dunklen war schlimm. Allein zurechtkommen müssen. Er hatte immer einen anderen Körper vermisst. Einen, den er anfassen und streicheln konnte. Der sich gut anfühlte – wie dieser hier.

Erst als es graute, war er durch den Bauzaun wieder hinausgeschlüpft, hatte die Latten fest angedrückt und einen großen Umweg gemacht. Er musste mit dem Koch ein Hühnchen rupfen. Anschließend war er in seine Dachstube eingekehrt, wo er sich gründlich wusch, umkleidete und auf den Weg zur Arbeit machte.

Der Gedanke an die kleine Miss flößte ihm Mut ein. Er war *nicht* klein. Sondern groß. Ein Retter. Ein Rächer! Diese Buben konnte ihm nichts. Josef ließ den Arm sinken und richtete sich auf. Als er ausholte und zweien der kleinen Quälgeister Watschen verpasste, wich die Menge erschrocken zurück. Einen Sekundenbruchteil, den er nutzte. Er hinkte sich frei, hüpfte Am Platzl entlang, Richtung Schwarzer Regen, Gruber-Zelt. Im nächsten Moment kapierte er, was für eine depperte Entscheidung das gewesen war. Jetzt hatte er alle gegen sich. Das Geschrei breitete sich aus, schlug Wellen, überholte ihn, schwappte zurück, wogte ihm entgegen. Menschen rotteten sich zusammen, schienen nur noch ein Ziel zu haben: ihn, Sepp, den Depp, zu stoppen. Er war zu langsam, als dass er hätte entkommen können. Sein einziger Vorteil waren seine Fäuste. Seine Bärenkräfte.

Irgendwo hinter St. Michael ertönte eine Sirene. In der Amtsgerichtsstraße war die Polizeiinspektion. Michael, Bezwinger des Satans, schickte ihm die Polizei auf den Hals! Wo er, Josef, dem Satan doch die Stirn geboten hatte!

Josef wandte sich der Brücke zu. Nepomuk würde ihn verstehen. Schließlich hatte er ihn geschickt. Der kleinen Miss zumindest. Der heilige Johannes von Pomuk hütete die Brücke und das Beichtgeheimnis. Er würde nicht zulassen, dass jemand Josefs Geheimnis erfahren würde. Er selbst hatte es mit in die Moldau genommen. Jetzt stand er am Schwarzen Regen und passte auf. Er hatte der kleinen Miss beigestanden. Warum nicht dem großen Depp?

Josef boxte sich den Weg frei. Erreichte den Heiligen, der ihn mit leicht schräg gelegtem Kopf empfing. Josef bekreuzigte sich und erzählte, was geschehen war. Er beichtete stumm. Wie die kleine Miss. Hinter ihm jaulte das Martinshorn, bis es urplötzlich abbrach. Autotüren schlugen, Menschen schrien. Josef wusste, dass es keinen Sinn mehr machte, wegzulaufen. Nepomuk lächelte milde, als Josef in die Cargotasche an seinem rechten Unterschenkel griff und ihm das Messer anbot. Lächelte und schwieg. Josefs Blick hing an den Lippen des Heiligen. Er hob den Arm mit dem Messer. Die Menge wich zurück.

Hinter ihm schnarrte eine Stimme: »Hier spricht die Polizei. Legen Sie das Messer hin!«

Wieso redete der heilige Nepomuk nicht mit ihm?

»Machen Sie keinen Unsinn! Legen Sie das Messer hin und bleiben Sie mit erhobenen Armen stehen!«

Josef, das Messer in der erhobenen Hand, drehte sich um. Die Menschen wichen weiter zurück. Eine Gasse entstand. Der Weg zu dem Auto mit dem rotierenden Blaulicht auf dem Dach war frei. Ein Polizist hatte ihm direkt gegenüber Stellung bezogen. Stand breitbeinig, als hätte er Stuhldrang, und umklammerte mit beiden Händen etwas Glänzendes, Metallenes, das er in Josefs Richtung hielt. Ein zweiter Polizist, schräg hinter dem ersten, hielt sich eine Blechtüte vors Gesicht.

»Herr Josef Kulac«, sagte die Lautsprecherstimme wieder, und Josef verstand, dass es die des zweiten Polizisten war, dass die Tüte seine Stimme verzerrte. »Hören Sie, Ihnen passiert nichts, wenn Sie das Messer hinlegen!«

Josef wich einen Schritt zurück.

In der Ferne ertönte eine Polizeisirene. Noch eine. Eine dritte von der anderen Uferseite.

Warum sprach der heilige Nepomuk nicht mit ihm? In Josef rumorte etwas. Hielt er ihn auch für deppert? Gestern hatte er ihn noch zum Retter erkoren! Josef wich weiter zurück. Wohin sollte er sich auch wenden? Zur Polizei? Die schienen das alles falsch zu verstehen. Die würden ihn einsperren. Das mit dem Messer kam ihm jetzt mindestens so blöd vor wie die Watschen. Er musste den Polizisten entkommen. Aber wie?

»Herr Kulac! Legen Sie das Messer hin!«, schnarrte der erste Polizist. Drei weitere Blaulichter schoben sich durch die Menge vor. Sie rangierten und standen nun in einer Art Halbkreis um den Brückenheiligen und den Deppen. Aus den Autos sprangen weitere Uniformierte, die die Köpfe zusammensteckten und in Stellung gingen.

Einer der Hinzugekommenen griff nach der Metalltüte. »Herr Kulac!«, rief er. »Wo ist die kleine Emily? Sie sind gestern mit dem Kind hier gesehen worden!«

In Josef begann es zu brodeln. Ihm wurde heiß. So heiß, dass es ihn jäh nach Abkühlung drängte. In seinem Rücken spürte er das Geländer. Der Ausweg! Wenn der Himmel nichts von ihm wissen wollte, war da immer noch das Wasser. Der Schwarze Regen! Josef holte mit der Rechten aus, schleuderte das Messer auf den Boden, drehte sich zum Geländer und stieß sich ab. Eine fließende Bewegung, fast elegant, er spürte ein unbändiges Hochgefühl – zerrissen von einem plötzlichen Schmerz, der ihn von der Seite anfiel und seinem Abgang über das Geländer wie ein kleiner unsichtbarer Tritt nachhalf. War das der Nepomuk? Der konnte ihn mal! Er hatte seinen Auftrag erfüllt. Zwei saubere Schnitte.

Noch bevor er auf dem Wasser aufschlug, zuckte Josef der Gedanke an die kleine Miss durch den Kopf. An zwei Bretter, die er mit kräftigen Fausthieben in den Balken getrieben hatte. Zwei Sargbretter. Schmeckte auf einmal den Tod auf der Zunge. Da war er schon unter Wasser und wunderte sich, dass der Schwarze Regen nach Blut schmeckte.

Aber dann wunderte er sich uberhaupt nicht mehr.

Kulinarischer Aufhänger: Pichelsteiner Eintopf

Erstveröffentlichung in: *BöfflaMORD*, Hrsg.: Ingrid Werner, Wellhöfer Verlag Mannheim 2016

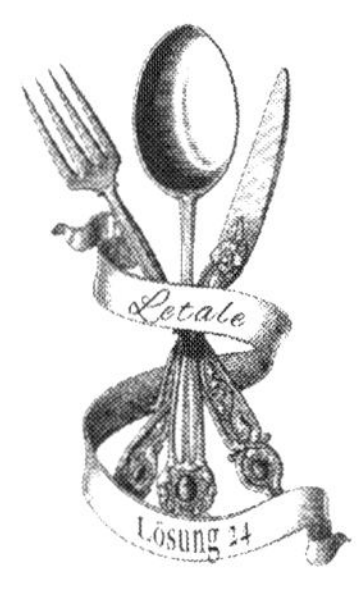

SAAT DES TODES

Das Bücken fiel ihr schwer. Wie hatte es Jo ausgedrückt? Wer durchkommen will, muss sich strecken? Es war genau andersherum. Wer buckelte, kam durch! An der richtigen Stelle natürlich. Im richtigen Moment. Hier kriegte man Essen vor die Füße geschmissen. Ein guter Grund sich zu bücken. Es gab viel schlechtere. Mit spitzen Fingern klaubte sie ein Körnchen nach dem anderen auf und ließ es in das Stoffbeutelchen fallen. So klein und unscheinbar. Alle waren achtlos im Gedränge darüber getrampelt, die Gäste, die Schaulustigen, sie hatten gejubelt, dem Brautpaar zugeprostet, alle Aufmerksamkeit hatte ihr gegolten, der weißen Schönen im weißen Kleid. Für Unschuld sollte es stehen, hatte man ihr gesagt. Eleonora verstand es nicht. Wer legte schon freiwillig ein Totenkleid an? Beschwor die bösen Geister, die doch nur nach der Gelegenheit lauerten! Sie hatten es sich selbst zuzuschreiben. Er hatte es sich selbst zuzuschreiben.

Erneut krümmte sie sich.

»Bück dich!«, hatte er gesagt, kaum dass die Tür hinter ihr ins Schloss gefallen war. Er war aus dem Bad gekommen. Stand in der geöffneten Tür wie ein Geist, in heiße Nebeldämpfe gehüllt. Sie verstand seine Worte nicht, und erst auf den zweiten Blick verstand sie, was sie frösteln machte. Nicht sein Gemächt, das sich ihr gierig entgegen reckte. Damit hatte sie gerechnet. Seine Haut war es. Sie strahlte weißer denn je, und das lag nicht daran, dass er frisch geduscht war. Er hatte überhaupt keine Haare am Körper! Als sie nicht schnell genug reagierte, packte er mit einem schnellen Griff ihren Arm und verdrehte ihn, dass sie mit dem Rücken an ihn gepresst wurde. Im nächsten Moment schleuderte sie ein Hieb auf den Hinterkopf vornüber. Die Tür stoppte den Sturz. Kleine weiße Punkte tanzten vor ihren Augen.

Klein und unscheinbar. Hart und spitz. Man konnte darauf herumtrampeln, ohne dass sie kaputtgingen. Wenn man sie kochte, quollen sie auf, geschah das Wunder, das einen stark machen konnte. Körnchen für Körnchen Kraft. Der Reis hatte keine Wahl, genauso wenig wie sie. Aber er war weiß. Die Farbe des Todes. Eleonora war schwarz. Sie würde überleben. Sie und ihre Familie daheim. Nur dafür war sie hierhergekommen. *Dies* war nicht ihre Familie. Es mochte noch so strampeln. Strampeln nützte nichts.

Er hatte sie festgehalten, ihr Gesäß angehoben, sodass sie vor ihm hing wie ein Sack. Strampelnd. Er hatte Einlass gesucht und zugestoßen. Beim ersten Mal knallte ihr Kopf erneut gegen die Tür. Mit letzter Kraft gelang es ihr die Arme hochzureißen und sich weg zu stemmen vor dem nächsten Stoß. Der Widerstand gefiel ihm, er stieß kräftiger zu, drang tiefer ein, sein Pfahl schwoll an, er stöhnte.

Vielleicht hätte sie sich einfach totstellen sollen. Stattdessen hatte sie alles mitgemacht. Um die Fahrtkosten abzuarbeiten. Kalli zeigte ihr, was andere gegen Geld mit ihr machen würden. Gebückt, gespreizt, kniend, liegend – alles hatte sie preisgegeben. Nein, sie war keine, die sich totstellte. Sie wollte leben.

In ihrer Unterkunft konnte sie auf dem Kartuschenkocher aus der Handvoll Reis eine große Schale zaubern, die ihr Kraft geben mochte für das, was ihr bevorstand. Sie konnte die Körner auch aufsparen. Für Kalli. Ihm hatten sie gegolten. Ihm und seiner weißen Braut. Die Menschen hatten sie damit beworfen. Da, wo Eleonoras Ahnen herkamen, pflanzte man Reis ein, wenn jemand gestorben war. Erst nach der Ernte wurde der Tote bestattet. Hier bewarf man die frisch Getrauten mit der Saat des Todes.

Jo hatte Eleonora in die Augen gesehen und versprochen, ihr beizustehen. So wie sie ihm beistehen wollte. Gleich zu gleich. Mit dem Segen ihrer Familien waren sie aufgebrochen. Alle hatten zusammengelegt für die Überfahrt. Dorthin, wo es alles gab, nur keinen Hunger, keine Krankheiten.

Dann war alles ins Ungleichgewicht geraten auf den schwankenden Planken. Am dritten Tag war das Essen aufgebraucht, das Benzin am vierten, das Wasser am fünften. Sie hörten auf zu zählen. Schaukelten mit geschlossenen Augen unter der Sonne auf dem todbringenden Wasser. Eleonora nahm nur kleine Schlückchen, gerade so viel, dass sie die Zunge im Mund noch bewegen konnte. Um Jo gut zuzusprechen. Jo hatte zu viel davon getrunken, gab alles von sich, wurde still und bleich und fremd. Bis sie ihn über Bord warfen. »Er lebt!«, hatte Eleonora geschrien, aber sie glaubten ihr nicht. Kein Atemzug hob seinen Brustkorb mehr. Sein Leib war geschwollen.

Er müsse weg, sagten die anderen. Eleonora wusste, dass sie Recht hatten. Sie wusste auch, dass es nun keinen mehr gab, der sie beschützen würde. Warum war sie nicht hinterhergesprungen?

Gleich zu gleich, schwarz zu schwarz, tot zu tot.

Sie hatte gehofft, dass sie es schaffen würde. Der Familie zuliebe. Und sich selbst. Sie überlebte die Überfahrt. Im Lager hieß es: Zurück oder weiter. Dorthin, wo es Arbeit für sie gab. Welche Wahl hatte sie?

Drei Tage und Nächte lang fuhr sie in dem Transporter über glatte Straßen, die von hohen grünen Bäumen und dichtem grünen Buschwerk gesäumt waren. Wie ein Traum kam es ihr vor.

Kalli hatte sie bereits erwartet.

Eleonora war schon alles egal gewesen, als es ihr endlich gelang, durch ein Fenster im Bad hinauszuklettern und wegzulaufen. Sie fand irgendwo am anderen Ende der Stadt einen Afroshop, wo sie aushelfen und im Lager übernachten konnte. Ein Anfang. In einem Friseurladen kehrte sie die Haare zusammen, knüpfte Perücken, flocht Frisuren, putzte bei den Kunden zu Hause, konnte ein eigenes Zimmer bezahlen.

Sie quoll auf. Beschwor die Götter, die nicht antworteten.

Ein Versöhnungsopfer musste her.

Sie beobachtete Kallis Haus. Seine Besucher, seine Gewohnheiten. Seine Braut. Wie in dem Boot hatte sie stillgehalten und gewartet. Etwas würde passieren, und nur eines wusste sie genau: Sie, Eleonora Rigbi, würde durchkommen.

Während die weiße Braut und der Bräutigam, der unter seinem schwarzen Anzug keine Haare am bleichen Körper hatte, sich küssten, während die Orgel dröhnte und die Menschen in einem eigenartig schleppenden Gesang den Tönen hinterhersangen, bückte sich die dunkle Gestalt in der letzten Bank, krümmte sich vor Schmerz, tat, als krümmte sie sich vor dem gekreuzigten Herrn. Sie verbeugte sich, als die Gesellschaft an ihr vorbeischritt, die Kirche verließ, schlich hinterher, duckte sich in einem Hauseingang, sah, wie es Reis regnete, wie Sekt und Schnittchen gereicht wurden. Klaubte die Körner auf.

Nein, sie würde den Kartuschenkocher heute nicht mehr anwerfen.

Die Puppe hatte nur kurz gestrampelt. Eleonora deckte den kleinen Kalli mit dem Kissen zu, bis er stillhielt. Sie legte den nackten Körper auf ein Tuch, zündete Kerzen und Räucherstäbchen an. Drumherum streuselte sie einen weißen Reis-Kreis. Sie perforierte den hellen Leib des Neugeborenen mit einer Haarnadel und drückte Reiskörnchen für Reiskörnchen in die Wunden.

Die Augen sparte sie sich bis ganz zum Schluss auf.

Die Götter würden es ihr danken.

Kalli stöhnte. Polterfeier am Vorabend, Rumstehen bei der kirchlichen Trauung, Sekt, Sahnetorte, das Gequatsche des Pfaffen, Gratulanten, Geschäftsfreunde, Gäste, Geschenke, Ansprachen, Hochzeitswalzer, heulende Schwiegermutter, betrunkener Schwager, durchgedrehte Gören – als ob das nicht schon stressig genug gewesen wäre! Bei einer schnellen Zigarette vor der Tür hatte Mick ihm gerade zugeraunt, im Keller des Saunaclubs habe er ein spezielles Hochzeitsgeschenk zum exklusiven Einreiten deponiert: Eine neue Lieferung aus Lampedusa.

Lieb gemeint. Aber jetzt hatte Kalli eine Ehefrau an der Backe. Selbst geschaffener Druck! Er rang nach Luft.

Das Jackett hatte er beim Betreten des Restaurants bereits abgestreift und über den Stuhl gehängt. Nun versuchte er den Knoten seiner Krawatte zu lockern. Unvermittelt verlor er das Gleichgewicht und stürzte. Als die Frau neben ihm auf die Knie fiel, platzte ihr weißen Satinkleid seitlich auf. Sie ignorierte es, öffnete mit fahrigen Fingern Kallis Krawatte, die Knöpfe seines Hemds.

Der Brautvater verständigte den Notarzt.

Auf Kallis Haut bildeten sich kleine Pöckchen, stülpten aus, platzten, offene Wunden übersäten seinen Körper, das weiße Hemd, erst rot gefleckt, dann blutbesudelt, klebte ihm am schwellenden Leib, während seine Atmung flach wurde. Die angstvoll aufgerissenen Augen hingen an der Decke, als dräute von dort oben etwas unaussprechlich Schreckliches.

Die Sirene des Rettungswagens heulte vor der Gaststätte auf.

Sie übertönte das Kreischen der Braut, die, dicht über den brechenden Blick ihres frisch Angetrauten gebeugt, Flüssigkeit auf der Wange spürte.

Die Nässe stammte nicht aus ihren Augen.

Sie war aus denen ihres Gatten gespritzt.

Kulinarischer Aufhänger: Reis

Erstveröffentlichung in: *Weil ich John Lennon bin*, Hrsg.: Bartholomäus Figatowski, Verlag Nicole Schmenk Oberhausen 2014
veröffentlicht in: *Zwielicht Classic 8*, Hrsg.: Michael Schmidt, CreateSpace Independent Publishing Platform 2015

MENSCHENSKIND

Nee, ne?« Tanica stöhnte. Wir lehnten am Fenster unseres Zimmers im Naturfreundehaus – traumhafter Blick auf den Bodensee! Wenn da nicht die Neuankömmlinge gewesen wären, die sich mit Taschen und Rollkoffern vor dem Gebäude sammelten. »Wie behindert ist das denn?«

Tatsächlich. Behinderte. Gestern früh hatten die italienischen Handballer sich verabschiedet. Enrico, mio amore! Eine mit Kuli auf ein ausgerissenes Stück karierten Ringbuchpapiers gekritzelte Adresse und ein Schweißband hatte er mir dagelassen. Tanicas in italienisch-englischem Kauderwelsch verfasster Brief von Paolo gab mehr her: »Ti prometto di visit you in the prossima vacanze in Dortmund!« Als wir ausgekichert hatten, hielt Tanica den Bogen mit spitzen Fingern übers Spülbecken und zückte ihr Feuerzeug. Ich gab Enricos Adresse dazu. Das Schweißband entsorgte ich in den Papierkorb. Aus dem ich es allerdings blitzschnell wieder herausfischte, als Tanica auf dem Klo war, um es ganz unten in meinem Koffer zu verstauen. Dass die Adresse längst in meinem Kalender stand, behielt ich für mich.

Einen Tag lang waren wir mit dem Männergesangsverein aus Mannheim allein im Frühstückszimmer und hofften, dass sich unter den angekündigten »Jugendlichen« aus Bad Salzuflen-Knetterheide etwas Brauchbares fände. Das war ja voll in die Hose gegangen. Zwei der

Betreuer schienen immerhin noch in einem Alter zu sein, das mit einem bisschen Augenzudrücken als jung durchgehen konnte. Dafür trug der eine Rasta-Locken, der andere Vollbart. Weia!

Zum Abendessen durften wir die Truppe dann aus der Nähe bewundern. Zwei Rollstuhlfahrerkinder waren dabei, einige, deren Geschlecht nicht ganz eindeutig war, die meisten hinkten, fuchtelten rum, stierten blöde in die Gegend, gaben komische Geräusche von sich und – das war am unappetitlichsten – sabbelten beim Essen.

»Widerlich!«, zischte Tanica, die mit einem voll beladenen Teller vom Buffet zurückkehrte. Sie hatte hinter einem Downsyndromer anstehen müssen, der sich mehrfach etwas auf den Teller geschaufelt und dann wieder zurückgelegt hatte, sobald er etwas sah, worauf er mehr Lust hatte. »Total eklig!« Der bärtige Erzieher war schließlich dazugekommen. »Lass gut sein, Nico, die anderen wollen auch noch was!«, äffte Tanica ihn nach. »Ich hab ihm gesagt, dass ich diese Schweinerei jedenfalls nicht mehr anfassen und schon gar nicht essen werde!«

»Und? Was hat er gesagt?«

»Ich sollte mich nicht so anstellen!« Tanica bebte vor Wut. Sie war gleich zur Niewind und hatte sich beschwert. Die hatte gelacht und das gleiche gesagt. Ausgerechnet die Niewind! Die uns am ersten Abend eingebläut hatte, dass man genau das niemals tun dürfte. Das hätte was mit Hygiene zu tun!

»Wieso wird diese blöde Schlampe eigentlich jedes Jahr zur Vertrauenslehrerin gewählt?«, erkundigte sich Gero, der nichts ausließ, um sich einzuschleimen. Die Jungs aus unserer Klasse checkten einfach nicht, dass sie nicht unsere Liga waren. Erbärmliche Pickelfaces mit Kieksstimme, die auf cool machten, Hosen auf Halbmast, Zigaretten zwischen Daumen und Zeigefinger, sich abklatschten und hinterm Haus dreckige Witze erzählten, über die sie sich stundenlang begeierten. Na ja, manchen der Mädchen schienen sie damit zu imponieren. Aber die waren genauso unterste Schublade.

»Meint ihr, euer Domian wär besser?«, gab ich zurück. Eigentlich hieß er ja Dormin. Aber jeder nannte ihn so, und er fand das okay. Als SV-Lehrer wär man schließlich derjenige, bei dem die Schüler sich Tag und Nacht auskotzen könnten. Letzten Endes war er aber nur wegen den Jungs mitgekommen. Weil die Klassenlehrerin ja nicht bei denen in die Zimmer durfte. Die beiden machten sich ein feines Leben. Die Niewind ließ uns zur Selbstfindung jeden Vormittag ein bisschen mit Wasserfarben malen oder Collagen kleben, ansonsten lag sie in der Sonne rum. Der Domian spielte nachmittags Fußball – klar, nur mit den Jungs – und hockte die meiste Zeit auf der Terrasse vorm Haus rum, rauchte Pfeife und las Zeitung. Abends gabs schon mal einen Film im Frühstücksraum. Schwimmen nur unter Aufsicht, und wir müssten schon viel Glück haben, wenn zweimal am Tag einer mit an den Strand kam. Manchmal mussten wir wandern. Es gab da noch Tischtennisplatten, Billard, Basketballkörbe und Gesellschaftsspiele. Sonst nix! Keine elektronischen Geräte! Genau eine Stunde am Tag – nach dem Frühstück – durften wir unsere Smartphones benutzen, die wurden ansonsten im Safe eingeschlossen. Nach Absprache mit unseren Eltern. Nach einer Woche hatten sie fast alle Zweithandys einkassiert. Wer noch eins hatte, ließ keinen mehr ran. Kein Wunder, dass wir uns an die Italiener hatten ranmachen müssen.

Als der Domian sich nach dem Frühstück breitschlagen ließ, uns beim Schwimmen zu beaufsichtigen, war die Behindertentruppe schon da. Jubelnd und brabbelnd humpelten oder hüpften sie am Ufer hin und her, gruben Zehen in den Sand oder steckten sie kreischend ins Wasser. Die Betreuer hatten jede Menge zu tun. Wir drückten uns vorbei und suchten Zuflucht im See. Der Downer strahlte uns vom knietiefen Wasser aus entgegen, winkte aufgeregt und rief: »Hallo, wie heißt du?« Die Frage war wohl an Tanica gerichtet, aber er guckte sie gar nicht an, sondern fixierte fasziniert ihre Brüste, die das lila Bikinioberteil nur knapp bedeckte.

»Mops und Möpschen«, gab Tanica zurück und hob erst die rechte, dann die linke Brust an, als wollte sie sie ihm anbieten.

Der Junge schien verwirrt. Dann schob er seine Unterlippe vor. »Mops ist ein Hund«, sagte er.

Ich versuchte einzuschätzen, wie alt er sein mochte. Er war kleiner als die Jungs in unserer Klasse. Der Gesichtsausdruck und die Art waren irgendwo zwischen blöde und kindisch, aber ganz so jung konnte er eigentlich nicht mehr sein. Am Kinn hatte er schon ein bisschen Flaum. Seine Augen waren knallblau, das Einzige, was richtig cool an ihm aussah. Der Rest musste man sich wegdenken. Na, ja. Im Vergleich zu den anderen aus seiner Truppe konnte er fast als normal durchgehen. Wenn ich mir unsere Jungs anguckte, die am Steg übten, wie man mit dem lautesten Gebrüll die fettesten Arschbomben hinlegte, wusste ich nicht so genau, für wen ich mich mehr fremdschämte. Die Neuangekommenen beobachteten die Show mit Glubschaugen und offenem Maul.

»Ich bin Nico«, sagte der Junge und streckte die Hand vor.

»Wolltste grabbeln, oder was?«, ranzte Tanica. Sie ging in die Knie, ließ sich ins Wasser gleiten, stieß sich ab und tauchte ganz dicht über dem Grund an ihm vorbei. Er quiekte überrascht und hockte sich hin, als wollte er sie festhalten, verlor dabei aber das Gleichgewicht und setzte sich mit einem Platsch ins Wasser, was für einen neuen Quieker sorgte.

Der Betreuer mit den Rasta-Locken rief: »Alles in Ordnung, Nico?«

Der rappelte sich auf. Seine mit hellblauen Delfinen vor dunkelblauem Hintergrund gemusterte Badehose und der untere Teil des T-Shirts waren klatschnass. Ein Flip-Flop war ihm vom Fuß gerutscht, weshalb er erst einmal eine Weile vornübergebeugt hantierte. Ich winkte, und der Rastafari wandte sich wieder einem kleinen Mädchen zu, dessen Rollstuhl ein Stück weiter oben auf dem Weg am Strand stand. Sie saß mit dickem Popo, Hemdchen und Sonnenhütchen am Saum des Wassers und patschte begeistert in den matschigen Schlick. Ich überlegte, ob die schwappenden Wellen wohl auch den Inhalt ihrer Windel in den Bodensee schwemmten und schauderte. Tanica war ein Stück weiter aufgetaucht und rieft: »Isa! Komm!«

»Nimmst du mich mit?«, fragte der Junge.

»Kannst du denn schwimmen?«

»Ein bisschen.« Er sagte es in Richtung Tanica. Es klang traurig und ein bisschen sehnsüchtig. Ich entschied, dass er mir egal sein konnte, legte mich ins Wasser und schwamm in Richtung meiner Freundin. Als ich bei ihr ankam und mich umdrehte, sah ich ihn am Ufer hocken. Er hatte die Augen mit einer Hand beschattet und guckte in unsere Richtung. Als wir weiter rausschwammen, vergaß ich ihn gleich wieder.

Nach dem Essen war Kinoabend. »Arielle, die kleine Seejungfrau«. Kinderprogramm! Aber welche Alternative gab es?

Auf dem See hatten wir Pläne geschmiedet. Wir wollten nachts bei Mondschein schwimmen gehen. Dafür musste es aber erst mal dunkel werden, und alle mussten schlafen. Schließlich hätten uns alle, die auf der Seeseite untergebracht waren, beobachten können. Da waren viele Fenster! Vor der Niewind und dem Domian hatten wir keine Angst. Die blieben normalerweise auf den Gängen und lauschten an den Türen. In die Zimmer gingen sie nur, wenn sie etwas hörten. Für den Fall, dass die Niewind trotzdem spingsen käme, würden wir mit Klamotten und Badehandtüchern dicke Knubbel unter den Decken bauen, sodass es so aussähe, als schliefen wir fest eingekuschelt. Den Trick hatten wir schon zweimal genutzt, als die Italiener da waren. Zum Glück waren wir zwei in dem Parterre-Doppelzimmer untergekommen. Die anderen Mädchen schliefen zu viert in je zwei Etagenbetten.

Bis dahin konnte man auch ein bisschen im Frühstücksraum bei »Arielle« vor sich hindösen. Dafür war es aber wieder zu laut. Diese Behinderten konnten einfach nicht die Klappe halten. Die meisten kapierten wahrscheinlich eh nicht, worum es ging. Freuten sich aber trotzdem über die Bilder und vor allem über die Musik. Sie schienen den Film schon zu kennen. Schon bei der Intro fingen sie an zu wippen und strahlten. Irgendwie fand ich das dann auch wieder süß, auch wenn sie total dämlich aussahen dabei. Wir waren reingekommen, als der Raum schon dunkel war, und hatten nur darauf geachtet, dass wir weit genug weg von den Jungs und den Sabblern im Rollstuhl saßen. Als Arielle ihr Lied sang: »Sieh dich nur um – ist das nicht schön?«, hörten wir einen Jungen im Stimmbruch hinter uns mitsingen. »Heute und hier – wünsche ich mir – ein Mensch zu sein!« Nico! Inbrünstig und mit geschlossenen Augen. Voll die Seejungfrau! Obwohl seine Angebetete direkt vor ihm saß. Der raffte gar nicht, wie peinlich der war. »Das ist kein Spiel – es ist mein Ziel – ein Mensch zu sein!«, schmetterte er, und als er die Augen wieder aufmachte, glitzerten Tränen darin. In dem Moment tat er mir zum ersten Mal richtig leid.

»Wow!« Tanica kicherte. »Du solltest zu »Deutschland sucht den Superstar« gehen!«

Zum Glück schien er die Sendung nicht zu kennen und schon gar nicht zu kapieren, dass Tanica ihn verarschen wollte. Er guckte nur total dösig.

Irgendwann später, als die kleine Seejungfrau sich auf der Leinwand so richtig in Pose schmiss und ihre Möpse präsentierte, beugte er sich zu Tanica vor und sagte: »Ich liebe Arielle! Die ist wie du. Guck! Der lila BH!«

Tanica prustete los. »*BH*!« Sie schrie es durch den ganzen Saal und alle drehten sich um und johlten, auch wenn keiner den Zusammenhang mitgekriegt hatte. Es gibt so Reizworter, die einen Saal voller pubertierender Kids zuverlässig zum Kochen bringen. Nico wurde knallrot.

An dem Abend dauerte es ewig, ehe alles ruhig war. Als wir endlich aus dem Haus schleichen konnten, stand ein fetter Vollmond am Himmel. Das Wasser war eiskalt. Ich krabbelte ziemlich schnell wieder auf den Steg, hüllte mich bibbernd ins Handtuch und beobachtete Tanica, die in dem glitzernden Streifen, den der Mond aufs Wasser warf, auf den See hinausschwamm. Sie hatte was von Arielle, keine Frage. Okay, die Haarfarbe war Henna, aber es passte super. Im Mondlicht erst recht.

Beim Frühstück waren wir hundekaputt. Wahrscheinlich schwieg Tanica deswegen erst einmal, als Nico mit einem Teller voller Riebeln ankam. Schnallte der gar nicht, dass er mit seiner Anschleimerei das Gegenteil von dem erreichte, was er wollte?

»Die sind superlecker!«, sagte er. »Wollt ihr auch welche?«

Tanica warf ihm einen Blick zu, der einen Elefanten hätte töten können. »Matschepampe!«, knurrte sie.

Ich war nicht scharf auf Riebeln. Aber Tanica war nicht fair. Was hatte er verbrochen? »Holst du mir ein Schälchen?«, fragte ich. Er flitzte zum Buffet.

Ein kleiner pubertierender verliebter Junge. Behindert, okay. Er ahnte, dass er nie eine Schnitte bei Tanica kriegen würde, aber versuchte es trotzdem. Das Lied kam mir in den Kopf. Wie mochte sich das anfühlen, so eine Art halber Mensch zu sein?

»Wieso machst du diesen Hirni noch heiß?«, zischte Tanica.

»Was hat er dir getan?«, gab ich zurück.

Nico kam zurück, in der einen Hand ein Schälchen mit Riebeln, in der anderen schwenkte er einen Streuer. »Nimm Zimt dazu!«

Ich kostete. Es schmeckte gar nicht so übel.

»Ich hab euch gesehen heute Nacht!«, sagte Nico.

Tanica musterte ihn mit zusammengekniffenen Augen. »Ach. Und jetzt willst du uns verpetzen?«

Ich weiß nicht, ob er »verpetzen« kannte. Es schien aber auch gar nicht bei ihm anzukommen. Er lächelte. »Du bist eine Seejungfrau.«

Tanica beugte sich vor. »Weißt du, was Seejungfrauen mit kleinen Jungs machen?«, fragte sie.

Er starrte sie aus großen blauen Augen an.

»Sie locken sie ins Wasser, wo sie elendig ertrinken müssen.«

Er schüttelte den Kopf. »Du bist nicht so.«

Da sagte sie nichts mehr.

Als ich in der nächsten Nacht auf dem Steg hockte und Tanica nachsah, wie sie ihre Bahn im fahlen Licht des Mondes schwamm, hatte er fast unmerklich abgenommen, gerade so viel, dass er nicht mehr so strahlend, eher ein bisschen sorgenvoll wirkte. Oder war es eher mein Gefühl?

Ich zog die Beine an, legte den Kopf auf die Knie und schloss die Augen. Vielleicht bin ich kurz eingenickt, keine Ahnung, ich war auf jeden Fall hundemüde. Plötzlich war da ein Plätschern irgendwo links von dem Steg im Wasser. Ich riss die Augen auf und starrte ins Dunkle. Da zappelte etwas! Zu groß für einen Fisch. Ein Keuchen. Dann rief eine dünne Stimme: »Guck, Tanica!«

Obwohl sie uns den Rücken zukehrte, musste sie es gehört haben. Sie wendete, winkte und rief: »Nicht, Nico!«

Er war schneller weg, als Tanica zurück und ich im Wasser war. Ganz plötzlich. Er hat gar nicht geschrien. Einfach weg. Wir haben getaucht. Wieder und wieder. Nichts! Es war viel zu dunkel, als dass man unter der Oberfläche irgendwas hätte erkennen können. Wir tasteten blind, und immer, wenn ich Tanica zu packen kriegte, dachte ich, ich hätte ihn. Irgendwann war klar, dass es sowieso viel zu spät war. Wir schwammen zum Ufer.

»Was für eine Kacke!«, sagte Tanica. Ihre Stimme zitterte.

Das Haus war vollkommen still. Nirgends ein Licht.

Wir schlichen aufs Zimmer und verkrochen uns in die Betten.

In der Nacht habe ich Tanica zum ersten Mal weinen gehört.

Kulinarischer Aufhänger: Riebeln

Erstveröffentlichung in: Die Mörderin vom Bodensee, Hrsg.: Bettina Hellwig, Wellhöfer Verlag Mannheim 2016

SALZ IN DER PUPPE

Nach dem Putzen muss ich mich regelmäßig übergeben. Es tut gut. Als hätte ich den Hass, der mich antreibt, für einen Moment befrieden können.

Er macht mich stark. Keine Spinnwebe, kein Staubkorn hat den Schimmer einer Chance. Ich unterbreche meinen Kampf gegen den Dreck nur, um von Zeit zu Zeit einen tiefen Schluck aus der Flasche zu nehmen. Aaah! Ich sammle das Nass im Mundraum, bis die Mundschleimhaut es ausgekostet hat, dann lasse ich es Schlückchen für Schlückchen hinunterrinnen. Genieße die Peristaltik des Ösophagus – ja, ich heiße nicht Schantalle oder Schackeline.

Ich habe mich mit den Dingen beschäftigt, die in uns abgehen. Ausführlich. Die Zersetzung beginnt schon in der Mundhöhle, wo man gewissermaßen Blut leckt. Der Name *Rachen* spricht für sich. Ab hier gibt es kein Zurück mehr. Zumindest kein unbeschadetes. Die Speiseröhre ist nicht einfach ein Fallrohr, sondern ein äußerst sensibles Organ, das im Überlebenskampf eine wichtige Rolle spielt. Sie kontrahiert, um den Abgang zu beschleunigen. Gleichzeitig treibt sie damit die Zersetzung voran. Nur: Ich bin hart im Nehmen. Ich genieße es.

Ich erinnere mich: Als Kind war ich sanft, zierlich, immer an der Grenze zur Unterernährung. Das lag nicht etwa daran, dass ich nicht gern aß und trank. Im Gegenteil. Die Langsamkeit, mit der ich alles aufnahm, hatte durchaus mit dem Bedürfnis zu genießen zu tun. Mit dem Wunsch, jede einzelne Geschmacksknospe von der Pore über die Rezeptoren bis zur Weiterleitung an das zentrale Nervensystem mit dem Geschmack vertraut zu machen, um ihn lieben lernen zu können.

Wieso ich das alles weiß und erinnere? Nun, ich hatte genügend Gelegenheit, darüber nachzudenken und zu recherchieren. Man hält mich für beschränkt. Die anderen Kinder konnten nichts mit mir anfangen, ich nichts mit ihnen. Die Erwachsenen schoben mich ab und waren froh, dass ich mich unauffällig verhielt, in Büchern blätterte, von denen sie annahmen, dass mich die Bilder faszinierten. Da ich nicht sprach, ahnten sie lange nicht, dass ich durchaus in der Lage war zu lesen. Sie nannten es schließlich Autismus.

Damals lebte ich schon im Heim. Es dauerte, ehe sie mich in die Selbstständigkeit entließen. Das Putzen hat mir den Weg geebnet. Mein Zimmer war immer blitzsauber. Das Bad, die Gemeinschaftsräume – sie kamen schnell dahinter, wer dafür Sorge trug, dass alles wie geleckt aussah. Es kam ihnen sehr entgegen. Und eröffnete eine berufliche Perspektive für mich. Eine Inselbegabung, die sich verwerten ließ. Anfangs kam ich immer noch ins Heim zum Putzen. Sie finanzierten mein Appartement, kontrollierten mich, fanden nichts zu beanstanden, und als ich andere Jobs vorweisen konnte, die meinen Unterhalt sicherten, übernahm ich selbst den Mietvertrag.

Ich kann nicht klagen. Sie haben mich unterstützt in meiner Selbständigkeit. Die Adresse habe ich meiner Akte nicht entnehmen können. Aber auch in dieser Hinsicht ist meine Neigung nützlich. Man kommt herum, wird in der Regel allein gelassen, hat Gelegenheit, Nachforschungen anzustellen. Man muss nur auf Kameras achten. Eine Seuche, die auch in den Behörden immer mehr um sich greift, sofern die kommunale Finanzknappheit das nicht verhindert. Man kriegt ein Auge dafür. Es sind immer die gleichen Stellen. Da greift man zum Staubwedel, verstellt mit gestapelten Stühlen, Schrubbern und Lappen die Linse, ganz zufällig, um zügig Schreibtischschubladen oder Aktenordner zu sichten. Ich war fix, verfügte über ein fotografisches Gedächtnis und Ausdauer. Schließlich suchte ich die Nadel im Heuhaufen. Das Mindeste, was ich mitnahm, waren gute Zeugnisse und Empfehlungen. Und wirksame Substanzen. Altlasten, die in Putzmittelkammern in den hinteren Regalen dem Vergessen anheimgefallen waren.

Bis ich schließlich fand, was ich suchte.

Es ist nicht gut zu hassen. Wenn ich sage, dass ich von Hass getrieben werde, dann stimmt das nur zu Teilen. Ich lasse mich nicht von ihm beherrschen, sondern habe ihn gründlich studiert, nutze ihn im Wissen, ja, in der Überzeugung, dass er eliminiert werden muss, habe alles getan, ihn zu verstehen, um Wege zu finden, wie ich mich seiner entledigen kann. Ich sehe ja, wie die anderen Menschen leben. Sie sind nicht besser. Hass ist ein weit verbreitetes Motiv, das allerdings gern Mimikry betreibt, seine hässliche Fratze hinter Handlungen verbirgt, die von Liebe und Fürsorge künden.

Meine leibliche Mutter hat mich geliebt. Es war ein reines Gefühl, eins, das ich mit allen Sinnen aufgenommen, im wahrsten Sinne des Wortes mit der Muttermilch aufgesogen habe. Ob es an meiner besonderen Sensibilität liegt oder daran, dass sie mich so lange gestillt hat: Der Geschmack der Milch meiner Mutter hat mich geprägt. Die meisten Kinder vergessen ihn offensichtlich schnell. Erwachsene entwickeln die perversesten Neigungen, was Essen und Trinken angeht. Vielleicht liegt darin der Schlüssel. In der Suche nach dem verlorenen Paradies. Woher rührt denn die Gier nach immer mehr, nach immer spezielleren Genüssen? Hormonhähnchen, Nitritsalate, Tofuwürste, Madenspießchen? Jenseits des ausufernden Produktangebots stehen lebensmittelindustrie-monopolistische Fertigungs- und Verteilungskämpfe, Hungersnöte, Fettsucht, Anorexie, Medikamentenmissbrauch, Folter durch Nahrungsentzug oder -zwang.

Muttermilch ist Manna und Ambrosia zugleich. Durstlöscher und Hungerstiller. Nahrhaft, kräftig, süß und in einer unendlich vielseitigen Geschmackspalette jederzeit verfügbar – vorausgesetzt, die Mutter ist verfügbar und bei guter Gesundheit.

Meine Mutter wurde mir genommen, als ich vier und noch nicht abgestillt war. Ein Unfall. Von mir verschuldet. Das Jugendamt hatte sie nach dem Tod meines Vaters in ein Methadonprogramm aufgenommen, das war die Bedingung für das Sorgerecht. Man drängte sie, mich in einer Tagesstätte unterzubringen. Es war mein erster Tag. Ich hatte mich von der Hand der Erzieherin losgerissen, die mich gerade abführen wollte, war hinter meiner Mutter her gestürzt. Sie stand bereits auf der anderen Straßenseite, als sie mein Schreien hörte und auf dem Absatz kehrtmachte. Ihr liebes Gesicht, die weit aufgerissenen Augen, jede Facette ihrer Iris im Moment des Entsetzens, der Schatten des von links herannahenden Autos haben sich in mein Gedächtnis eingebrannt. Sie wusste, ohne den Kopf zu wenden, dass sie mich verloren hatte und ich sie. Ein Nanosekundenabschied ohne Worte. Was gab es danach noch zu sagen?

Ich kam zu einer Pflegemutter, die mich in einer anderen Tagesstätte unterbrachte und sich mühte, mich zu einem ordentlichen Menschen zu erziehen. Vermutlich war sie genauso schuldig und Opfer wie ich. Ich nehme mich nicht aus. Man muss abwägen. Mancher Schmutz lässt sich abschrubben. Anderer bleibt haften. Dann muss man zu härteren Maßnahmen greifen.

Sie sagte, ich sollte sie ‚Mama' nennen. Es beförderte mein Schweigen. Niemals hätte ich diesen Begriff über die Zunge gebracht. Wie sehr sehnte ich meine Mama herbei. Ihre Wärme, ihr Lächeln, ihren Geruch, ihre Berührungen, den Geschmack der Muttermilch. Alle Versuche der fremden Frau, meine Zunge gefügig zu machen, bewirkten das Gegenteil.

Essen fiel mir schwer. So viele ungewohnte Reize! Zumal so geballt! Feste Nahrung musste ich kauen und einspeicheln, ehe ich sie herunterschlucken konnte. Schon drängte sie mir den nächsten Löffel auf, nötigte mich zum Schlucken. Ich würgte, bis ich erbrach. Es war die einzige Möglichkeit, sie zu stoppen. Sie gab nicht auf. Schimpfte, wischte es weg. Versuchte es von Neuem. Später nötigte sie mich, es selbst aufzuwischen. Zu guter Letzt zwang sie mich, das Erbrochene aufzuessen. Wieder und wieder gab ich es von mir. Bis sie kapitulierte. Oder es so weit verdaut war, dass es drinblieb. Ich gewöhnte mich an den galligen Geschmack. Er prägte mein Lebensgefühl.

Es gab Schlimmeres: Schläge. Eiskalte Duschen oder heiße Bäder, wann immer ich etwas anstellte, das mit Schmutz zu tun hatte. Mit Unordnung oder Dreck. Die Atemnot, wenn ich unter Wasser gedrückt wurde, bis es mir schließlich in die Lunge schoss und sie es aus mir herausschütteln musste! Die immer gleiche Wiedergutmachung: aufwischen, wegputzen, saubermachen. Erst wenn alles wieder in Ordnung war, gab sie Ruhe.

Das bedeutete auch: angenehme Momente. In denen sie mich ‚Püppchen' nannte und mir etwas vorlas. Aus einem Märchenbuch. Viele Wörter, die ich nicht immer verstand, aber aus dem Zusammenhang zu deuten versuchte. Manchmal ein Bild. Von einem Schloss, einem Mädchen mit Krone, Männern mit kurzen Röcken und großen Messern in der Hand, die meine Pflegemutter ‚Schwerter' nannte. Das waren die Guten. Sie töteten die Bösen. Dazu gehörten Frauen mit großen Nasen, die ‚Hexen' hießen und eine gewisse Ähnlichkeit mit ihr aufwiesen. Sie schlachteten und verspeisten Kinder. Böse waren auch Tiere, die ‚Drachen' hießen oder ‚Wölfe'. Letztere ähnelten Hunden, denen wir auf unseren Gängen zum Kindergarten und zum Einkaufen begegneten. Meine Unsicherheit, wie ich Gut von Böse unterscheiden sollte, wuchs. War ich doch selbst abwechselnd ein ‚böses Mädchen', dann wieder ‚lieb' und eine ‚Puppe'.

Sie hatte mir eine Puppe geschenkt. Die sich dadurch auszeichnete, dass sie gar nichts anstellte, dafür alles mit sich machen ließ. Ich konnte ihr etwas in den schmalen Spalt zwischen ihren Lippen pressen, ohne dass sie sich erbrach. Wenn ich sie unter Wasser drückte, passierte nichts weiter, als dass sie anschließend ganz schwer war, die Frau schimpfte, mich schlug und nötigte, das Wasser wieder herauslaufen zu lassen, wofür ich die Glieder der Puppe auseinanderspreizen musste. Es gab Verbindungen aus Gummiband, die in Löcher mündeten. Wenn man sie hochhielt, tröpfelte das Wasser aus ihnen heraus. Nie verzog die Puppe eine Miene.

Bei mir lief das Wasser an einer Stelle zwischen den Beinen heraus. Wenn ich an einem Arm oder Bein in die Luft gehalten wurde, schmerzte es. Wenn ich schrie, setzte es Schläge.

Ich übte mich darin, keine Miene zu verziehen. Keinen Laut von mir zu geben. Nur nicht auffallen, nur nicht stören.

Es half nur bedingt, weil ich fortan als *ge*stört galt.

Das Salz war das Schlimmste. Aber auch das Äußerste, was sie mir antun konnte. Meine Henkersmahlzeit.

Es gab grüne Soße zu Pellkartoffeln. Das gab es häufiger, weil es aus Resten hergestellt werden konnte und billig war. Außerdem leicht zu kauen und zu schlucken. Vielleicht ein Zugeständnis? Mit Sicherheit machte ihr der ewige Kampf ums Essen auch keinen Spaß. Sie schien es nichtsdestotrotz für ihre Pflicht zu halten, mir alles reinzuwürgen, was sie für normal hielt.

Als ich nach der Karaffe mit dem Wasser langte, stieß ich das Salzfässchen um. Es mit dem Moment zu vergleichen, in dem ich in die Augen meiner Mutter sah, wäre ein Verbrechen an meiner Mutter. Dennoch. Ich wusste sofort, dass jetzt etwas ganz Furchtbares passieren würde. Ein winziger Moment der Unachtsamkeit. Den ich nie wieder würde einholen können.

Sie hatte mir das Märchen von der Salzmühle vorgelesen, die, wenn man einen magischen Spruch sagte, Salz mahlte und nicht eher aufhörte, bis man einen bestimmten anderen Spruch sagte. Natürlich mahlte die Mühle im Märchen kein Salz, sie produzierte es. Ich hatte verstanden, dass es in dem Märchen für Reichtum stand. Einen armen Bursche machte es so reich, dass er eine Königstochter heiraten konnte. Dann stahl ein Räuber die Mühle und floh aufs Meer. Auf hoher See befahl er ihr zu mahlen. Er kannte aber nur den ersten Spruch, nicht den, der sie stoppte. Das Schiff füllte sich mit Salz, bis es sank. Deshalb lag jetzt irgendwo auf dem Meeresgrund ein Wrack, aus dem unaufhörlich Salz quoll, sodass die Weltmeere versalzen und vergiftet werden.

Mir war klar, dass ich etwas sehr Kostbares verschüttet und gleichzeitig Unheilvolles in Gang gesetzt hatte. Ich hatte längst verstanden, dass Dosierungen eine Frage der Gewöhnung waren. Aber diese Dosierung war zu hoch. Dreißig Gramm Salz für ein Kind von kaum mehr als zehn Kilo sind tödlich, las ich später. Ich muss ihr zugutehalten, dass sie gerade noch rechtzeitig den Notarzt anrief, nachdem ich ohnmächtig geworden war. Ich lag drei Tage im Koma und wochenlang auf der Intensivstation. Dann kam ich ins Heim.

Als ich viele Jahre später die Zusammenhänge kapierte, hatte ich ihren Namen längst verdrängt. Die Adresse kannte ich nicht. Wahrscheinlich war sie längst umgezogen. Aus mehreren Gründen. Es hatte Zeitungsberichte, ein Verfahren, eine Bewährungsstrafe gegeben.

Ich hatte eine eigene Wohnung, einen Job und ein Ziel. Ich trank regelmäßig zu der Zeit. Aber nie so viel, dass ich die Kontrolle verlor. Natürlich erbrach ich immer wieder. Aber auch das kontrolliert.

Ich tastete mich nach und nach in ihr Umfeld vor. Beobachtete ihre täglichen Wege. Sie war gebrechlich geworden, ein zahnloser Tiger. Schlurfender Gang. Die Stimme, deren Donnerhall ich so gefürchtet hatte – ein jämmerliches Krächzen. Aber ihr Gang, der Gesichtsausdruck, die Art zu sprechen waren unverkennbar. Die fehlende Bedrohung besänftigte mich nicht. Ich legte Köder aus. Abreißzettel am schwarzen Brett in dem Supermarkt: Putzjob gesucht. Am Kiosk an der Ecke: Haushaltshilfe. Besuche nach Vereinbarung. Am Baum vor ihrem Haus: Rasenmähen, Hecke stutzen, Kehrdienste. Fünf Euro die Stunde.

Zehn Anrufer wimmelte ich ab, indem ich auflegte. Dann war sie dran. Ich habe mich mit dem Sprechen immer schwergetan. Für sie habe ich mich überwunden. Wir vereinbarten, dass ich am selben Nachmittag vorbeikommen sollte.

Natürlich erkennt sie mich nicht. Sie mustert mich abschätzig von oben bis unten, dann bittet sie mich herein.

In der Küche weist sie auf einen Stuhl, fragt: »Kaffee?«

»Gern«, sage ich.

Während sie mit Filtertüten und Kanne hantiert, behält sie mich im Auge. Ich lehne mich zurück, taste nach meiner Jackentasche und schaue mich um. Begutachte fachmännisch die Küche. Klein. Sauber. Nicht viel zu putzen. Ich würde zuallererst eine Grundreinigung empfehlen. Schränke ausräumen, Vorhänge abnehmen und waschen, Fenster putzen, Oberflächen sämtlicher Schränke und natürlich auch unter allen Möbeln gründlich sauber machen.

Sie teilt Kaffeebecher aus, setzt sich mir gegenüber und sagt: »Ich brauche Sie nur alle vierzehn Tage. Aber zunächst will ich sehen, ob Sie auch putzen können. Sie beginnen mit einer Grundreinigung: alle Schränke von innen und außen, Fenster, Vorhänge, unter allen Möbeln, Küchenzeile. Dann wollen wir weitersehen.«

Fast hätte ich gelacht. »Gut«, sage ich. »Wann?«

»Von mir aus gleich«, entgegnet sie. »Nach dem Kaffee«, korrigiert sie sich. Erhebt sich, fragt: »Wasser?« Ich nicke. Sie stellt zwei Gläser neben die Tassen und holt aus einem Kasten in der Ecke eine Mineralwasserflasche, aus der sie uns beiden einschenkt. Die fast leere Flasche lässt sie auf dem Tisch stehen. Ich frohlocke. Sie setzt sich, hebt das Glas, sagt: »Auf gutes Arbeiten!«, und trinkt es mit großen Schlucken leer.

Die Kaffeemaschine bullert. Sie steht wieder auf und dreht mir den Rücken zu, während sie mit der Maschine beschäftigt ist. Blitzschnell zücke ich ein Fläschchen aus meiner Jackentasche, kippe den Inhalt in ihr Glas, lasse es wieder verschwinden, hebe die Mineralwasserflasche an, drehe den Deckel ab, fülle ihr Glas und frage: »Mehr?«

Sie dreht sich um, wirkt überrascht, sagt: »Danke!«

Dann gießt sie den Kaffee ein.

Sie lässt mich nicht allein. Beobachtet genau, wie ich vorgehe. Hockt wie eine Spinne in der Tür und lauert, ob ich einen Fehler mache, eine Nachlässigkeit begehe. Erst als ich den zweiten Schrank ausgeräumt habe, macht sie einen Schritt vor und greift wieder nach ihrem Getränk. Sie scheint erhitzt, stürzt den Inhalt herunter. Das kurze Zögern, ehe sie das Glas auf dem Tisch absetzt, entgeht mir nicht, auch wenn sie sich nichts anmerken lassen will. Jetzt lehnt sie am Türrahmen. Schweißtropfen auf der Stirn. Dann verschwindet sie im Bad.

Ich nutze die Gelegenheit einen tiefen Schluck aus dem Fläschchen zu nehmen, das ich behände wieder aus meiner Jacke ziehe. Aaahhh! Das Nass im Mundraum sammeln, bis die Schleimhaut es ausgekostet hat, dann Schlückchen für Schlückchen herunterrinnen lassen. Meine Speiseröhre krampft. Dann der Magen. Ich bin gespannt, wie er auf das Pulver reagiert. Er wird mehr vertragen als ihrer. Die tägliche Dosis Reinigungsmittel hat ihn abgestumpft. Ich bin ein ordentliches Mädchen. Anders als die Hexe, die eben aus dem Bad zurückkehrt. Bleich.

Sie lässt sich auf einen der Küchenstühle plumpsen. Ich beginne, die Schränke wieder einzuräumen, obwohl mein Magen revoltiert.

»Sie können das auch ein andermal weitermachen«, sagt sie. Die Stimme ist zittrig.

»Geht es Ihnen nicht gut?«, frage ich. Es ist einer der längsten Sätze, die ich in meinem Leben gesprochen habe.

Sie tupft die Stirn mit einem Taschentuch, dann die Lippen. Wenn es in ihr auch nur ansatzweise so brodelt wie in mir, muss es ihr ziemlich dreckig gehen. Im Gegensatz zu mir hat sie nicht gelernt, dass man keine Miene verziehen darf. Ihr Gesicht ist eine Fratze. Oder ist das meine verzerrte Wahrnehmung?

»Gehen Sie«, sagt sie. »Oder – könnten Sie vielleicht – Wasser!« Sie lallt.

Ich gieße ihr aus meinem Fläschchen ein. Sie kriegt es nicht mit, weil sie die Augen geschlossen hat. Als ich ihr das Glas an die Lippen halte, trinkt sie gierig, Erlösung erhoffend – und gurgelt. Ich halte mit der einen Hand ihren Kopf fest, mit der anderen kippe ich nach. Die Säure läuft ihr aus den Mundwinkeln, tropft auf die Brust, macht hässliche Flecken. Sie wimmert. Ich trinke das Glas aus, fülle es wieder, biete ihr an. Sie schüttelt entsetzt den Kopf, gibt Geräusche von sich, die wahrscheinlich Schreien sein sollen, aber kaum ein Krächzen sind.

»Salz!«, sage ich.

Ich weiß ja jetzt, wo es steht. Fische es aus dem Schrank. Als ich ihr ein Löffelchen anbiete, presst sie die Lippen zusammen. Wie ein ungezogenes Kind.

»Ein Löffelchen für dich, eins für mich«, sage ich. Offensichtlich werde ich so kurz vor Toresschluss noch einen persönlichen Wortrekord aufstellen. Ich erinnere genau, wo sie immer angesetzt hat, um meine Kiefer auseinanderzuzwingen, bohre meine Finger in ihre Wangen und drücke den Löffel zwischen ihre Zähne. Da hilft kein Husten und Würgen. Erst als das Salz in ihrem Mund verschwunden ist, nehme ich auch einen Löffel. Zeige ihr, wie das geht: Mund auf, aaaahhh, Löffel rein, Mund schließt sich, Löffel wird geleert, schlucken. Schlucken! Schluckst du wohl? – Braves Kind!

Es ist die Hölle. Was in mir abgeht, übertrifft alles, was ich von klein auf schlucken musste. Aber: Es tut gut! Sie leidet. Ich genieße. Genieße mit jeder Faser meines Leibes, wie es in ihr und mir tobt. Orgiastischer Schmerz. Ein Löffelchen für dich, ein Löffelchen für mich. Im Gegensatz zu ihr bin ich gerecht. Dreck gehört eliminiert. Gründlich. Ich spüle mit der mit Arsenik versetzten Säure nach. Sie wehrt sich nicht, wimmert nur schwach, dann bildet sich ein nasser Fleck in ihrem Schoß, dem Geruch nach hat sie auch den Darm nicht mehr unter Kontrolle.

Als sie den ersten Schwall erbricht, lasse ich mich auf den Stuhl neben sie fallen.

Es. Geht. Mir. Gut.

Endlich.

Kulinarischer Aufhänger: Salz

Erstveröffentlichung in: *Mit Genuss ins Jenseits*, Grafit Verlag Dortmund 2015

NEEWE DE KAPP

Meine Eltern hatten mich auf den Namen *Andreas* getauft. Schlimm genug. So heißen nur Opas. Meiner jedenfalls, dem sie damit eine Freude machen wollten. Klar, dass jeder *Andi* zu mir sagte. Der Familienname *Nieren* war der größte Fail. *Andi Nieren.* Das Weichei. Die Kindergärtnerin in der Vorschule nannte mich liebevoll *Chrischtkinnel.* Ich fühlte mich geschmeichelt. Dass es für jemand Weinerliches stand, kapierte ich erst später. Es ist mir nie aus dem Kopf gegangen. Dass du dich von jemandem beachtet, geehrt, ja, ausgezeichnet fühlst, und in Wirklichkeit macht er sich über dich lustig. Da kannst du gar nichts machen. Außer misstrauisch werden und dir einen Panzer anfressen. Der Hunger nach Zuwendung wird dadurch nicht kleiner. Wieder und wieder und wieder fällst du auf Blender rein, die tun, als wären sie deine Kumpel, und dich umso nachhaltiger niedermachen.

An der S-Bahn-Station Lambrecht schlich ich an dem trutzigen Postturm vorbei, die Hauptstraße entlang, bog erst links, dann rechts, Richtung ehemalige Tuchfabrik in die Klostergartenstraße ein. In warmen Braun- und Gelbtönen empfing mich das Seniorenheim. Hoffnung machte ich mir keine. Hauptschule, Berufsvorbereitung, Bewerbungen, Praktika, immer nur Absagen … Altenpfleger würden gesucht, hatte die Frau vom Arbeitsamt gesagt.

Sie nahmen mich tatsächlich.

»Andreas oder Andi?«, fragte Danny, den ich am ersten Tag begleiten sollte.

»Egal.« Meinen Nachnamen hatte ich gar nicht erst genannt.

Sein Blick ging einmal an mir runter und wieder hoch. »Anpacken wirst du wohl können. Da sind ganz schöne Brocken drunter.« Er grinste und wies mit dem Kinn in einen Flur, wo ein paar Gestalten in Rollstühlen kauerten und vor sich hin stierten. »Aber keine Sorge. Zur Not gibt's Diät.«

Meinte er die Alten oder mich?

Ich folgte ihm auf die Demenzstation, wo wir Frühstück auf die Zimmer verteilen sollten.

»Zimmer fünf«, wies er mich an und zog ein Tablett aus dem Essenswagen.

Ich klopfte.

»Da kannst du lange warten«, sagte er. »Mach auf!«

Drinnen war es dämmrig. Muffiger Geruch empfing uns. Eine zierliche alte Dame saß im Morgenmantel auf dem Bett und blickte uns an, ohne eine Miene zu verziehen.

»Guten Tag.« Ich streckte ihr meine Rechte entgegen.

Ihr Blick senkte sich. Sie stützte die Hände auf und baumelte mit den Füßen.

»Kein Grund sich anzustellen, Frau Erkelenz«, sagte Danny. »Das ist der Andi. Der kommt jetzt öfter.«

»Schnürsenkel zumachen«, entgegnete sie.

Ich guckte ratlos zwischen ihr und Danny hin und her. Sie trug Filzpantoffeln, wir beide Sneaker mit Klettverschlüssen.

»Wir spinnen mal wieder ein bisschen, was, Frau Erkelenz?« Danny setzte das Tablett auf dem Tischchen ab, riss die Vorhänge auf und öffnete das Fenster. Sonnenstrahlen fluteten das Zimmer.

Sie schlug die Hände vor die Augen.

»Wir haben Ihr Frühstück gebracht«, sagte ich. »Guten Appetit!«

Ihre Hände blieben vors Gesicht gepresst, sie schüttelte den Kopf und krächzte: »Tür zu!«

Danny packte sie am Ellenbogen, zog sie vom Bett und zum Stuhl. »Essen fassen!«, sagte er.

Zu mir: »Los! Oder willst du hier übernachten?«

Im Rausgehen warf ich einen Blick auf die Alte, die neben dem Stuhl stand, Hände vorm Gesicht.

»Kommt die klar?«, fragte ich, als ich die Tür hinter uns geschlossen hatte.

»Klar kommt die klar«, gab Danny zurück. »Die ist noch mit am besten drauf. Aber wer nicht will, will nicht. Hier wird keiner zwangsernährt, der noch selbst essen kann.«

Tatsächlich lernte ich in der Folgezeit einige Patienten kennen, die wesentlich schwieriger waren. Die schimpften und sich wehrten, wenn sie angefasst wurden. Andere, die im Bett lagen und nicht reagierten, sodass wir sie zu zweit nur mit Mühe an den Tisch bugsiert kriegten. Die über und über blaue Flecke trugen.

»Bei denen musst du zum Waschen schon Gewalt anwenden«, meinte Danny nachher. »Oder Tricks. Celina kann dir ein Lied davon singen. Die und Michael waren heute dran.«

Ich verkniff mir die Bemerkung, dass die meisten in Hinsicht auf Körperhygiene eher vernachlässigt wirkten.

Michael und Celina lernte ich im Besprechungszimmer kennen. Danny lobte meine Anstelligkeit. Puh. Es sah gut aus.

Am nächsten Morgen kam ich auf die Pflegestation zu den Bettlägerigen. Anfangs sollte ich überall einmal schnuppern.

Den dritten Tag verbrachte ich mit Robert Bröhl, dessen Klienten durchweg gut zurecht waren. Im ersten Zimmer öffnete auf unser Klopfen hin ein kleiner Mann mit schütterem Haar.

»Guten Tag«, sagte Herr Bröhl. »Darf ich unseren neuen Mitarbeiter vorstellen? Andreas Nieren – Herr Nikolaus Harbold.«

Der Mann lächelte. »Kein leichter Name, oder?«

»Wieso?« Ich spürte, wie mir das Blut in den Kopf schoss.

»Sie werden mit Sicherheit *Andi* genannt.«

Ich schwieg.

»Die jungen Leute wollen ja meist mit Vornamen angesprochen werden. Darf ich Sie Andreas nennen?«

»Egal.« Zum ersten Mal war es mir tatsächlich egal.

»Freut mich.« Er streckte mir die Hand entgegen. Auf dem Unterarm prangte eine tätowierte Nummer.

»Uff!«, entfuhr es mir.

Die Männer waren meinem Blick gefolgt.

»Herr Harbold war im katholischen Widerstand«, sagte Herr Bröhl. »Er war im Lager Osthofen, später Dachau und schließlich Auschwitz.«

Mir wurde heiß. Neugier, Wut und Scham – vor allem Scham. In der Schule hatte ich es nicht glauben wollen. Wie konnte es sein, dass Menschen anderen Menschen so was antaten? Christen, Deutsche, Menschen wie ich?

»Vielleicht erzählt er Ihnen mal davon«, meinte Herr Bröhl. »Jetzt müssen wir weiter.«

Herr Harbold sagte nichts. Keine Ahnung, wie ich das deuten sollte. Aber er war nett gewesen. Als ich ihn nach Feierabend im Aufenthaltsraum allein sitzen sah, ging ich zu ihm hin. »Guten Abend.«

Er sah flüchtig von dem Spielbrett auf, das vor ihm stand. »Spielen Sie Schach?«

»Nein.«

»Wollen Sie es lernen?«

Seitdem trafen wir uns regelmäßig. Viel sprachen wir nicht. Eigentlich nur über Schach. Außer mir schien es niemanden zu geben, der ihn besuchte. Da er schlecht zu Fuß war, kam er kaum vor die Tür. Von Zeit zu Zeit fragte er, wie mir die Arbeit gefiel, und ich erzählte ein bisschen, ohne ins Detail zu gehen. Die Probezeit betrug ein halbes Jahr.

Ich war jetzt fest in der Demenzabteilung, wo ich wechselweise mit Danny, Michael und Celina arbeitete. Ganz offensichtlich die unbeliebteste Station. Was den rauen Ton, der mir bei Danny am ersten Tag aufgefallen war, erklärte. »Die sind nur mit Humor zu ertragen«, meinte Celina, als ich ihr beim Waschen assistierte. Sie zeigte mir, wo die Alten kitzelig waren, und wollte sich schier ausschütteln vor Lachen, als sich Frau Arendt von Zimmer sechs bepinkelte, weil sie beim Auskleiden durchgekitzelt wurde. Besonders witzig fand sie, wenn die Patientinnen wohlig stöhnten, während sie sie im Intimbereich hingebungsvoll einschäumte. Michael riet, den Männern einen Steifen zu verschaffen, was die Reinigung erleichterte. Wenn ich ihnen eine Freude machen wollte, sollte ich rubbeln, bis sie ejakulierten. Herr Otto gäbe dann Geräusche von sich wie Igel beim Liebesspiel.

Ich bedankte mich für die Tipps, ohne sie zu befolgen. Als sie mich in ihre WhatsApp-Gruppe »Neewe de Kapp« aufnahmen, kommentierte ich ihre Witze unter der Gürtellinie ein paar Mal mit »Haha«. Als sie ein Video teilten, in dem Frau Erkelenz sich unter der Dusche mit einer Klobürste den Rücken rubbelte, schrieb ich: »Soll das lustig sein?«, und wurde umgehend aus der Gruppe entfernt.

Wochen später starb Frau Erkelenz, kurz darauf Frau Arendt. Die ganze Zeit hatte ich gegrübelt, ob ich die Vorfälle melden sollte. Das hatte sich zum Glück erledigt. Das Ende der Probezeit rückte näher. Statt mich in die Nesseln zu setzen, wollte ich Positives bewirken.

Am sechsten Dezember, seinem Namenstag, nahm ich mir frei, um mit Herrn Harbold den »Märchenhaften Weihnachtsmarkt« zu besuchen. Gleich hinter dem Speyerbach, mit Rollator gut zu erreichen, waren nahe der Pankratiuskapelle und dem alten Schulhaus von 1612 rund um das mittelalterliche Rathaus, das Zunfthaus der Tuchmacher, und die ehemalige Klosterkirche Sankt Lambrecht Buden aufgebaut. Wir legten viele Pausen ein. Er sprach auch jetzt nicht viel. Warum kam mir das *Chrischtkinnel* wieder in den Sinn?

Ich hatte ihn nach seinem Lieblingsessen gefragt. Zurück im Heim, bereitete ich ihm nach Absprache mit der Küche ein spezielles Mahl zu: Saure Nierchen mit Kartoffelpüree und Rote Beete. Als ich ihm das Tablett servierte, schloss er für einen Moment die Augen. Dann sagte er: »Du bist ein guter Junge, Andi.«

Das *Du* fühlte sich gut an. Der *Andi* auch. Bis dahin war er bei *Sie* und *Andreas* geblieben.

Während er sich über das Essen hermachte, bat er mich zu erzählen, wie ich mich mittlerweile eingelebt hätte. Unter dem Siegel der Verschwiegenheit beichtete ich ihm, wie es auf der Station herging. Zeigte ihm die gespeicherte Aufnahme von Frau Erkelenz.

Er betrachtete sie. Sagte schließlich: »Es geht gegen die Menschenwürde.«

»Sie ist tot«, sagte ich.

»Ich meine nicht Frau Erkelenz«, sagte er. »Wer so was macht, gibt die eigene Würde auf.«

Ich hab die ganze Nacht darüber nachgedacht. Und geheult. Auf einmal schien es so klar: Erniedrigten nicht alle, die sich über mich und andere lustig machten, in erster Linie sich selbst?

Anderntags erfuhr ich, dass Herr Otto und Herr Harbold auf der Intensivstation lägen. Kurz darauf erschienen zwei Polizisten in Zivil, die mich verhafteten.

Was war passiert?

Herrn Otto war eine Überdosis an Morphium und Insulin verabreicht worden, Herr Harbold kurz darauf mit Vergiftungserscheinungen, akuter Atemnot und Herzstillstand eingeliefert worden. Die letzten Todesfälle, Erkelenz und Arendt, sollten daraufhin unter die Lupe genommen werden. Da die Verstorbenen eingeäschert worden waren, ließ sich nichts mehr nachweisen, aber ich musste detailliert angeben, was ich wann und wo getan und beobachtet hatte.

Was konnte ich sagen, außer meine Unschuld zu beteuern?

Auf Celinas, Michaels und Dannys Handys fanden sich »Neewe de Kapp«-WhatsApp-Chats nach meinem Rausschmiss, die neben anderen Schweinereien belegten, dass alle drei an Planung und Durchführung der Verabreichung von Medikamentencocktails an Frau Erkelenz, Frau Arendt und Herrn Otto und anderen beteiligt waren, die in zwei Fällen zum Tod geführt hatten.

Herr Harbolds Vergiftung stellte sich als anaphylaktischer Schock heraus. Eine allergologische Untersuchung ergab im Pricktest eine dreifach erhöhte positive Reaktion auf rohe, gekochte und als saure Nieren zubereitete Schweineinnereien. Eine urplötzlich aufgetretene Allergie, die er dank schneller Reanimierung durch den Notarzt überlebte und letzten Endes ein Gutes hatte: Meine Unschuld konnte bewiesen, mehrere Mordanschläge erkannt und die Mörder überführt werden.

Zum Weihnachtsfest bereitete ich Herrn Harbold seine zweit-, jetzt liebste Leib-und-Magen-Speise zu: »Gequellde mit weiße Kees«. Als Kind hatte ich sie nicht leiden können, geglaubt, es hieße »Gequälte«, obwohl es für »Gequollene« stand. Schon erstaunlich, was Vorstellungen ausmachen.

Menschliche Niedertracht brauche Erniedriger und solche, die sie annähmen, sagt Herr Harbold. Friede auf Erden sei Herzenssache. Aber gelegentlich müsse dazu erst ein Schalter im Kopf umgelegt werden.

Kulinarischer Aufhänger: Saure Nieren

Erstveröffentlichung in: *Pfälzisch kriminelle Weihnacht,* Hrsg.: Kerstin Lange, Wellhöfer Verlag Mannheim 2019

INS AUGE

Schokoladenfinger an dem beigefarbenen Autositz. Was gab es heute schon wieder?

Kokokadekeuselbot, sagt Schnuckelchen.

Und das um kurz vor sechs. Abendbrotzeit! Wo die alte Hexe genau weiß, dass ich nach der Arbeit noch nichts gegessen hab. Klar, für mich tut's eine Stulle allein am Schreibtisch auch. Ich muss nicht mehr wachsen.

Nie gab's Schokoladenstreusel früher. Nur einmal, in Holland, bei dem Urlaub mit diesen Freunden. Wie schön, hieß es, da hast du doch jemand zum Spielen. So alt wie du.

Die dumme Pute, die meiner Puppe Klara ein Auge eingedrückt hat.

Stell dich nicht so an, hieß es. Es war ihr peinlich vor ihren Freunden.

Die Schokoladenstreusel kamen von den Dummeputeeltern. Bei der Hexe gab's das nie.

Nie wieder sind wir mit den Freunden gefahren. Gleich nach unserer Ankunft zu Hause wurde ich übers Bett gelegt, und dann gab's Gürtel. Vom Büttel. Dabei war dem Auge von der Pute gar nix passiert. Nur ein Riesengeschrei hat sie gemacht.

Schnuckelchens Hände sind jetzt sauber. Braune Schlieren auf dem Beifahrerfenster. Ich hasse Putzen. Heute Abend Schreibtisch.

Wollen wir was essen, Schnuckelchen? Wir beide?

Schnuckelchen guckt durch das braune Schlierenfenster. Bin satt.

Rabenaas.

Kommt von Raben*mutter*. Diese alte Hexe mit dem einen Auge, das sie auf Schnuckelchen geworfen hat.

Später, am Schreibtisch, kommt sie natürlich doch.

Hunger!

Du wolltest nix.

Kulleraugen. Hunger!

Augenblick!

Ich schmiere ihr eine.

Sie schüttelt den Kopf. Kokokadekeusel!

Du kannst mich mal! Ich ziehe Schnuckelchen vom Bett und schicke sie mit einem Klaps aus dem Zimmer. Auf der Schwelle bleibt sie stehen. Guckt böse.

Oma gehen!

Ich presse beide Augen zu, drücke die rechte Faust an die Schläfe. Zerre Schnuckelchen ins Kinderzimmer, schubse sie aufs Bett. Lisa guckt mich strafend an. Aber Schnuckelchen muckt nicht. Sie schnappt sich Lisa. Dreht mir den Rücken zu. Drückt Wut in sich rein.

Morgen Oma!, sagt sie zu Lisa.

Ich mache die Tür fest zu. Immer hat die Hexe die Tür fest zugemacht. Und wenn ich leise, leise die Klinke vorsichtig herunterdrückte, um einen schmalen Lichtstreifen in mein Zimmer zu lassen, dann hatte sie hinter der Tür gelauert, und es gab Gürtel vom Büttel.

Schiebe Stulle am Schreibtisch in mich rein. Wut in den Bauch.

Ich hab's noch im Gefühl, erst so weich und dann das Knacken, unhörbar, nur spürbar. Bei der dummen Pute hat's nicht geknackt, als ich ihr die Daumen aufs Auge gedrückt hab. Vor lauter Geschrei hätte man's auch gar nicht hören können. Aber gefühlt hätte ich's. Bei der alten Hexe hab ich's gefühlt. Sie war gerade eingeschlafen, da hab ich meine Zimmertür leise, leise aufgemacht. Kein Lichtstreif fiel mehr rein. Sie sah ganz friedlich aus. Aber ihr Schnarchen verriet sie. Der Büttel schnarchte noch lauter. Da hab ich ihnen die Gürtel heimgezahlt.

Jetzt rächt sie sich, indem sie mir Schnuckelchen wegnimmt.

Leise, leise öffnet sich die Tür hinter meinem Rücken. Schnuckelchen steht da. Diesmal ist sie nicht allein. Sie hat Lisa mitgebracht. Lisa glotzt mich böse aus einem blauen Glasauge an.

Das andere ist eingedrückt.

Kulinarischer Aufhänger: Schokoladenstreusel

Erstveröffentlichung in: *Konkurrenz und Solidarität,* Texte für die Theaterszenen »Wie es ist ... 13 weibliche Ansichten«, Kooperation CuC-Theater und Frauenbüro Stadt Erftstadt 2004

veröffentlicht in: Haller, *Literaturzeitschrift Version 8*, Hrsg.: Corinna Griesbach, Monschau 2013

veröffentlicht in: *24 kurze Albträume*, Hrsg.: Tom Falkenberg, Begedia Verlag Mülheim an der Ruhr 2013

WENN DER POSTBOTE ZWEIMAL KLINGELT

Im Frühsommer hat die Woolworth-Filiale Kleve mich nach fast exakt fünf Jahren wegrationalisiert. Sie haben mir noch nicht mal mehr die paar Cent auf der Untertasse gegönnt. Stattdessen gab's jetzt Münzautomaten und eine outgesourcte Putzkolonne für die Kundentoiletten.

An meinem letzten Arbeitstag hab ich mir aus dem Aktionssortiment am Eingang einen Prosecco genehmigt und mir zu Hause die Kante gegeben. Genau genommen war es ein Scheißjob gewesen! Aber nachdem ich mich bald dreißig Jahre lang durch diverse Firmenpleiten und Umstrukturierungen steil abwärts gearbeitet hatte, musste ich ja froh sein, wenn es mir gelang, mich mit irgendwelchen Drecksarbeiten bis zur Rente über der Hartz-IV-Grenze zu halten!

Am anderen Morgen klingelte es. Ich beugte mich mit dickem Schädel über das Geländer und fuhr erschrocken zurück. Ein puterrotes Gesicht mit grimmigem Ausdruck starrte mich an. Umrahmt von grauen Haaren und gelber Postjacke. Der Mann kam keuchend die Treppe herauf, hielt mir ein Päckchen entgegen und tat gerade so, als sei die Tatsache, dass ich im vierten Stock wohnte, ein persönlicher Affront gegen ihn. Okay, sein Leibesumfang hatte eher Homer-Simpson-Format. Wobei man sich Homer im Vergleich zu diesem Postboten als veritablen Sonnenschein vorstellen musste.

Ich hob abwehrend die Hände. »Ich hab nichts bestellt.«

»Ihr Name steht aber drauf«, sagte er nach einer schnellen Vergewisserung am Namensschild neben der Tür und setzte nach: »Nu zieren Sie sich nicht so, junge Frau!« Da Frauen im Rheinland üblicherweise zunächst als ‚Mädchen', mit steigendem Alter dann als ‚junge Mädchen', als ‚Frauen' und schließlich als ‚junge Frauen' bezeichnet werden, konnte ich seine Anrede getrost als Unverschämtheit verbuchen. Immerhin hatte ich meinen Haar- und Bauchansatz noch unter Kontrolle!

Ich beäugte das Gebinde aus sicherer Entfernung.

Sein inneres Augenverdrehen war unüberhörbar: »Da ist auch keine Nachnahme drauf!«

Ich verschränkte die Arme. »Könnte ja eine Rechnung drin sein.«

Da ich mich weigerte, ihm das Päckchen abzunehmen, setzte er es vor mir auf dem Treppenhauspodest ab, zückte ein Schneidemesser aus der Jackentasche und hielt es mir unter die Nase.

»Jetzt gucken Sie schon nach!«, sagte er. »Ich muss es schließlich wieder mitschleppen, wenn Sie sich weigern, es anzunehmen!«

Er legte das Messer neben das Päckchen und lehnte sich schnaufend an die Wand, ebenfalls mit verschränkten Armen.

Ich nahm es in die Hand. Es war höchstens zwanzig Zentimeter hoch, rechteckig und wog nicht viel. Die Absenderadresse stand ziemlich klein links oben: mein Arbeitgeber a. D.

Vorsichtig schlitzte ich es auf und fand ein Gratifikationskärtchen. Für fünf Jahre Treue blablabla! Dazu eine Flasche aus dem Pflegesortiment »Für die reife Frau«. Ich hatte Mühe, das Zittern in meinen Händen zu unterdrücken.

»Zufrieden?«, grinste der Postbote mit Blick auf die »reife Frau« und steckte das Messer wieder ein.

»Danke«, sagte ich, ließ das Ding in den Karton fallen und hastete in die Wohnung zurück. In der Küche angekommen schleuderte ich die Flasche mit einem Wutschrei an die Wand, sodass sie in tausend Stücke zersprang. Es war mir egal, ob der Paketbote es hörte.

Auf der Suche nach einem neuen Job klapperte ich mit dem Fahrrad die Klever Kaufhäuser, Büros und Cafés ab. Keine Chance. Dann die umliegenden Orte. In Emmerich in der Wallstraße wies mir der Geruch den Weg zum Eingangstor der Schokoladenfabrik Lohmann. »Aushilfe zur Endkontrolle gesucht«, stand im Schaukasten neben dem Fabriktor.

Es sei nur eine befristete Arbeit, warnte mich der Vorarbeiter, der mich einweisen sollte. Der süße, alle Sinne betäubende Schokoladenduft, der in der Werkhalle waberte, stand in merkwürdigem Widerspruch zum sterilen Äußeren der Produktionsstätte. Schwarze Transportbänder, Edelstahlkessel und Glaskabinen, in denen Mitarbeiter in weißen Kitteln Messgeräte überwachten, erinnerten eher an ein gigantisches Labor als an eine Stätte sinnlicher Genüsse, ein süßes Schlaraffenland.

»Es gibt ein Bruch-Deputat«, sagte der Mann. Er war anscheinend mit den enttäuschten Reaktionen der Neuankömmlinge vertraut, die sich, vom Geruch magisch angezogen, mit einem Fließbandszenario konfrontiert sahen, das am Ende genauso gut Tangas oder Toaster hätte ausspucken können.

»Ich bin nicht scharf auf Schokolade«, versicherte ich ihm. Er streifte mich mit einem überraschten Blick. Dann wies er auf die Maschine, aus deren Öffnung in Stanniol gewickelte Weihnachtsmänner auf ein Band kullerten. Das Band schob sie zu einer Reihe von Pappkartons, in die die Schokomänner plumpsten, während die Kartons langsam weiterbefördert wurden, sodass immer fünf Figuren nebeneinander zu liegen kamen. Dann war der Karton voll, und der nächste schob sich vor. Weiter hinten wurden Deckel über die Kartons gestülpt. Dann erreichten sie eine andere Halle.

Der Mann führte mich zum Band mit den offenen Pappkartons.

»Die Stanniolmaschine muss noch eingestellt werden. Sie produziert zu viel Bruch«, meinte er. »Der Ingenieur ist da dran. In der Zwischenzeit brauchen wir eine Endkontrolle. Ihre Aufgabe ist, die Jungs in den Kartons kurz abzutasten, ob sie in Ordnung sind. Klar?«

Ich nickte.

»Es ist nicht ohne«, sagte er. »Immer locker in den Fingern bleiben!« Er klopfte mir auf die Schulter und ging.

Ich fischte die Weihnachtsmänner aus den Kartons, befühlte sie mit flinken Bewegungen und legte sie wieder ab. Der Job war genau richtig für mich! Eine Schokofigur nach der anderen hob ich hoch und tastete über ihre Wölbungen. Sie fühlten sich zierlich, leicht, glatt, fließend geformt und irgendwie ungeheuer reizvoll an! Es begann mit dem leicht abgerundeten Zipfel an der Mütze, dann wölbte die Mitte sich unter meinen tastenden Fingern, um sich zum Schaft hin leicht zu verjüngen, während der Fuß wieder konvex zulief. Perfekt! Ich konnte genau spüren, wie zart der Kopf der Figur war, während der Leib sich kräftiger anfühlte und der massive Schaft aus einer dicken, druckfesten Schokoladenschicht bestand. Entsprechend gestaltete ich den Bewegungsfluss: Ich streichelte zart über den Kopf, fühlte mit etwas Druck den schwellenden Körper, während ich ihn am Schaft festhielt, legte ihn ab, griff den nächsten und erforschte seine Kopfform mit den Fingerspitzen.

Der Ausschuss hielt sich in Grenzen. Vermutlich war die Mechanik im Inneren der Maschine nur eine Spur zu fest eingestellt. Während ich die Figuren abtastete, stellte ich mir die Schablone drinnen vor, die sie in einer Bewegung umfassen konnte, jede Wölbung und Einbuchtung packend, das Stanniol passgenau anpressend, und ich war neidisch. Wie gern hätte ich jedes Detail auf einmal gespürt, wie bei dem kleinen Osterhasen aus meiner Kindheit, der sich genau in meine Hand geschmiegt hatte!

Gewiss, das Abtasten hatte seinen eigenen Reiz. War nicht schon in der Spitze die Verheißung auf die ansteigende Wölbung des Mannes zur Mitte hin angelegt? Wies der ausladende Bauch nicht schon auf die leichte Verjüngung zwischen Gesäß und Stiefeln hin? Ist es nicht die Vorahnung, die Erwartung, die uns zur höchsten Ekstase treibt? Ich spürte

Gier in mir aufsteigen. Je mehr Weihnachtsmänner durch meine Hände gingen, desto größer wurde sie, die Lust, den nächsten und übernächsten zu packen, zu ertasten. Wie ein unstillbarer Hunger überkam es mich. Meine Finger flogen über die Körper – ah, dieses Stanniol! Knisternde Verheißung! Unter meinen gleitenden Fingern schmiegte sich die Aluminiumfolie wie eine zweite Haut an die Schokolade. Was sage ich? Es war die Haut! Darunter war der Mann völlig nackt, nichts als eine Masse, die unter meinem warmen Händedruck dahin schmölze, wenn ich ihn nur ein wenig länger drückte …

Knacks!

Das Geräusch war unhörbar unter all dem Dröhnen und Schnurren, das die Halle erfüllte. Dennoch zuckte ich zusammen und schaute mich verstohlen um. Keiner guckte.

Ich hatte es deutlich gespürt. Das Knacken, als der Brustkorb zwischen meinen Fingern nachgab. Die Lust!

Widerstrebend ließ ich den Mann in die Kiste plumpsen, die für den Bruch bestimmt war. Der nächste Karton zog vorbei. Ich arbeitete hastig weiter, fasste nach dem nächsten Weihnachtsmann. Ich musste vorsichtig sein. Mir nichts anmerken lassen. Er blieb kalt unter meinen Fingern. Ein Hohlkörper, nichts weiter. Der nächste. Noch einer. Ich versuchte, mich auf andere Dinge zu konzentrieren. Auf das Dreckswasser, das mir über die Finger rann, wenn ich bei »Woolworth« den Putzlumpen auswrang. Den beißenden Pissoirgeruch, während ich mit der Klobürste die Toiletten traktierte. Ein Karton, zwei Kartons, zehn Kartons. Alles im grünen Bereich. Die Arbeit ging mir leicht von der Hand.

Meine Finger erwärmten sich und mit ihnen die Weihnachtsmänner. Das Stanniol knisterte, die Leiber wölbten sich, blähten sich wollüstig meiner Hand entgegen, aber ich hatte alles unter Kontrolle, ließ meine Finger über sie gleiten und legte sie weg, einen nach dem anderen. Sie gierten danach, dass ich sie umfasste, drückte, von ihrer Lust erlöste, aber ich gab ihrem Drängen nicht nach.

Da! Eine gerissene Aluhülle! Der nackte braune Körper darunter entblößt! Ehe ich mir dessen bewusstwurde, krallten sich meine Finger in das Stanniol, in die Schokolade, und zerquetschten sie mit beiden Händen. Der unterdrückte Trieb entlud sich wie ein Rausch. Sein Nachbar! Knacks! Der nächste! Knacks! Ich griff in die Leiber und gab ihnen, was sie haben wollten. Ich spürte das Stanniol reißen, die Hohlkörper brechen, die Bruchstücke zwischen meinen Fingern zerbröseln, die Krümel auf meinen Handflächen schmelzen. Ich führte die zerstörten Formen zum Mund, küsste sie, schmeckte Alu und Schokolade, biss zu, spürte den metallisch-süßlichen Geschmack an den Zähnen, der meine Kiefer in Erregung versetzte, meine Hände flogen, ich jauchzte, griff wieder zu. Knacks! Knacks! Knacks! Auch wenn mir hier keiner einen Schokoladenweihnachtsmann zum Abschied schenken würde: Sie gehörten alle mir! Meine Schreie übertönten die Maschinen, alle Geräusche. Ich schrie und schrie und ließ mich treiben in einem Meer von brechender Schokolade und knisterndem Stanniol …

Immerhin wurde ich hervorragend verpflegt in der Klinik. Aber im Nachhinein kann ich kaum sagen, ob es zwei oder drei Wochen waren, die sie mich festhielten. Erst spritzten sie mir alle paar Stunden irgendein Zeug, das mich völlig schläfrig machte. Dabei hatte ich sofort zu schreien aufgehört, als die Weißbekittelten herbeigeeilt waren. Aber als sie mich von dem Schokoladenschlachtfeld zerrten, war da vor dem Tor bereits die Sirene des Krankenwagens.

Irgendwann gaben sie das mit den Spritzen auf, und ich kriegte Pillen, die ich unter der Zunge aufbewahrte, bis ich sie ins Klo spucken konnte. Von da an durfte ich auch aufstehen und gelegentlich auf den Balkon, der allerdings bis oben hin vergittert war.

Jeden Nachmittag wurde ich eine Stunde von einer Frau mit einer Hornbrille verhört, deren Augen mich winzig, wie aus ganz weiter Ferne, hinter dicken Gläsern musterten.

Ob es in meiner Familie irgendwelche Auffälligkeiten gegeben habe?

Ich zuckte die Schultern und schwieg.

Schwachsinn oder Epilepsie?

Schweigen.

Sie begann, mit dem Kugelschreiber, der nichts zu tun hatte, auf die Tischplatte zu klopfen. Andere Krankheiten? Ob mein Vater Trinker gewesen sei?

Ich sah ein, dass ich ihr etwas anbieten musste, damit sie mich in Ruhe ließ. »Ich kenne ihn nicht. Er ist in Stalingrad geblieben«, vertraute ich ihr an.

Das elektrisierte sie. Wie viele andere Männer meine Mutter danach gehabt hätte? Ob ich als Kind viel allein gelassen oder geschlagen worden sei?

»Ja und nein«, gab ich wahrheitsgemäß Auskunft.

Ob ich ein unauffälliges Kind gewesen sei? Ob ich als Kind schon solche Ausfälle gehabt hätte?

»Nicht dass ich wüsste.«

Wieso Schokolade? Wann ich zum ersten Mal Schokolade gegessen hätte?

»Am zwölften Mai 1965.«

Stutzen. Wieso ich das Datum so genau im Kopf hätte? Das sei doch über vierzig Jahre her! Ob ich etwa als Kind vorher nie Schokolade gegessen hätte?

»Es war mein einundzwanzigster Geburtstag.«

Wer mir die Schokolade geschenkt hätte?

»Meine Mutter.«

Blättern in den Papieren. Meine Mutter sei offensichtlich kurz nach meinem einundzwanzigsten Geburtstag gestorben? Wieso?

Da hielt ich mir die Ohren zu. Immer wenn ich mir vorstellte, wie meine Mutter auf die Gleise gesprungen sein mochte, hörte ich sie so keuchen und Schreie ausstoßen wie damals, als sie sich im Schlafzimmer eingeschlossen hatte, das doch unser gemeinsames Schlafzimmer gewesen war. Oder waren es meine eigenen Schreie, die in meinen Ohren hallten?

Nein, ich hatte nicht gelogen, als ich sagte, dass ich meine erste Schokolade mit einundzwanzig gegessen hatte. Aber ich hatte gute zehn Jahre vorher schon einmal Schokolade geschenkt bekommen. Danach hatte ich nie wieder welche haben wollen. Als meine Mutter mir die Tafel zum Geburtstag schenkte, dachte ich, es gehörte zum Erwachsenwerden dazu, dass ich sie nun auch mal probierte. Sie hatte mich geküsst. »Jetzt bist du mündig und kannst endlich auf eigenen Beinen stehen«, hatte sie gesagt und war zur Arbeit gegangen. Die Schokolade schmeckte tatsächlich gar nicht schlecht. Aber als ich sie vollständig verzehrt hatte, war mir übel.

Ich stand auf. »Sie hat sich vor einen Zug geschmissen«, antwortete ich. »Und ich will jetzt auf mein Zimmer.«

Sie ließ mich tatsächlich gehen. Aber erst, nachdem sie mir eine weitere Woche lang alle Daten über meine Mutter und meine wechselnden Arbeitsverhältnisse aus der Nase gezogen hatte, ohne irgendetwas Verwertbares zu finden, ließen sie mich wieder laufen.

Zwei Tage lang hockte ich in meiner Wohnung herum, unfähig, irgendetwas zu unternehmen. Ich konnte es noch nicht einmal über mich bringen, mich zu besaufen. Die vertraute Lähmung! Wie damals, als ich die ganze Nacht auf dem Küchensofa gelegen hatte und nicht wusste, was ich tun sollte, während meine Mutter diese spitzen Schreie ausstieß. Ihr Keuchen und das dieses Soldaten, dieses Engländers! Seinen Namen hatte ich nicht verstanden, er sprach so komisch, obwohl er völlig normal aussah, bis auf die Uniformjacke. Er kniff mich in die Wange, drückte mir den Schokohasen in die Hand und verschwand mit meiner Mutter im Schlafzimmer. Der Schlüssel drehte sich im Schloss, und ich hielt mich die ganze Nacht an dem Schokoladenhasen fest, dessen Form sich meiner Handinnenfläche unauslöschlich einprägte. Er machte Männchen und hatte die Ohren in die Höhe gereckt. Sanft gerundete, spitz zulaufende Ohren über einem lustigen, runden Kopf und einem bauchigen Rumpf, der auf zwei kleinen Ausstülpungen ruhte, den Pfötchen. Irgendwann musste ich aber doch eingeschlafen sein. Es war nämlich hell geworden, die Tür zum Schlafzimmer stand offen, meine Mutter hantierte mit dem Rücken zu mir am Herd, setzte einen Muckefuck auf und sang leise vor sich hin. Der Mann kam nie wieder. Der Hase war auch weg. Da waren nur noch eine klebrige, braune Stanniolkugel in meiner Hand und ein schmieriger, brauner Fleck in meinem Bett.

Als ich zwei Jahre später wieder schmierige, braune Flecken in meinem Bett vorfand, ohne zu verstehen, wie sie dorthin gekommen waren, hatte mich die gleiche Lähmung erfasst. Meine Mutter hatte wortlos mein Bett abgezogen, mir schmale mit Watte ausgestopfte Papierstreifen ausgehändigt, die ich mir in die Unterhose stecken sollte, und mich tatsächlich einen Tag in der Schule krankgemeldet.

Die Klingel schwieg eisern. Die Frau mit der Hornbrille schickte mir nichts hinterher, noch nicht mal eine Pillenschachtel. Am dritten Tag unternahm ich vorsichtige Streifzüge durch die Stadt. Ein bisschen Geld hatte ich in der Zuckerdose gefunden, aber lange würde es nicht vorhalten. Zur Agentur für Arbeit würden mich keine zehn Pferde kriegen! Dennoch mochte ich nirgends fragen, sondern hielt nur Ausschau nach einem Schild, einem Zettel oder sonstigen Hinweisen auf eine Möglichkeit, ein paar Euro zu verdienen.

Ich war gerade in die Kavarinerstraße eingebogen, da war auf einmal wieder dieser Geruch, der meine Nackenhärchen in Habachtstellung brachte. »Schokoladenmacherei« stand weiß auf Rot quer über dem

Schaufenster. Mein Blick saugte sich an dem Signet fest: Ein dunkler Schwan, dessen Rücken eine geöffnete Kakaofrucht darstellte. Er lockte mit verführerisch geschwungenem Hals. Einem Hals, der danach zu gieren schien, von mir umfasst, gestreichelt zu werden ...

Als ich zu Hause war, klebten mir die Kleider am Leib, obwohl eine leichte sommerliche Brise durch die Straßen wehte. Ich setzte mich an den Rechner und googelte alles, was ich über die Schokoladenmacherei finden konnte. Unter »Service« stieß ich auf ein Werkstattkursangebot: »Lernen Sie die Kunst der Schokoladenmacherei. Stellen Sie Pralinen und andere Köstlichkeiten unter fachkundiger Anleitung selbst her. Erfahren Sie Wissenswertes über das braune Gold. Erleben Sie eine Verkostung und den praktischen Umgang mit Schokolade, wie zum Beispiel das Auflösen und Wiedererfestigen ...«

Ich meldete mich sofort an.

Am darauffolgenden Samstagmittag begab ich mich in die Kavarinerstraße. Als ich abends erschöpft und ohne Zähne zu putzen, ins Bett fiel, hatte ich den süß-herben Schokoladengeschmack noch auf der Zunge, den Duft in der Nase, und meine Fingerspitzen vermeinten noch, die glatten Oberflächen der Pralinen zu fühlen, die je nach Dauer und Heftigkeit meiner Berührung sanft schmelzend oder mit aufregendem Knacken meinem Drängen nachgaben. Ich hatte mir nichts anmerken lassen. In meinen Träumen erreichte ich ekstatische Höhen, die ich beim Aufwachen nicht in Bildern wiederzugeben vermochte. Aber mein Körper fühlte sich derart selig-ermattet an, als hätte ich die ganze Nacht in Liebestaumeln geschwelgt.

Ungeachtet meines Kontostands hängte ich mich am nächsten Tag ins Internet und orderte Zutaten, Gewürze, Gussformen sowie ein Temperiergerät. Drei Tage später stand mein Postbote wieder auf der Matte. Diesmal tat er mir tatsächlich leid. Trotz mittäglicher Schwüle trug er seine gelbe Uniformjacke. Der Schweiß stand ihm in kleinen, glitzernden Perlen auf der Stirn. Das Paket, das er mir entgegenstreckte, war deutlich schwerer als das Päckchen mit der Pflegelotion. Ich bot ihm etwas zu trinken an. Während er schnaufend an meinem Küchentisch Platz nahm, schenkte ich ihm ein Glas Wasser ein. Im Gegenzug zog er sein Schneidemesser aus der Jacke. »Na, dann wollen wir mal sehen, ob diesmal auch wieder so was Schönes drin ist, junge Frau!«, sagte er und grinste. Ich spürte, dass ich rote Ohren kriegte. Natürlich hatte er meinen Wutausbruch letztes Mal gehört. Um Gelassenheit ringend, schlitzte ich das Paket auf und entnahm ihm die bestellten Köstlichkeiten und Geräte. Seine Augen wurden rund.

»Na, Sie sind mir ja eine ganz Süße«, sagte er, »das ist ja das reinste Verführungssortiment! Ihr Freund wird sich freuen!« Er hielt ein Edelstahl-Schablonenset mit Herzmotiven hoch.

»Ich habe keinen Freund«, sagte ich, nahm ihm die Schablonen aus der Hand und hielt ihm das Glas hin, das er unberührt vor sich stehen gelassen hatte. »Ihr Wasser!«

Er ignorierte meine Hand mit dem Glas genauso, wie ich ihn vor ein paar Wochen mit dem Päckchen stehen gelassen hatte, und grinste noch eine Spur breiter: »Keinen Freund? Na, dann verstehe ich ja, dass die Pferde schon mal mit Ihnen durchgehen! In Ihrem Alter braucht man doch von Zeit zu Zeit einen kräftigen Stoß, was?!« Er zwinkerte mir zu und griff nach dem Glas, fasste es aber so, dass er meine Hand festhielt. »Als Postbote muss man in dieser Hinsicht ja immer wieder mal einspringen!«

Unter dröhnendem Gelächter griff er mir mit der anderen Hand ans Gesäß und knetete es kräftig durch. In jäher Wut versuchte ich ihm das Wasser gegen den Widerstand seiner Hand mit einer heftigen Bewegung ins Gesicht zu schütten, aber das Glas zersprang unter dem Druck meiner Finger und die Scherben schnitten mir ins Fleisch. Während ich durch den plötzlichen Schmerz wie gelähmt auf meine Hand starrte, aus der Blut auf die Scherben und die Wasserlache auf meinem Küchentisch tropfte, stand er, immer noch lachend auf, kniff mich im Weggehen in die Brust und meinte: »Du hast Feuer im Hintern! Das gefällt mir! Wir kriegen garantiert noch Spaß miteinander!«

Die Tür fiel ins Schloss, ehe ich mich gefasst hatte und ihm sein Schneidemesser hinterher pfeffern konnte. Die Spitze blieb im Türblatt stecken.

Die Lähmung, die mich in den nächsten Tagen wieder zu bannen drohte, hatte diesmal keine Chance gegen die Wut, die in meinem Bauch gärte. Und diese Wut hatte ein Ziel.

Ich schmiedete Pläne, verwarf sie, ließ sie in veränderter Gestalt wiederaufleben. Ich studierte Rezepte, berechnete Zutaten, suchte Apotheken auf, machte mich in Foren schlau, knüpfte Kontakte in der pharmazeutischen Grauzone. Dann gab ich eine größere Bestellung bei dem Schokolieferanten auf.

Das Klingeln war Musik in meinen Ohren, ein heiß ersehnter Klang, der meinen Adrenalinhaushalt auf Touren brachte. Ich kostete es aus. Erst nachdem er ein zweites Mal geklingelt hatte, drückte ich auf.

Die schweren Schritte auf der Treppe vibrierten durch meinen Körper. Sein Schnaufen löste alberne kleine Kicherer in mir aus. Erwartungsvoll lächelnd empfing ich ihn im Türrahmen, mit einem tief ausgeschnittenen Sommerkleidchen angetan und einem Hauch von Rouge und Parfüm bewehrt. Wenn er bis dahin auch nur die mindeste Befürchtung gehegt hatte, musste dieses Empfinden bei meinem Anblick dahinschmelzen wie Schokolade in der Sommerglut! Und genau so war es. Sein dickes Gesicht zeigte ein geradezu dümmliches Grinsen, als er die letzten Schritte auf mich zukam. Da er mit beiden Händen das Paket festhielt, winkte ich ihn gleich an mir vorbei ins kühle Innere der Wohnung: »Haben Sie ein paar Minuten Zeit für mich?«

»Na, wer sagt's denn?«, entgegnete er befriedigt, ließ das Paket auf den Tisch und sich auf den Stuhl plumpsen, den ich ihm anbot.

»Ich habe eine kleine Schokoladenspezialität für Sie«, sagte ich und langte im Wandregal nach Zucker und Kakao.

Er lachte heiser. »Na, da bin ich ja gespannt!«

Ich hantierte fieberhaft, mischte Kakao und Zucker im Verhältnis zwei zu eins, fügte einen halben Teelöffel Zimt, je eine Messerspitze Nelkenpulver sowie Chili und anderthalb Löffel Vanille hinzu. Dann verquirlte ich die Mischung mit Wasser, füllte sie um etwa das Doppelte auf und brachte das Ganze zum Sieden. Während ich mich hin- und herbewegte, druckte ich das Kreuz durch und wiegte mich in den Hüften, seinem Blick Nahrung bietend, den ich hinter dem Schnaufen in meinem Rücken nahezu körperlich zu spüren vermeinte. Aus der Anrichte fischte ich zwei Tassen, in die ich den Sud füllte. In die linke Tasse ließ ich unbemerkt einige Tropfen aus einer kleinen Ampulle fallen, bevor ich mich umdrehte und mit einem strahlenden Lächeln und zwei Tassen auf ihn zuschritt. Ein köstlicher Geruch stieg auf.

Er schnupperte und nickte anerkennend, ohne seine runden Äuglein von mir zu lassen. Dann pustete er, kostete vorsichtig, kniff die Augen zusammen, pustete wieder, nippte. »Na, das ist ja ein Scharfmacher!«, sagte er und langte mit der freien Hand nach mir.

Ich hatte meine Tasse abgesetzt, mich dem Paket zugewendet und schlitzte es mit seinem Schneidemesser auf, das ich mir auf dem Tisch zurechtgelegt hatte. Dabei wich ich seinem Griff unverfänglich aus. Die Knöchel meiner Hand waren weiß vor Anspannung. Ich hätte ihm das Messer jederzeit ins Gesicht gerammt, wenn er Anstalten gemacht hätte aufzustehen und mir zu nahe zu treten! Aber er war sich seiner Sache zu sicher, als dass er irgendwelche voreiligen Anstrengungen unternommen hätte. Während ich die Schokoladenzutaten auspackte, hörte ich ihn seinen Kakao schlurfen, bis das Geräusch auf einmal verstummte und ein dumpfer Plumps zu hören war. Er war vornüber mit dem Kopf auf den Tisch gesackt.

Ich verlor keine Sekunde, zerrte ihn vom Stuhl und die Kleider von seinem Leib, die ich sauber zusammengefaltet beiseitelegte. Seinen weißen Körper bahrte ich auf dem Küchenfußboden auf, die Beine ausgestreckt nebeneinander, die Hände am Körper, den Kopf zur Decke gerichtet. So lag er in aufrechter Haltung, nur der Bauch wölbte sich mächtig in die Höhe, als krönendes Hochplateau inmitten einer lang gezogenen, wellenförmig ansteigenden Gebirgslandschaft auf Linoleum.

Dann widmete ich mich Töpfen und Zutaten, Löffeln, Pinseln, dem Temperiergerät, mischte, rührte, erhitzte, verstrich, mischte, rührte, erhitzte, verstrich. Ich arbeitete ruhig und konzentriert, genoss die langsam in mir aufsteigende Erregung, ohne mich ihr auszuliefern, gestattete ihr Stück für Stück, von meinem Körper Besitz zu ergreifen, spürte, wie mein Herzschlag wummerte, wie meine Haut kribbelte, die Härchen sich aufrichteten, wie es in meinen Ohren rauschte, in meinen Fingern zuckte, meine Brustwarzen hart wurden, mein Schoß heiß, atmete tief durch und machte weiter.

Stück für Stück verwandelte ich den Postboten in einen Schokoladenweihnachtsmann. Ich begann an den Füßen, die ich mit brauner Schokoladenmasse überzog, bis die Zehen zu einer fließenden Form verschmolzen, setzte mein Werk an den Knöcheln und Waden fort, konvex, konkav, verpackte die zum Gesäß hin anschwellenden, strammen Oberschenkel in Kuvertüre, ließ den Schokoladenberg in der Mitte wachsen, nicht ohne ein leises Bedauern darüber, dass ich die appetitlichen Pobacken meines Postlers leider aussparen musste, weil er doch darauf ruhte. Ich massierte die Masse zu einem gewölbten, mit einem vorwitzigen Nabelknübbelchen gekrönten Gipfel hin und ließ sie wieder abwärts gen Brustkorb auslaufen. Die Arme gestaltete ich zu seitlich anliegenden, braunen Wülsten, die an- und abschwellende Form ihrer Muskeln genüsslich nachempfindend. Ah, diese Schultern! Der fließende Übergang zu dem vergleichsweise filigranen Hals mit der pochenden Ader! Die zuckende Gier in meinen Fingerspitzen!

Aber immer noch beherrschte ich mich, atmete tief durch, vollendete mein Werk, indem ich den Kopf mit Schokolade ausstrich, lediglich die Nasenlöcher und einen schmalen Spalt zwischen den Lippen aussparend.

Als ich die Nase gestaltete, krampfte sich meine Hand jäh zusammen und krallte sich in die Spitze. Wieder riss ich mich zusammen, strich die noch weiche Masse sanft über die Nasenflügel aus, bis es schließlich nichts, aber auch gar nichts mehr zu bedecken gab, abgesehen von der rückwärtigen Seite meines Postboten, die im Profil nur noch zu erahnen war. Ich erhob mich, drückte das schmerzende Kreuz durch, streckte meine Glieder, räumte die Geräte beiseite und genoss den Anblick meines überdimensionalen Schokoboten auf dem Küchenfußboden. Eine Schokolade gewordene Mannsfigur in vollendeter Schönheit.

Ich wärmte meinen Schokoladentrunk wieder auf und kostete die süße Verführung Schlückchen für Schlückchen, den Anblick vor mir genießend. Heiß, scharf und lieblich zugleich erfüllte es mich wie Ambrosia, durchflutete mich ein unbeschreibliches Glücksgefühl, dem ich nun endlich Raum geben würde!

Ich stellte die Tasse beiseite und kniete mich neben die Schokoladenskulptur, streichelte sie sanft von Kopf bis Fuß, spürte meine Erregung wieder zunehmen, gab ihr nach, ließ sie in mir aufwallen, machte ihr in zunehmend heftigerem Streicheln Luft. Die kühle harte Form! Darunter das nackte Fleisch! Diese Gier, ach!

Meine Finger griffen in die Erhebungen, krallten sich in Nase, Schultern, Arme, flogen über den Leib, spürten die Kuvertüre knackend aufbrechen, den weichen Widerstand darunter, in den meine Fingernägel hineinkrallten, rissen Schokoladenstücke ab, mein Mund konnte es nicht abwarten, sondern grub sich ebenfalls in die Schokoladenmasse, die Zähne brachen den süßen Widerstand, bissen sich fest, meine Zunge gierte nach den absplitternden Brosamen, ich warf mich mit meinem ganzen Körper auf die aufbrechende Masse unter mir, schrie, stöhnte, wälzte mich, leckte, schluckte, biss, bis ich schließlich grenzenlos ermattet, mit geschlossenen Augen, schwer atmend in der klebrig-braunen Masse zu versinken vermeinte.

Ich schleppte mich ins Bad, wo ich die Wanne mit heißem Wasser volllaufen ließ, in dem ich wohlig untertauchte, lange vor mich hindümpelte und schließlich meine Glieder massierte, bis das letzte bisschen Braun abgewaschen war. Erfrischt kehrte ich in die Küche zurück und machte mich mit Eimern und Lappen über den Postboten her. Wieder und wieder streichelte ich ihn und schrubbte ihn ab, bis auch er blitzsauber und, abgesehen von einigen Kratzern und Bissspuren, unversehrt auf dem blank gewienerten Linoleum lag. Dann leerte ich sein erfreulich gut gefülltes Portemonnaie und machte mich daran, Geräte und Geschirr zu spülen.

Nur ein zarter Schokoladengeruch in der Luft erinnerte noch an den zurückliegenden Exzess.

Es fing bereits an zu dämmern, als mein Postler die Augen aufschlug und sich stöhnend den Kopf hielt. »Wo ... was ist los?«, fragte er und griff verwirrt nach der Kleidung, die ich auf seinem Bauch deponiert hatte.

Ich baute mich vor ihm auf und strahlte ihn an. »Du warst total süß«, sagte ich.

»Aber ...« stammelte er. Er kam mühsam in die Höhe, schwankte ein wenig und kämpfte mit seiner Kleidung. »Wie spät ist es denn?«, wollte er wissen und hastete in Richtung Tür, ohne eine Antwort abzuwarten.

»Halt! Das Messer!«, rief ich.

Er ließ es sich aushändigen, zögerte, wusste nicht, was er sagen sollte, gab sich einen Ruck und meinte: »Na, dann also ...«

»Adieu!«, rief ich ihm hinterher. Die Tür schlug zu, und seine schweren Schritte entfernten sich etwas torkelig. Ein paar Mal rumste er gegen die Treppenhauswand. Dann fiel die Haustür ins Schloss.

Schade eigentlich, dachte ich. Wenn er noch einmal käme, würde ich ihn zuerst so richtig anmachen! Sein Schwanz war doch arg schlapp unter dem mächtigen Bauch ausgefallen. Ich stellte ihn mir als steil aufragende Schokoladenstele am Fuße des Bauchbergs vor. Zum Anfassen, nein, Anbeißen aufregend! Das Wasser lief mir im Mund zusammen und meine Kiefer begannen, gierig zu mahlen.

Kulinarischer Aufhänger: Schokoladenstreusel

Erstveröffentlichung in: *Schokoladiges,* Urversion, Hrsg.: Maren Kiesbye, Balthasar Verlag Gifhorn 2009

veröffentlicht in: *Bitterböse,* Schokoladenkrimis vom Niederrhein, Hrsg.: Ina Coelen und Brigitte Glaser, Leporello Verlag Krefeld 2009

veröffentlicht in: Klappe zu – Balg tot, Der Kleine Buch Verlag Karlsruhe 2015

DIE GUTE SEELE

Als ich die Augen aufschlage, bin ich zuallererst eins: müde und zerschlagen. Es ist dunkel, also schließe ich sie gleich wieder und versuche, in den Schlaf zurückzufinden, bleibe reglos liegen, atme den Schmerz weg. Spüre in meinen Bauch. Als ich Horst nicht mehr in meinem Bett ertrug, hat er mich abgetastet und gesagt, er würde gerne mal in mich reingucken. Ich habe gesagt: »Nur über meine Leiche!« Und das meine ich auch. Wenn ich erst mal tot bin, soll mir alles egal sein. Ich glaube nicht an den Klimbim mit Himmel und so. Wir leben und sterben. Basta. Dazwischen wird gealtert. Und das heißt nun mal, dass es zunehmend zwickt und zwackt. Irgendwann macht der Körper nicht mehr mit. Wenn man jung ist, fühlt man sich stark und rennt seinem Herzen hinterher. Später tut man, was man tun muss. Ich habe mich oft gefragt, ob ich eine Wahl gehabt hätte. Im Nachhinein kann man über alles nachdenken. Wenn man drinsteckt, nicht.

Etwas in meinem Hinterkopf wehrt sich mit aller Macht, schrillt gegen den Nebel von Müdigkeit, gegen meinen Atem an, sagt mir, dass ich aufwachen muss, die Schmerzen niederkämpfen, wegrennen, solange es noch geht, weg von ihm, bloß weg! Ich muss den Anflug von Panik, mein hämmerndes Herz beherrschen, mich nicht verrückt machen lassen. Reicht es nicht, wenn einer von uns verrückt ist? Wenn es wieder hell ist, muss ich darüber nachdenken, aber nicht jetzt! Nicht jetzt, mitten in der Nacht, wo ich sowieso nichts unternehmen kann. Schon gar nicht gegen ihn.

Was habe ich bloß damals an ihm gemocht?

Seine Hände! Er hatte so eine Art die Hände zu bewegen – es hat mir immer ein Kribbeln verursacht. Ich hab damals an der Kasse gesessen. Bei Aldi. Wir mussten sämtliche Artikelnummern und Preise im Kopf haben. Die haben nicht schlecht gezahlt. Da guckte man keine Leute an. Wir mussten in Rekordzeit tippen. Von den Kunden sah man gerade mal die Hände, die die Ware wieder in den Wagen schaufelten. Heute kriegen die Kassiererinnen dieses Dauergrinsen eingebläut. Kunden anstieren, Zähne fletschen, die Waren von links nach rechts am Scanner vorbeiziehen – piep! – lächeln, nächstes Teil – piep! Die sehen gar nicht mehr, was sie verkaufen.

Seine Finger hatten so etwas Geschmeidiges, schmal und lang, er packte präzise zu, immer im richtigen Moment. Genau auf mein Tippen abgestimmt. Die Bewegungen, mit denen er das Geld aus dem Portemonnaie zog, waren ebenso fließend. Scheine hinten raus, Börse drehen – klack, der Druckknopf zum Münzfach, kein Fingern nach dem Hartgeld, es rutschte ihm quasi wie von selbst in die Hand, immer passend und so schnell, dass ich kaum Gelegenheit hatte hochzugucken. Er muss den Betrag bereits im Kopf gehabt haben, dachte ich, den Blick auf die Münzen geheftet, er hat mitgerechnet. Kaum ein Kunde konnte damals bei mir mithalten. Schon gar nicht, wenn er kontrollierte, was ich eingab. Immer musste ich nachhelfen beim Einräumen. Bei Horst nicht. Der war ebenbürtig. Mir gefiel das. Obwohl ich ihn kaum je ansah, wusste ich, dass es ihm auch gefiel. Wir waren ein eingespieltes Team, bevor wir uns kennenlernten. Ich muss mich in seine Hände verliebt haben.

Erinnerungen an etwas Schönes helfen fast immer. Man muss sich nur konzentrieren, dass man nicht abrutscht. Meine Bandscheibe, die steifen Glieder, mein Unterleib senden Signale, die ich wegdrücke, indem ich mich auf meinen Atem konzentriere. Gleichzeitig die Gedanken im Griff zu behalten, fällt schwer. Zumal was Horst angeht. Dass bei ihm nichts zusammenpasste, hat mich zwar verblüfft, aber da war es schon zu spät. Er hat meinen Körper mit diesen Fingern genauso gefügig gemacht wie die Waren und Münzen und alles, was er anpackte. Er hat einen Moment der Schwäche genutzt. Es war kurz vor Ladenschluss, als die vorletzte Kundin – die vor ihm – eine Flasche Sonnenblumenöl fallen ließ. Öl ist das Schlimmste. Wenn da jemand ausrutscht – eine volle Flasche! Natürlich hat die Frau beim Scherbenaufsammeln geholfen, die großen, die ihr im Weg lagen, sie wollte schließlich weg. Das war sie dann auch gleich. Ich hab mich beeilt, den letzten Kunden – ihn – abzukassieren, hab das Geld in die Lade geschmissen, Papierrolle und Sprühflasche raus – »Geben Sie!«, hat er gesagt, es war das erste Mal, dass ich seine Stimme hörte. Bewusst, meine ich. Wahrscheinlich hatte er vorher auch schon mal gegrüßt.

Er hätte einfach gehen können. Hat seine Tasche abgestellt, und wir haben zusammen den Schmierfilm aufgewischt. Gesprüht, gewischt, gesprüht, gewischt. Wie ein eingespieltes Team.

Als wir endlich vor der Tür standen, war der Bus weg. Da hat er mich nach Hause gefahren, und als er vor meiner Tür anhielt, hab ich ihn reingebeten, klar, musste mich ja revanchieren. Aber es war mehr, ich wusste das, und er wusste es. Es gab nicht viel zu reden. Er hat mir von hinten die Hände auf die Hüfte gelegt, als ich in der Küche den Wein entkorkte. Wir haben ihn nicht gebraucht. Ich bin wie von selbst in seine Arme geglitten, aus den Klamotten und aufs Bett. Bevor ich die Augen schloss, habe ich in seine gesehen. Und mich gewundert. Die Gier in seinem Blick passte nicht zu der Geschmeidigkeit seiner Finger, nicht zu der ruhigen tiefen Stimme. Da flackerte etwas. Aber irgendwie passte es zu dem, wie ich mich fühlte, und dann war es mir auch sofort wieder egal. Er hat mich schier wahnsinnig gemacht. Mich Stück für Stück, Glied für Glied abgetastet, gestreichelt, ehe er mich endlich, endlich erlöste.

Nichts an ihm passte. Er war ein Versager, wie es im Buche steht. Heute weiß ich das, aber damals bin ich Hals über Kopf zu ihm gezogen, habe meinen Job gekündigt, ihn geheiratet. Das mit dem Job war halt so. Frauen, die heirateten, hörten auf zu arbeiten und kriegten Kinder. Obwohl Aldi doch ein sicheres Einkommen bedeutete. Und ich gar nicht schwanger wurde. Nicht einmal eine Fehlgeburt habe ich zustande gebracht. Einmal, ganz am Anfang, war ich mir fast sicher gewesen, dass es geklappt hatte, aber dann hat meine Periode wieder eingesetzt. Es blieb nicht mehr als ein kleiner Knoten im Bauch, wo mein Kummer sich eingenistet und mich von da an nicht mehr verlassen hat. Wir haben nie darüber gesprochen. Mich hat das viele Jahre sehr traurig gemacht. Später war ich dankbar. Er als Vater? Er rastete zunehmend aus. Irgendwas stimmt in seinem Kopf nicht. Der erste Eindruck, diese Ruhe und Beherrschtheit, kann jede Sekunde umschlagen. Nicht oft. Zumindest bei anderen. Aber es reicht. Wenn er urplötzlich Lieferanten anbrüllt oder Kunden an die Gurgel geht, das findet keiner lustig. Mich hat er oft genug grün und blau geschlagen. Weil irgendwas nicht so war, wie er sich das vorgestellt hat. Das Essen zu kalt, die Küche nicht aufgeräumt, meine Antworten zu patzig. Wir hatten ja keine Nachbarn, wer sollte es hören? Dann hat er mich wieder stundenlang gestreichelt. Drüber reden? Er hat immer dicht gemacht. Immer. Sobald ich eine Frage stellte, die ihm zu nahe ging – rumgedreht und raus.

Man gewöhnt sich. Schweigt. Schluckt runter, atmet tief durch, vergräbt es tief in einem drin, bis der Knoten zu einem kleinen Fossil erstarrt. Wie sollte ich's denn rauslassen?

Dabei hatte er mal studiert. Medizin. Ich weiß nicht, was da vorgefallen ist. Aber so jemand im OP? Wenn auf einmal die Instrumente fliegen?

Immer ging mit seinen Jobs irgendwas schief.

Umso mehr musste ich schuften. Er hatte das Häuschen von seinen Eltern geerbt. Waldlage am Spiegelberg. Kein Strom, kein Wasser. Nur den Dentelbach gleich hinterm Haus. Sickergrube, Gemüsegarten. Idylle pur. Wenn das Auto nicht gewesen wäre, hätte man meinen können, dass wir im Mittelalter lebten. Heizen und Kochen mit Klaubholz. Sammelschein? Nicht mit Horst! Er ist der einsame Wolf, der seiner Natur folgt, nicht dem Papier. Jagdschein? Jagen ist für ihn eine Überlebenstechnik, die kein amtliches Dokument verbieten oder erlauben kann. Er weiß um die Gesetze. Und macht seine eigenen. Kaninchen als Sonntagsbraten – er nennt es Schädlingsbekämpfung auf dem eigenen Grundstück. Wen geht das etwas an? Fische erlegt er mit Pfeil und Bogen – der Dentelbach fließt ja über unser Land –, entgrätet sie mit Hingabe und bereitet sie so schmackhaft zu, dass ich dahinschmelze. Alles, was mit Fleisch zu tun hat, überlasse ich gerne ihm. Ich hasse Leichen, habe immer das Gefühl, dass tote Augen mich anstarren. Er ist in seinem Element, wenn er häuten, zerlegen, entbeinen, tranchieren kann.

Als ich Horst kennenlernte, fuhr er noch den Variant. Irgendwann den Taunus. Die Autos haben ihm immerhin Gelegenheits-Jobs ermöglicht. Lageraushilfe, Kurierdienste, Gartenarbeiten. Ich hatte keinen Führerschein, konnte nur mit dem Fahrrad Besorgungen machen. Heute geht selbst das nicht mehr. Als der Taunus vor sechs Jahren kaputtging, konnten wir uns kein Auto mehr leisten. Wozu auch? Zum Einkaufen ist kein Geld da. Das bisschen Rente hält nicht vor. Zumal Horst nur wieder die Besteckammlung ergänzt, wenn ich nicht aufpasse.

Ich lege das Geld in Mehl an. Dinkelmehl. Backe aus Mehl, Wasser, Salz und Schmalz Seelen. Erst nur für uns. Seit ich den Schlüssel für den Turm habe, auch für Touristen. Ich verdiene ein paar Euro damit, eine Art Hausmeister-Job mit Pausenverkauf. Die Wanderer reißen mir die Seelen aus der Hand, wenn sie am Turm Brotzeit machen. Im Holzofen gebacken, ganz frisch.

Er kann das nur schwer ertragen. Dass irgendjemand besser ist, ich mehr verdiene als er. Als Kind muss er ein Überflieger gewesen sein, zwei Klassen übersprungen. Kurz vor dem Abi das mit seinen Eltern.

Kohlenmonoxid-Vergiftung. Im Schlaf. Waschbären im Kamin. Horst war damals auf der Abschlussfahrt in Rom. Hat erst beim Pfarrer in Jux gewohnt, ist dann mit einem Stipendium nach Heidelberg. Im Hauptstudium abgebrochen. Seitdem lebt er wieder im Häusle.

Ein Geräusch! Ich fahre hoch – vielmehr setze dazu an. Zu meinem Entsetzen stelle ich fest: Ich liege gar nicht im Bett, sondern auf etwas Hartem. Holz. Ich kann mich nicht aufrichten. Da ist ein Zug an meinen Handgelenken. Dann kapiere ich, dass meine Knöchel ebenfalls fixiert sind. Ich bin gefesselt! Als ich den Kopf wende, um mich im fahlen Morgendämmer zu orientieren, ist alles vertraut. Das Fenster, der Ofen, ein Stuhl – ich liege auf dem Küchentisch! An Armen und Beinen festgebunden – an die Tischbeine vermutlich. Nackt. Eine Wolldecke hat er mir übergelegt. Wer sonst als er kann das getan haben?

Ich liege da wie eine gekreuzigte Maus. Wie Hunderte von gekreuzigten Mäusen. Fröschen. Ratten. Kaninchen. Waschbären. Wie die Katze. Die Frau aus dem Auto. Als ich sie vor Augen habe, überkommt mich ein Würgen. Ich reiße an den Fesseln – und jaule auf vor Schmerz. Panik nimmt mir die Luft. Zwischen den Beinen wird mir heiß. Meine Blase entleert sich. Pisse pladdert auf den Boden und verteilt sich unter meinem Gesäß auf der Tischplatte, ich liege bis in Hüfthöhe in einer Lache, die im Nu erkaltet. Komme wieder zur Besinnung.

Bereue.

Ich hätte ihn verlassen müssen. Ihn anzeigen. All die Jahre habe ich zugesehen. Hätte erkennen müssen, dass er verrückt ist. *Wie* verrückt er ist. Wusste es. Aber es geschieht so schleichend. Man gewöhnt sich, kriegt gar nicht mit, wann die Grenze überschritten ist. Das Kranke wird zur Normalität. Bei der Frau war es klar. Spätestens da hätte ich weglaufen müssen. Hätte es noch gekonnt. Hätte ich es nicht viel früher schon sehen müssen?

Die Mäuse. Immer, wenn eine morgens in der Falle lag, hat er sie in eine Vorrichtung gespannt, wie eine Streckbank, rücklings, die vier Beine gespreizt, festgebunden, dass sie nicht wackelte. Dann hat er sie seziert.

Sie hätten es in der Uni geübt, hat er gesagt. Ist das ein Grund? Er legt winzige Eingeweide in Spiritus ein. Sie schwimmen in Gläsern, die er in einer großen Kiste im Schuppen aufbewahrt. Ich bin froh, dass ich sie nicht sehen muss. Er sagt, er studiert, vergleicht, forscht. Wozu soll das gut sein? Es ist pervers. *Er* ist pervers.

Die Waschbärenfamilie, die über Nacht unter unserem Dach eingezogen war. Die Katze, die er auf der Straße eingesammelt hat. Von der war nicht mehr viel übrig. Ein Fell-Fleisch-Knochen-Klumpen. Das fand er umso spannender. Das Flackern in seinen Augen. Die Gier.

Als die Frau da lag – warum hab ich nichts unternommen? Jetzt ist es zu spät. Ich bin schwach. Kann nur unter Schmerzen gehen. Liegen, sitzen, alles tut weh. Habe in der letzten Zeit oft darüber nachgedacht, wie es ist, einsam zu krepieren.

Ich kannte sie. Sie war am Vortag mit der Gruppe am Juxkopfturm gewesen. Vielleicht vierzig. Der Typ Frau, auf die er steht. Nix Überkandideltes. Der sportlich-gesunde Typ. Als sie auf dem Tisch lag, sah sie nicht sonderlich gesund aus, sondern sehr tot, sehr blutig, und Horst über sie gebeugt, Skalpell in der Hand. Wovon war ich aufgewacht? Ein Geräusch? Hatte sie geschrien? Ich denke oft, dass mit dem Tee etwas nicht stimmt. Ich werde immer schlagartig müde, und dann schlafe ich wie ein Stein. Keine Ahnung, weshalb ich wach geworden war. Die Geräusche in der Küche. Der Lichtschein. Urplötzlich hatte ich ein Gefühl, als wenn ein Alarm losginge in mir. Schaffte es unter Aufbietung aller Kräfte die Müdigkeit niederzukämpfen und aufzustehen. Ich muss geschrien haben. Vielleicht hab ich auch nur gestöhnt. Er ist herumgefahren, hat mich angestiert, als würde er mir gleich die Seele aus dem Leib prügeln. Ich war zu schwach, um wegzurennen. Als er auf mich zuging, veränderte sich sein Gesichtsausdruck, der mich eben noch so erschreckt hatte. Er schien beinahe zu lächeln. »Was denn? Wieder Albträume?«, hat er gesagt, den Arm um meine Schulter gelegt und mich in Richtung Kammer geführt. In dem Moment hab ich mir tatsächlich gewünscht, ich hätte es nur geträumt, hab‘s mir so gewünscht, dass ich mich hab zum Bett bringen lassen – er war so fürsorglich! Hat mir von dem Tee eingeflößt, und dann war ich wieder weg, so schnell, dass ich beim Aufwachen wirklich zuerst gedacht habe, es wäre ein Traum gewesen.

Die Küche war leer und sauber, Horst nicht da. Er ist die meiste Zeit unterwegs, irgendwo, ich weiß selten, was er gerade macht. Ich habe die Küche untersucht. Gründlich. In den Ritzen der Dielen meinte ich Blutspuren zu erkennen. Zumindest hätte es Blut sein können. Aber wer weiß, woher es stammte. Hatte ich doch nur geträumt? Der Morgen war eben erst heraufgedämmert, das Licht mochte täuschen.

Ich war so benommen, dass ich tat, was ich jeden Tag mache: Zum Trog gehen, den Teig abstechen, ihn mit nassen Händen ziehen, auf das Blech setzen, salzen – da hörte ich in der Ferne die Sirenen. Polizei? Feuerwehr? Notarzt? Irgendwo an der Schlucht mochte es sein. Ich wagte nicht vor die Tür zu gehen.

Mittags, als ich der ersten Wanderergruppe die Brotzeit servierte, gab es kein anderes Thema: Ein tödlicher Autounfall. Die Verunglückte war ins Schleudern geraten, in die Bodenbachschlucht gestürzt, der Wagen hatte sich mehrfach überschlagen, das Lenkrad war gebrochen und hatte ihr den Unterleib aufgeschlitzt. Nach der Spurenlage musste jemand versucht haben, sie aus dem Auto zu bergen, der aber wieder weggelaufen war, ob im Schock oder um Hilfe zu holen. Er werde als Zeuge gesucht.

Meine Gedanken überschlagen sich.

Ich hatte mir die Spuren zwischen den Dielen nicht eingebildet! Horst hatte die Frau aufgesammelt und untersucht! Er ist krank, vollkommen gestört!

Jetzt, wo ich selbst auf dem Tisch liege und die Bilder durch meinen Kopf jagen, fühle ich mich ähnlich benommen wie in jener Nacht. Ich bin nicht tot! Noch nicht. Er muss etwas in den Tee gemischt haben, will mich sezieren. Warum bin ich aufgewacht? Die Dosis war zu klein! Er muss mich aus dem Bett gehoben, hierhergetragen und fixiert haben.

Gleich wird er kommen und mit mir machen, was er mit den anderen gemacht hat. Mit den Tieren – und mit der Frau. Testlauf mit Leichen. Mir den Bauch aufschlitzen. Bei lebendigem Leibe!

Ich lebe! Wie lange noch?

Ein Schatten in der Tür. Horst!

Ich beginne zu schluchzen. Wimmere. Stammele.

Horst sagt nichts. Sein Blick flackert. Er kommt mit schnellen Schritten auf mich zu. Drückt mir etwas auf Mund und Nase. Alles wird schwarz. Das letzte, was ich fühle, ist Dankbarkeit, dass er mir so einen angenehmen Tod beschert. Dass ich nicht länger leiden muss.

Als ich wieder etwas höre, überlege ich, ob Engel so schräg singen können. Ich schlage die Augen auf und schließe sie gleich wieder, weil alles schmerzt. *Horst? Singt*!

Ich lebe?

Als ich mich bewege, wirft ein höllischer Schmerz mich zurück. Meine Bauchdecke brennt. Ich stöhne.

Die Tür geht. Horst! Im Nu ist er bei mir. Beugt sich über mich. *Strahlt.*

»Geschafft!«, sagt er. »Überstanden!« Er hält mir ein Einmachglas hin, in dem ein grauer Klumpen schwimmt, eine überdimensionierte Bohne.

»Unser Kind«, sagt er. »Ich hab's immer geahnt. Bauchhöhlenschwangerschaft. Gestorben und mumifiziert. Ein Steinkind. Als es dir so zu schaffen gemacht hat, musste es doch raus.«

Ich schließe die Augen. Das Brennen in meinem Bauch ist mir hinter die Lider geschossen. In meinem Kopf verschwimmt alles, gleitet, schwebt.

Ein Stein fällt mir vom Herzen. Aus meinem Bauch. Der Jäger hat ihn aufgeschlitzt. Ich bin nicht in den Brunnen gefallen. Der böse Wolf – es gibt ihn nicht! Horst ist krank, ja. Mit Sicherheit. Ich auch. Ich habe meine Gefühle in mir eingeschlossen, sie versteinern lassen. Wie er.

Irgendwie ist er doch eine gute Seele.

Kulinarischer Aufhänger: Seelen

Erstveröffentlichung in: *Schwabens schwarze Seele,* Hrsg.: Bettina Hellwig, Wellhöfer Verlag Mannheim 2015

ABGEKUPFERT

Christian keuchte. Weniger die körperliche Anstrengung des Aufstiegs auf den Kästrich machte ihm zu schaffen als vielmehr die Angst, die ihm in allen Poren saß. Levin Gideon Friedrich von Dewitz war ein erfahrener Kämpfer und eine imposante Erscheinung. Der preußische Adlige hatte sich in volle Montur geworfen, graue Reithose, Mantel mit rotem Besatz und Schulterklappen, auf dem Kopf der Tschako aus festem Filz mit weißen Cordons und Fangschnüren, goldfarbenen Beschlägen und weißem Federstutz. ‚Der Kolpak!', dachte Christian. Wenn es ihm gelänge, seinem Gegenüber die Mütze vom Kopf zu schlagen! Er fixierte sein Angriffsziel. Es war nicht alles Gold, was glänzte! Die gleißenden Beschläge bestanden aus Tombak, einer stark kupferhaltigen Messinglegierung. Dieser von Dewitz war ein eitler alter fettleibiger Kapaun, der sich aufführte wie ein Hahnrei! Der Federbusch sprach für sich. Hatte von Dewitz ihm doch Sarah zugeführt und sich den Kuppeldienst ordentlich bezahlen lassen! Als das Mädchen an ihm, dem zwanzig Jahre Jüngeren, mehr Gefallen fand als an dem grobschlächtigen alten Haudegen, war dieser tollwütig geworden. Vielleicht gereichte es Christian ja zum Vorteil, dass der Preuße sich unbeobachtet geglaubt hatte. Er nahm ihn, den Sohn eines bürgerlichen Emporkömmlings, nicht ernst. Christian hingegen wusste, was für ein verkommenes Subjekt er vor sich hatte, und das machte ihn überlegen. Fast wäre es dem Alten gelungen, ihn in seinen Sumpf hinabzuziehen! Der feige Meuchelmord hatte ihm die Augen geöffnet, aber Christian war in der Deckung geblieben. Aus schierem Eigennutz. Dass von Dewitz Christians Verlobte nun nicht nur in aller Öffentlichkeit abschätzig gemustert, sondern ihn in ihrer Gegenwart schulterklopfend dafür gelobt hatte, dass er nach der kleinen Judenfotze, der Sarah, die Hand dieser Adamstochter Eva errungen habe, hatte die Herausforderung unvermeidlich gemacht. So viel Égalité hatten die französischen Truppen unter General Custine den ehemaligen Untertanen des Kurfürsten in den wenigen Jahren der Mainzer Republik eingebläut: Der dritte Stand war satisfaktionsfähig! Von Dewitz war in brüllendes Gelächter ausgebrochen, als Robert Kempf als Christians Sekundant ihm die Herausforderung überbrachte. Sein ad hoc einberufener Ehrenrat, bestehend aus den Regimentskollegen von Bülow und von Dohna, konnte ihn schließlich bewegen, sich zu stellen. Er wählte den Pallasch und Christian hatte drei Tage lang unter der Regie eines Fechtlehrers Schwünge, Streiche, Parieren und Stechen geübt. Jetzt tat ihm alles weh, und er fragte sich, ob die Lektionen nicht zu viel des Guten gewesen waren.

Von Dohna gab das Signal. Der alte Kämpe riss die Waffe in die Höhe und stürmte los. Im letzten Augenblick sprang Christian panisch beiseite, sich duckend, stolperte, fiel, rollte einmal um die eigene Achse über den Boden, kam schwankend wieder auf die Beine. Die drei Dragoner quittierten es mit röhrendem Lachen.

»Christian!«, rief Robert, Entsetzen in der Stimme.

Christian rief sich zur Ordnung. Es ging darum, dem anderen eine blutende Wunde zuzufügen, ihn bestenfalls kampfunfähig zu machen. Es ging um die Ehre. Nicht um Leben oder Tod.

Tod! Sarahs bleiches Antlitz! Die Pranken des Dragoners an ihrem Hals! Christian war zu weit weg gewesen, das Mondlicht zu schwach, als dass er die tödliche Attacke von einer Liebkosung unterscheiden konnte. Erst als sie zusammensank, der Alte aufsprang und den Weinberg hinunterstürmte, verstand er, dass etwas Schreckliches passiert war. Sie musste ihm von der Schwangerschaft erzählt haben. Von der Frucht seiner Lenden. Christians. Von seinem Verrat. Er hatte ihr Geld gegeben, sie zur Engelmacherin geschickt. Himmel, sie war eine Itzige, ein Dirne! Eine, die des Nachts den beengten Wohnverhältnissen in der Löwenhofstraße entschlüpfte, dem Vater, der allzu bereitwillig vor ihrer Umtriebigkeit die Augen verschloss, aber das Geld umso dankbarer entgegennahm, das sie angeblich mit der Pflege einer älteren Dame verdiente. Das ‚Schändliche Dekret' von 1808, das die Franzosen den Juden trotz rechtlicher Gleichstellung beschert hatten, hätte ihren Vater geschäftlich ruiniert. Aufgrund der Hurerei seiner Tochter hätte man ihm das für jegliche Geschäftemacherei unabdingbare Moralitätspatent verweigert. Warum hatte sie sich auch mit dem Dragoner eingelassen?

Ach, sie hatte es Christian vorgeheult: Levin Gideon Friedrich von Dewitz' Vorname war das Sesam-öffne-Dich zur Pforte ihres Vertrauens und ihrer Jungfräulichkeit gewesen. Die irrige Annahme, der Preuße sei ein Mauschel! Er entschädigte sie in blanker Münze. Aber kaum, dass er sie in der Hand hatte, versuchte er, Profit aus ihr zu schlagen. Und er, Christian, hatte sich während eines Heimaturlaubs anlässlich seiner Verlobung in einer Spelunke bereden lassen, von der geöffneten Frucht zu kosten – als Vorbereitung auf das eheliche Leben. Mein Gott, er war doch vollkommen unerfahren und wollte nichts falsch machen bei seiner Eva! Dabei – wenn er ehrlich war: Die Verlobte hatte er augenblicklich vergessen, als er die prallen Brüste der süßen Sarah umfasste. Wenn etwas ihre Stelldicheins beeinträchtigte, dann war es der Gedanke an die Pranken des Preußen gewesen, den Nebenbuhler, der diesen köstlichen Busen begrabschte, wann immer ihm danach war. Ja, Christian, der angehende Ehemann, hatte den Ehrenmann vergessen. Nun galt es, ihn wiederherzustellen. Den eigenen Schweinehund zu bekämpfen, indem er den Verführer schlug.

Christian schnellte herum und hob ingrimmig den Pallasch an. Die spitz zulaufende gut einen Meter lange Klinge bot mehr Möglichkeiten als der gebogene Säbel, mit dem die berittene Infanterie noch bis vor kurzem ausgerüstet gewesen war. Körperlich und an Erfahrung hatte der schmächtige Kaufmann dem Dragoner nichts entgegenzusetzen. Aber wenn er auswich, könnte er zumindest versuchen, dem Kerl den Tschako von seinem dicken Schädel zu stoßen. Ohne Kopfschutz würde der sich nicht mehr so sicher fühlen. Als von Dewitz mit dem Waffenarm ausholte und seinen nächsten Angriff startete, ließ Christian ihn wieder dicht herankommen, wich einen halben Schritt zur anderen Seite aus und stieß mit der Rechten von unten zu. Der Mann blieb abrupt stehen und warf den Kopf in den Nacken, als wollte er der federgeschmückten Filzkappe hinterhersehen, die in die Höhe flog. Die metallene Zierkette hatte sich gelöst und wirbelte durch die Luft. Reflexhaft griff Christian zu, fing das goldfarbene Kupfer auf und steckte es ein. Später am Abend, als er seine Taschen leerte und es wiederfand, brauchte er eine Weile, um zu verstehen, wie es dorthin gekommen war. Der Gedanke hatte ihn durchzuckt, dass der andere etwas verloren hatte, was er ihm nachher aushändigen wollte. Sie waren mitten im Kampf, er hatte keine Zeit, es ihm zu überreichen. Dann blieb Christians Blick an der Klinge hängen, die noch immer hoch aufgerichtet aus seiner Hand ragte. Blut lief an ihn hinunter. Im gleichen Moment sackte der Dragoner in sich zusammen. Auf der Seite, an der Christians Pallasch ihn erwischt hatte, klaffte ein tiefer Schnitt in seinem Hals, aus dem unaufhörlich Blut sprudelte.

Christian Adalbert Kupferberg, geboren am 18. April 1824 in Kriegsheim in Rheinhessen, Sohn eines Großherzoglichen Districteinnehmers und seit 1831, dem Todesjahr des Vaters, mit seiner Familie in Mainz ansässig, wurde, nicht lange, nachdem er im Handelshaus Reiss in

Mannheim, eine Ausbildung zum Exportkaufmann angetreten hatte, im Jahr 1845 einundzwanzigjährig durch das Kreisgericht Mainz zu einem Jahr Haft in der Militärfestungsstrafanstalt Babenhausen verurteilt. Trotz der Revisionspolitik des Regenten galt nach wie vor der von den revolutionären Truppen Napoléons eingeführte Code Civil, der die Gleichheit aller Menschen postulierte und die Beweislast vom Angeklagten auf den Ankläger verschob. Ein Bürger hatte einen Adligen zu Tode gebracht. Heimtücke war nicht nachweisbar, die Regel des Komment beachtet worden. Die Sekundanten Kempf und von Bülow sowie von Dohna als Unparteiischer und Regimentsarzt bezeugten den ordnungsgemäßen Ablauf. Der Gefallene hatte gewusst, dass in einem von sechs Duellen jemand ernstlich zu Schaden, in einem von vierzehn zu Tode kam. Es hätte genauso gut den anderen treffen können.

Dieser andere hatte nun viel Zeit, über das Geschehene und über seine Zukunft nachzudenken. Der Tod des Kupplers ging ihm nicht nahe. Der von dessen Opfer umso mehr. Wie bereute er, dass er sich auf den Buhlenhandel mit dem Preußen eingelassen hatte! Und doch. Mein Gott, taten das nicht alle? Der Berufsstand der Hübschlerinnen, die junge Männer in die Kunst der Kopulation einführten, ältere für Liebesmangel entschädigten, war nichts, worüber man sich Gedanken machen musste. Außer man blickte hinter die Fassaden, ließ sich vom Unglück der Weiber affizieren. Er war doch noch so jung und weichherzig und gutgläubig gewesen. Was, wenn die Metze ihm ein Lügenmärchen aufgetischt und gar kein Kind von ihm unter dem Herzen getragen hatte? Die Wahrheit würde nie ans Licht kommen. Er selbst hatte dafür Sorge getragen und Sarahs Leichnam verschwinden lassen.

Christian schauderte, wenn er daran zurückdachte. Warum war er an jenem Abend wieder in den Weinberg gestiegen? Er hatte Sarah ausgezahlt und weggeschickt, ihr gesagt, sie könnten sich nie wieder sehen, sie müsse das Kind wegmachen lassen. Wollte er sich vergewissern, dass sie nicht wieder zurückkäme zu ihrem Treffpunkt?

Da war sie! Mit von Dewitz. In inniger Umarmung, wie es schien. Als der Dragoner wegrannte und Christian das Mädchen am Boden liegen sah, war er aus der Deckung gekommen und zu ihr geeilt. Er hatte sie geschüttelt, ihren Namen gerufen, sie geschlagen, um sie ins Leben zurückzurufen. Geschluchzt hatte er gar. Die Male an ihrem Hals, die aufgeplatzten Äderchen in den hervorquellenden Augen zeugten von dem Tod durch Erwürgen. Wäre der Dragoner in diesem Moment zugegen gewesen, Christian hätte sich in blindem Zorn auf ihn gestürzt, um ihm mit bloßen Händen Gleiches anzutun. Wut und Entsetzen wichen einer abgrundtiefen Verzweiflung, als er sich seine eigene Lage vor Augen führte. Wenn er den Meuchelmörder anzeigte, so stünde vermutlich Aussage gegen Aussage, wobei in dem Fall das Wort des Adligen mit Sicherheit besser beleumdet war. Dafür würde dieser jede Einzelheit ihrer unschicklichen Verbindung ans Tageslicht zerren und so drehen, wie es ihm gerade zurechtkam! Er hatte doch keine Wahl gehabt. Christian stöhnte und hämmerte mit den Fäusten gegen die Mauersteine seines Verlieses.

Das Entsetzen über die tote Israelitin war nur der Auftakt zu einem ungleich größeren Grauen gewesen. Als er nämlich mit sich zu Rate gegangen und im Schutz der Dunkelheit aus dem Schuppen seines Hauses eine Hacke und einen Spaten beschafft hatte und zurückgekehrt war, um die Leiche der Geliebten an Ort und Stelle zu bestatten. Es war der gleiche Ort, an dem sie sich mehrfach zum Liebesspiel unter freiem Himmel getroffen hatten, mitten im Weinberg am Kästrich, ein Stück unterhalb des alten Klosters, das zu der Zeit von den Weißfrauen bewohnt wurde, einem Magdalenerinnenorden. ‚Wie passend!‘, dachte Christian, den Blick auf das Gemäuer am Berg über ihm gerichtet. ‚Ihr lieben Frauen, die ihr euch der bußfertigen Straßendirnen erbarmt, nehmt bitte auch diese arme Seele gnädig auf!‘ Dann begann er zu graben. Es währte nicht lange, da stieß er auf Ziegelsteine. Die Lage am Hang ließ ihn vermuten, dass es sich um ein Kellergewölbe des Klosters handeln musste, obwohl es ihn wunderte, dass der Klerus über derart weitläufige

Weinkeller verfügte. Christian versuchte es einen halben Meter tiefer, ein Stück an der Seite, zur anderen. War der Boden nur so trocken, oder war da tatsächlich überall Stein? Er griff zur Spitzhacke. Kurz darauf gab es einen Durchbruch. Etwas polterte, Steine krachten und ein dunkles Loch tat sich vor ihm auf. Modriger Geruch mit einer äußerst unangenehmen Beinote stieg ihm in die Nase. Christian griff in die Jackentasche, wo er stets einige Streichhölzer mit sich führte. Das erste Hölzchen flammte auf und erlosch gleich wieder, weil die Hand, die es führte, zurückgezuckt war. Hatte er eine Erscheinung gehabt? Das Herz pochte ihm heftig. Dennoch versuchte er es aufs Neue, zündete ein Hölzchen dicht vor dem Loch, beschirmte es sorgfältig mit der anderen Hand und schob es vorsichtig ins Dunkel der Höhle. Wahrhaftig! Es schien, als grinsten ihn tausend Totenschädel an! Langsam, ganz langsam bewegte Christian das Lichtlein hin und her und konnte kein Ende absehen. Knochen, Schädel, fast verrottete Fetzen von Kleidung, Hunderte Tote, wenn nicht mehr, mussten in dieser Gruft unabsehbaren Ausmaßes bestattet sein. Da! Eine Bewegung! Etwas schwirrte aus dem Loch, streifte seine Hand und löschte das Licht. Fast hätte er hysterisch aufgelacht. Eine Fledermaus! Noch einmal zündete Christian ein Hölzchen, versuchte, das Gewölbe auszuleuchten, und wieder grinsten ihm Schädel ohne Zahl entgegen. Endlich, als das Flämmchen seine Finger ansengte, ließ er es fallen, kniete neben der toten Sarah und vor dem Loch der tausend Gebeine nieder und sprach ein Vaterunser. Dann verbreiterte er die Öffnung gerade so weit, dass der Körper des Mädchens hindurchpassen würde. Sie war in der Zwischenzeit kalt und steif geworden, so dass es ihm nicht schwerfiel, ihren Leib mit dem Kopf voran in die Gruft zu schieben. Es gab ein dumpfes Geräusch, als die Tote auf die Toten fiel. Christian bekreuzigte sich und begann sogleich damit, die Steine wieder derart in die Öffnung einzusetzen, dass sie ein festes Gefüge bildeten, auf das er schließlich kleinere Steine, Erde und anderen Unrat schichtete, zuallerletzt bedeckte er die Stelle mit Moosen und Gras und verwischte die Spuren seiner nächtlichen Grabung weitflächig, bis er im frühen Morgengrauen den Eindruck hatte, dass von der Grabung nichts mehr zu erkennen war und nur jemand mit sehr scharfen Augen, der hier gezielt eine Unregelmäßigkeit suchen würde, vielleicht noch etwas argwöhnen konnte. Das Grauen in seinem Herzen blieb. Als er Spaten und Hacke im Schuppen verräumte, fing es eben an zu regnen. Erst ein paar spärliche Tropfen, dann nieselte es Faden, und schließlich lief das Wasser unaufhörlich, als wollte der Himmel sich ausweinen über die Schlechtigkeit der Menschen und seine, Christians, im Besonderen. Er verbrachte den Tag auf dem Zimmer, Unpässlichkeit vortäuschend, und weinte mit. Es dauerte Tage, ehe er seiner Verlobten wieder unter die Augen treten konnte, und erst Wochen später, bei seinem nächsten Heimatbesuch, brachte er es über sich, mit ihr am Rheinufer zu flanieren, als wenn nichts gewesen wäre. Just da war ihnen der vermaledeite von Dewitz über den Weg gelaufen und hatte ihn vor seiner Braut beleidigt.

Nach der Haftzeit beendete Christian die Ausbildung so bald als möglich, heiratete und nutzte die neue Gewerbefreiheit, auch diese eine Neuerung, die das noch jungfräuliche Rheinhessen den Franzosen zu verdanken hatte. Der Jahrhunderte alte Zunftzwang war aufgehoben, freies Wirtschaften möglich, wenn auch von einigen Verwerfungen begleitet, die noch lange anhalten würden, zumal immer neue Kriegswirren das gerade Erreichte wieder zerstörten. Die Ärmsten der Armen suchten ihr Glück in der Fremde, im gelobten Land jenseits des großen Meeres. Christian versuchte seins in der Heimat. War es das Memento Mori, das ihn am Kästrich mit voller Wucht getroffen hatte, das ihn zu einem außergewöhnlich ernsten, zielstrebigen und pflichtbewussten Menschen formte und wie magisch an diesem Ort band? Drei Jahre, nachdem er mit seinem Freund Robert Kempf in Neustadt an der Weinstraße eine

‚Fabrication moussierender Weine' gegründet hatte, trennten sich die Partner wieder. Christian Adalbert Kupferberg siedelte sich noch im gleichen Jahr mit einer eigenen Sektkellerei in Mainz an. Die Festungskommandatur hatte Gewerbegelände in der Stadt freigegeben, und Kupferberg erwarb große Grundstücke auf dem Kästrich, die bis dahin mit Reben bepflanzt gewesen waren. 1852 ließ er sich die Marke ‚Kupferberg Gold' schützen und machte sich daran, die Kellerei zu den bis in die Gegenwart tiefstgeschichteten Sektkellern der Welt auszubauen. Über sieben Stockwerke umfassen die insgesamt sechzig Kellersegmente, die bis zu fünfzig Meter unter der Oberfläche liegen.

Bis heute hält sich ein Gerücht in der Mainzer Bevölkerung, das in Wirklichkeit gar keines ist: Dass die Familie Kupferberg jede Menge Leichen im Keller hat. Es gibt sie. Allerdings hat Christian Adalbert Kupferberg dafür Sorge getragen, dass die Ruhe der Toten ungestört blieb. Die Wand, hinter der sich die geheimnisvolle Gruft befand, auf die er in jener schrecklichen Nacht per Zufall gestoßen war, hatte er selbst erst nach langem Suchen gefunden. Als er sich vergewissert hatte, ließ er die Mauern verstärken – nach innen und außen. Die Kirchenbücher der ehemaligen Klosterverwaltung gaben schließlich Aufschluss über die Herkunft der Gebeine: Es handelte sich um Opfer des ‚Typhus de Mayence'. Mainz war 1813 die äußerste Bastion der Grande Nation gewesen und damit der erste Zufluchtsort für die Angehörigen der geschlagenen französischen Armee auf dem Rückzug. Unter furchtbaren hygienischen Verhältnissen waren auf engstem Raum dreißigtausend Soldaten eingeschlossen, ein Großteil von ihnen bereits sehr geschwächt und an Typhus erkrankt, der sich rasend schnell unter den Männern ausbreitete. Fünfzehntausend Tote waren innerhalb von wenigen Monaten zu beklagen, und die Obrigkeit wusste sich schließlich nicht anders zu helfen, als dass man die ausgemergelten Körper in dem tiefsten Kellergewölbe des Klosters stapelte und so Hunderte, wenn nicht Tausende – kein Mensch gab sich noch die Mühe die Leichen zu zählen – gleichzeitig in einer riesigen Gruft beisetzte, die gleich darauf zugemauert wurde.

Christian Adalbert Kupferberg hat das Geheimnis um die Toten lebenslänglich bewahrt. Zuvörderst weil ihm nicht daran gelegen war, dass die Geschichte um die arme Jüdin Sarah je aufgedeckt würde. Dazu kam der Aberglaube, dass die Geister der Verstorbenen es übelnähmen, wenn er sie nicht in Ruhe ließe, und dass sich ihr Unmut ungünstig auf die Produktion auswirken könnte. Mit Sicherheit ein guter Schachzug, denn die Marke ‚Kupferberg Gold' ist bis heute als besonders bekömmlich bekannt und beliebt.

Apropos ‚Gold': die Stelle, hinter der die Gruft sich befand, konnte der Unternehmensgründer dennoch nie vergessen, hat er sie doch eigenhändig markiert, indem er den Beschlag, den er von dem Dragoner im Duell erbeutet hatte, an die Mauer nagelte.

Tief unten im Berg ein kleines bisschen Kupfer, das wie Gold glänzt.

Kulinarischer Aufhänger: Sekt

Erstveröffentlichung in: *1000 Hügel – 1000 Schatten*, Hrsg.: Antje Fries und Angelika Schulz-Parthu, Leinpfad Verlag Ingelheim 2016

ABFÜHR-MITTEL

Bei unserer friesischen Verwandtschaft waren Rosinen eine Kostbarkeit, die nur den Großen zustand. Onkel Garlef behauptete, sie seien nichts für Kinder, weil sie blähten. Er selbst hatte einen mächtig aufgedunsenen Bauch und nahm zu jeder Tageszeit ein Glas mit Rosinen zu sich.

Tante Fenna legte sie in einer Flüssigkeit ein, die scharf und süß zugleich roch. Anfangs lagen sie schrumpelig und klein am Boden der Flasche, dann quollen sie, trieben auf und schwebten als braune Masse zur Oberfläche. Manchmal tauchte Onkel Garlef seine dicken Finger, die an der Kuppe tabakgelb und am Nagel mit einem schwarzen Rand versehen waren, ins Glas, fischte eine Rosine aus der bräunlichen Suppe und hielt sie uns hin. Sie sah aus wie ein weicher Kaninchenköttel. Ich habe nur einmal kurz geschnuppert. Onkel Garlef lachte und meinte, das sei eben etwas für Männer. Was nicht stimmte, denn Tante Fenna nahm hin und wieder auch ein Gläschen davon. Sie nippte, kicherte dann und machte viel Getue.

Jens, der zeigen musste, wie groß er schon war, kostete und ließ sich nichts anmerken. Zumindest versuchte er es. Aber ich konnte genau sehen, wie sich die Härchen in seinem Nacken aufrichteten. Onkel Garlef klopfte ihm mit der Linken auf die Schulter und nannte ihn einen echten

Witing – im Gegensatz zu Onkel Uwe, der doch sein Sohn war. Sein einziger.

Vor Onkel Garlefs linker Hand ekelte ich mich noch mehr als vor der rechten, weil da nur drei Stummel, ein kleiner Finger und der Daumen waren. Eine Kriegsverletzung, hatte der Onkel mir bei unserem Antrittsbesuch vor einem Jahr erklärt.

Bei unserer Ankunft in Greetsiel kehrten wir stets zuerst bei Onkel Garlef, der in Wirklichkeit mein Großonkel war, ein und machten *Teetied*. Dazu servierte Tante Fenna Ostfriesentee mit *Kluntjes* und 'n *Wulkje Rohm*, wie sie es nannte, ein Wölkchen Sahne, und Onkel Garlef schlürfte ein Glas *Sinbohntjesopp*, wie der Rosinenlikör hieß, den er ständig trank.

Ich war acht und hatte mich zum ersten Mal getraut, nach seiner Hand zu fragen. Immer hatte man uns eingeschärft nicht hinzustarren, wenn wir jemandem begegneten, dem Gliedmaßen fehlten. Es gab damals viele solcher Menschen, und es gehörte sich nicht zu gucken und schon gar nicht zu fragen.

»Rückreiseschein« nannte unser Vater auf der Weiterfahrt zur Unterkunft am Greetsieler Hafen die Stummelhand im Gespräch mit Mama.

»Wieso Rückreiseschein?«, fragte Jens neben mir auf der Rückbank. Er tat im Auto gerne, als ob er schlief, weil es dann interessantere Dinge zu hören gab.

Papas Blick traf meinen im Rückspiegel. Er runzelte die Stirn, gab aber Auskunft. »Er wollte weg. Da hat er sich in die Hand geschossen und wurde nach Hause geschickt.«

»Hä?«

»Aus Versehen natürlich. Beim Säubern der Pistole.«

»Aus Versehen oder extra?«

Obwohl Papa mit dem Rücken zu uns saß, konnte man hören, wie er die Augen verdrehte. »Er hat *getan*, als wäre es ein Versehen. Sie hätten ihn doch sofort aufgehängt, wenn er es extra gemacht hätte. Was meinst du, was die Soldaten sich für Tricks haben einfallen lassen, dass sie von der Front wegkamen? Er hatte einfach Schwein.«

»Irre!«, sagte Jens

»*Jens*!« Das war Mutter.

»*Schwein*?« Ich schauderte. Wie mochte es sich anfühlen, wenn man eine geladene Pistole in der Hand hielt? Wie hatte Onkel Garlef das angestellt? Sich das Ding in den Schoß gelegt? Die Finger der linken Hand in den Lauf gesteckt? Mit einem Putzlappen? Dann den Daumen der Rechten über den Hahn gezogen, gerade fest genug, dass er zurückschnappte – Peng! Ich hielt mir beide Ohren zu. Wieder und wieder schüttelte es mich.

»Eigentlich ganz schön mutig«, meinte Jens. Und nach einer Pause: »Aber auch feige, findest du nicht, Papa?«

»Ich wünschte, *mein* Vater wäre desertiert«, sagte Papa.

»Im Krieg gibt es kein mutig oder feige.« Mama legte ihm die Hand auf den Unterarm. Er schüttelte sie ab und fummelte an der Sonnenblende.

»Mama, wie alt ist Tante Fenna eigentlich?«, fragte ich.

»Tante Fenna? – Anders, wie alt ist Tante Fenna?«

Papa klappte die Blende wieder hoch. »Uff! – Uwe ist zwei Jahre nach dem Krieg geboren, da war ich gerade siebzehn und Fenna vier Jahre älter. Sie müsste jetzt knapp über vierzig sein. Onkel Garlefs erste Frau war kurz nach seiner Einberufung gestorben. Blinddarm. Bei der zweiten Hochzeit wird er schon auf die Fünfzig zugegangen sein.«

»Und warum hat sie so einen verkrüppelten alten Knacker geheiratet?«

Mama war durch die Autositzlehne in ihrer Bewegungsfreiheit eingeschränkt, daher streifte ihre Ohrfeige Jens‘ Kopf nur.

»Dein *Onkel*«, grollte sie.

»Männer waren Mangelware nach dem Krieg«, sagte Papa. »Was meinst du, wie mir als Student die Mädels nachgelaufen sind!« Er kniff Mama in die Wange. »Vergebens!«

Mama drehte sich um und zwinkerte mir zu. »Unter uns Pastorentöchtern: Dein Vater war der größte Schürzenjäger von Göttingen!«

Während ich noch darüber nachdachte, was sie damit meinte, rief Vater: »Da ist die alte Pastorei ja! Dann packt mal aus, ihr Pastorentöchter! Wir Männer machen uns derweil auf die Schürzenjagd! Vielleicht finden wir dabei ja auch Fahrräder zum Leihen, was, Jens?«

Die alte Pastorei gehörte zum *Hohen Haus*, wo wir jedes Jahr die Ferien verbrachten. Unter dem Giebel des großen Hauses standen die Ziffern 1696, so alt war das Gebäude nämlich schon. Papa hatte uns erzählt, es sei das ehemalige Rentmeisterhaus gewesen.

»Die hatten Rentiere?« Jens war begeistert. Papa erklärte, es sei eine Art Finanzamt gewesen, und Jens‘ Interesse erlosch schlagartig. Ich wette, er hatte keine Ahnung, was ein Finanzamt war, aber es klang nach Büro und Dingen, die uns nichts angingen und so langweilig waren, dass kein Kind es wirklich wissen wollte.

Auch wenn wir, soweit ich zurückdenken konnte, in den Sommerferien nach Greetsiel fuhren, wo Papa herkam, wohnten wir nie bei unseren Verwandten. Dennoch hieß es immer: »Wir besuchen die Familie.« Nie sagten sie: »Wir fahren in Urlaub.« Als Kind denkt man nicht darüber nach, erst im Rückblick versteht man manches anders.

Mein Vater hatte, nachdem er in den letzten Kriegstagen nach Emden zur Flak, dann zum Studium nach Göttingen gekommen war, nie wieder nach Greetsiel zurückgewollt. Sein Vater war an der Front geblieben, die Mutter bei einem Bombenangriff umgekommen. Geschwister hatte er nicht. Die Verwandtschaft war weitläufig und das Einzige, was ihm geblieben war. Auf der Seite meiner Mutter gab es zwei Schwestern, die unerreichbar in der Ostzone, wie es damals hieß, wohnten. Das, was in der Generation unserer Eltern an Familie überlebt hatte, war eine Gemeinschaft, die nicht hinterfragt wurde. Man war froh, dass da noch jemand war, der zu einem gehörte, der einem Halt gab. Heute bin ich mir sicher, dass Papa Onkel Garlef schon damals nicht leiden mochte. Aber es war ein ungeschriebenes Gesetz, dass wir jedes Jahr in den Sommerferien nach Greetsiel fuhren und den Onkel besuchten.

Für uns war es eine schöne Zeit. Wir genossen die Freiheit, die Sonne, das Meer, und es gab eine Menge Kinder, von denen ich heute kaum noch sagen könnte, wer zu den Verwandten und wer zur Nachbarschaft gehörte. In Ostfriesland waren anscheinend alle Menschen weitläufig miteinander verwandt und daher auch mit uns. Zumal damals alle Erwachsenen ‚Onkel' und ‚Tante' genannt wurden. Wer sollte das schon auseinanderhalten?

Heute würde ich vermutlich niemanden mehr erkennen. Und das lag an Maria. Oder Barbara. Oder eigentlich lag es nur an Onkel Garlef.

Und an der *Sinbohntjesopp*.

Wenn in Ostfriesland ein Kind geboren ist, kommt die ganze Verwandtschaft zusammen und stößt mit Ostfriesischer *Bohntjesopp* darauf an. Das sind mit in *Ostfreeske Branntwien* eingelegte Rosinen. Zu diesem Anlass spricht man auch von *Kinnertön*, weil die Rosinen an kleine Kinderzehen erinnern.

Damals wusste ich das alles natürlich nicht. Ich wusste nur: Onkel Garlefs Sohn Uwe, der vor kurzem erst geheiratet hatte, war Vater geworden, und die ganze Familie kam am Wochenende zum Feiern nach Greetsiel. Ich war vollkommen aus dem Häuschen, weil es sich um das erste Baby in der Verwandtschaft handelte. Und ich würde es ganz bald im Arm halten dürfen. Das hatte Mama mir fest versprochen. Sie würde Tante Barbara – so hieß die junge Mutter, die wir auch zum ersten Mal sehen würden, – erklären, dass ich schon ein großes Mädchen sei, neun Jahre, und die kleine Maria gewiss nicht fallen lassen werde.

Im Nachhinein bin ich mir sicher, dass meine Eltern ahnten, dass es Probleme geben würde. Die Namen sprachen für sich. In Greetsiel hieß man nicht Barbara oder Maria. Im Ruhrgebiet, wo wir lebten, war das völlig normal. Ich hatte zwei Marias und eine Barbara allein in meiner Klasse. Aber friesische Namen klingen anders.

Wir kamen mit einer halben Stunde Verspätung an, weil wir unterwegs im Stau gestanden hatten. Es war ein sonniger Maitag. Alle Witings und Pannebackers – Fennas Verwandte – waren im Packhaus zusammengekommen, einem ehemaligen Kornspeicher, in dem die Familie Schoof, die auch die *Rote Mühle* betrieb, ein Café eingerichtet hatte. In unmittelbarer Nähe der Galerieholländer-Mühle stand ihr Zwilling, die grüne oder nach ihrem Erbauer benannte *Bussensche Mühle*, die damals nur zum Eigenbedarf genutzt wurde. Eine wunderbare Kulisse für den freudigen Anlass. Festlich eingedeckte Tische, auf jedem eine hohe bauchige Glaskaraffe mit gläsernem Schöpflöffel, mit dem man sich *Kinnertön* einschenken konnte. Daneben gab es natürlich Tee, Kaffee und für uns Kinder Limo und Apfelsaft. Und Berge von Kuchen.

Und das Wichtigste: Maria! Ein winziges Menschlein mit großen dunklen Kulleraugen, schwarzem Flaum am Kopf, das strahlte, strampelte und mir zwei Ärmchen entgegenstreckte, als ich mich über den Kinderwagen beugte. Die junge Frau, die gleich danebenstand, war kaum größer als ich und schön wie eine Prinzessin aus Tausendundeine Nacht. Sie hatte schwarze lockige Haare, die offen bis zur Hüfte über ihren Rücken wallten, ihre Augen waren von so einem Dunkelbraun, dass die Pupille darin fast nicht mehr zu erkennen war, und ihr Strahlen ähnelte dem des Säuglings.

»Du musst sein Tochter von Anders. Elke?«, sagte sie mit zischelndem »s« und rollendem »r«, und als ich nickte, öffnete sie die Arme, umschlang und küsste mich, als sei ich ihre lange vermisste beste Freundin und keine Wildfremde, die ich doch vor einer Sekunde noch für sie gewesen war. Sie hob das Kleine aus der Wiege und legte es mir in die Arme. »Maria«, sagte sie. Dann zu dem Baby gewandt: »Kusine. Elke.«

Mein Vetter Uwe kam dazu, überschwänglich, wie ich ihn zuvor nie erlebt hatte, umarmte und küsste erst mich mit dem Baby, dann meine Eltern und Jens, die mir gefolgt waren. Schließlich legte er den Arm um Barbaras Schultern und rief einige Menschen herbei, die ebenso dunkel und schwarzhaarig wie seine Frau waren, und stellte sie mir als ihre Eltern, Geschwister, Tanten, Onkels, Vettern und Kusinen vor. Viele hatten Namen, die ich noch nie gehört hatte und mir nicht merken konnte, sprachen gebrochen deutsch, aber sprudelten schier über in einer Sprache, die meine Mutter Portugiesisch nannte. Erst nachdem ich gefühlte hundertmal gedrückt und geküsst worden und das Baby von Arm zu Arm gewandert war, kam ich dazu, die Greetsieler Verwandten zu begrüßen. Sie saßen an den Tischen, uns zugewandt, lächelnd, und so schritten wir die Reihen ab, schüttelten Hände und ließen unsere Köpfe tätscheln. Einige von den Kindern waren uns gleich entgegengelaufen, aber für Erwachsene gehörte sich das nicht. So hatte ich es immer kennengelernt.

Am Kopf des größten Tischs saß Onkel Garlef. War er verärgert über unsere Verspätung? Er stierte geistesabwesend vor sich hin und lächelte kein bisschen. Als ich ihm die Hand entgegenstreckte, reagierte er nicht, sondern fixierte mich, als hätte er Mühe mich einzuordnen.

Tante Fenna, die neben ihm saß, rüttelte an seiner Schulter und sagte eine Spur zu aufgekratzt: »Wie *schön*, dass ihr kommt! Guck, Garlef, da ist *Elke*!«, woraufhin ihr Mann schließlich lallte: »Hallllo Ellllke!«

Er hob ein halb geleertes Glas Sinbohntjesopp, legte den Kopf zurück und stürzte den Inhalt mit großen Schlucken herunter. Zweimal tanzte sein Adamsapfel auf und nieder, dann rutschten die eingelegten Rosinen hinterher, verschwanden in seinem Mund, der sich hinter ihnen schloss. Er glotzte mich an, seine Kiefer mahlten, rechts und links liefen kleine Likörfäden aus seinen Mundwinkeln.

Mein Vater schob mich beiseite. »Geht mit den anderen Kindern spielen, Elke, Jens!«

Wir gehorchten. Aber mein Blick blieb an dem Großonkel hängen, der nun von Tante Fenna und meinem Vater eingerahmt wurde. Beide redeten auf ihn ein. Er reagierte nicht. Hob nur wieder das Glas, leerte es und schenkte sich nach. Als ich mich umguckte, stellte ich fest, dass ich nicht die Einzige war, die ihn beobachtete.

Nur Barbaras Verwandte blieben auf das junge Paar und den Säugling konzentriert, lachten, unterhielten sich und schienen taub für das, was an den anderen Tischen getuschelt wurde. Weil sie es nicht verstanden? Nicht verstehen *wollten*, was sich am anderen Ende des Raums zusammenbraute?

Onkel Garlefs Zunge löste sich. Es sah aus, als brabbelte er zunächst nur vor sich hin, dann wurde er lauter. Verstehen konnte ich nichts, und das lag nicht nur daran, dass er lallte, sondern dass ich zu weit entfernt war und überall geredet wurde. Als Onkel Garlef anfing zu singen, verstummten die Gespräche. Einige Männer standen auf und gingen auf seinen Tisch zu. Frauen kamen hinterher, versuchten die Kinder festzuhalten. Ich drängelte mich durch. Es wirkte, als wollte die Familie einen Ring um Onkel Garlef bilden. Wovor wollten sie ihn schützen?

Ich sah mich um. Uwe und seine neue Familie standen immer noch im Pulk um den Kinderwagen, während einige portugiesische und ostfriesische Kinder nach wie vor herumflitzten, sich neckten und fangen spielten. Nun wendeten auch Barbaras Verwandte ihre Blicke in die Richtung, aus der der Gesang kam. Einige lächelten und wiegten die Köpfe zu der Melodie. Weil sie die Sprache nicht kannten?

Uwes Augen waren weit aufgerissen. Er schien zur Salzsäule erstarrt. Die Portugiesen wurden ernst, man tuschelte. Mir kam der Gedanke, dass die Greetsieler vielleicht *sie* hatten schützen wollen.

Ich hörte nun deutlich, was Onkel Garlef sang. Es war das »Borkumlied«. Jahre später erst haben meine Eltern mir erklärt, was es bedeutete. Damals verstand ich nur die Worte:

»An Borkums Strand nur Deutschtum gilt, nur deutsch ist das Panier.
Wir halten rein den Ehrenschild Germania für und für!
Doch wer dir naht mit platten Füßen, mit Nasen krumm und Haaren kraus,
der soll nicht deinen Strand genießen, der muss hinaus, der muss hinaus!«

Zu Beginn des zwanzigsten Jahrhunderts war Borkum eine Hochburg der Antisemiten gewesen, deren Bestreben es war, Badegästen einen

»judenfreien« Aufenthalt zu ermöglichen. Zumindest bei Onkel Garlef war der Gedanke offensichtlich auf fruchtbaren Boden gefallen, hatte Kriegs- und Nachkriegszeit überlebt, um nun seine hässliche Fratze zu heben. Auch wenn es hier nicht um »krummnasige Juden«, sondern um dunkelhaarige Portugiesen ging.

Als Neunjährige verstand ich immerhin die Botschaft: Onkel Garlef mochte seine neue Familie nicht. Die ausländische Mutter seiner Enkelin. Deren Vater seit zwei Jahren als Gastarbeiter in Emden VW-Käfer produzierte. Er hätte sie am liebsten rausgeschmissen. Die Frau seines einzigen Sohnes, die im ersten Moment unserer Begegnung mein Herz gewonnen hatte. Die er hasste, weil sie *fremd* war. Wofür sonst standen die platten Füße, die krummen Nasen und die krausen Haare? Aber: Wie konnte er Barbara nur hässlich finden? Und Maria?

Uwe war aus seiner Erstarrung erwacht. Er drängte durch die Menge. »Du Sau!«, schrie er. »Du blödes, unverbesserliches Nazi-Schwein!«

Onkel Garlef musste sturzbetrunken sein, reagierte aber blitzschnell. Noch ehe Uwe ihn erreichte, hatte er einen Gegenstand aus seiner Jackentasche gerissen, den er seinem Sohn entgegenstreckte. Frauen kreischten, Männer schrien, ich glaubte meinen Augen nicht zu trauen. Jens, von dem ich bisher gar nicht wahrgenommen hatte, dass er neben mir stand, rief: »Eine *Walther*!«

Vielleicht lag es daran, dass die Situation so bizarr war, dass mein Gehirn die Eindrücke nicht mehr verarbeiten konnte. Ich weiß noch genau, dass ich in dem Moment darüber nachdachte, was Jens meinte. Ich kannte keinen Walther unter den Anwesenden. Und wieso sprach er von Walther, als sei er eine *Frau*?

Einer der älteren Männer, die in unmittelbarer Nähe meines Großonkels saßen, erhob sich. »Garlef!«, rief er. »Denk an den erschossenen Jungen! Genau hier! An der roten Mühle! Noch einmal kommst du nicht davon!«

Welcher Junge? Einen Moment lang schienen alle die Luft anzuhalten.

»*Abschaum*!«, kreischte Onkel Garlef. Tatsächlich bildeten sich kleine Speichelbläschen um seinen Mund. »Er hatte es nicht anders *verdient*!«

Wer? *Uwe*?

Ein Getümmel entstand. Jemand schrie: »Polizei! Polizei!« Menschen duckten sich, rissen Kinder zu Boden, dann sah ich meinen Vater und Uwe mit Onkel Garlef ringen. Meine Mutter, die sich in seine Rechte verbiss. Tante Fenna, die an der Pistole zerrte. Onkel Garlef stöhnte.

Die Gruppe wogte hin und her. Als ich Jahre später Michelangelos Laokoon sah, hatte ich das Bild schlagartig wieder vor Augen.

Dann ging alles sehr schnell. Etwas Metallisches plumpste, schepperte, die Frauen duckten sich auf den Boden, Onkel Garlefs Kopf kippte gegen die *Kinnertön*-Karaffe, Papa und Uwe verdrehten ihm die Arme hinter dem Rücken, *Sinbohntjesopp* pladderte auf das Linoleum.

Vor dem Haus ertönte eine Polizeisirene.

Als die Schutzmänner den Raum betraten, schrie Uwe. »Abführen!«

Tante Fenna schluchzte. Die Polizisten schoben sich durch die Menge, der eine löste ein Paar Handschellen von seinem Gürtel. Onkel Garlef wehrte sich nicht. Im Gegenteil. Die Männer mussten ihn mit vereinten Kräften aufrichten. So stand er vor der versammelten Familie, glasiger Blick und vollkommen derangiert. Kragen und Knöpfe waren abgerissen, Gesicht und Hemd bräunlich verschmiert, Rosinen klebten ihm in den Haaren. Dann sackte er zusammen. Als die Notarztsirene aufheulte, war er bereits tot.

Wir fuhren nicht zur Beerdigung.

Uwe und Barbara zogen im gleichen Jahr noch nach Duisburg. Tante Fenna fand ganz in der Nähe eine kleine Wohnung, später einen Platz in einem Seniorenheim, wo wir sie regelmäßig besuchten, bis sie kürzlich mit siebenundachtzig Jahren friedlich einschlief. Sohn und Schwiegertochter bescherten ihr fünf Enkel: Maria, Luisa, Ramon, Mateo und Fenna.

Die Gerichtsakte aus dem Jahr 1920, die sie ihrem Sohn hinterließ, hat Uwe meinem Vater weitergegeben. Er wollte nichts mehr mit Onkel Garlef zu tun haben.

Ich habe die Unterlagen studiert. Es belastet mich. Aber ich denke auch mit Bedauern an den Teil meiner Kindheit, die bis zu jenem Mai 1967 eine glückliche war. Ich werde dorthin zurückkehren. Vielleicht wenn die grüne Mühle wieder hergerichtet ist? Nach einem Sturm am 28. Oktober 2013 war sie schwer beschädigt worden.

Ich möchte die Stelle sehen, an der mein Großonkel 1920 im Dunkel der Nacht einen sechzehnjährigen Juden hingerichtet hatte. Als Mitglied der »Greetsieler Einwohnerwehr« war er mit einer Walther »Modell 7« auf Patrouille gewesen, als der Junge sich dort herumtrieb. Es hatte Unruhen gegeben. Arbeiter aus Emden machten seit April 1919 »Speckumzüge«, zogen in die umliegenden Dörfer, um Nahrungsmittel zu stehlen. Jeder Fremde war verdächtig.

Den genauen Tathergang hatte das Gericht nicht rekonstruieren können. Tatsache war, dass die Mühle lichterloh brannte. Die Leiche lag vor dem Gebäude, halb verkohlt. Mehrere Schüsse steckten in der Mauer und im Kopf des Jungen.

Er habe den Juden beobachtet, der an der Mühle mit Benzin gezündelt habe, hatte Garlef ausgesagt. Er habe ihn angerufen, aber der andere habe nicht gehört, woraufhin er einige Warnschüsse abgegeben habe, von denen einer den Kerl getroffen haben müsse. Es sei schließlich Nacht gewesen, da habe er nicht genau zielen können. Das Feuer sei da nicht mehr zu stoppen gewesen.

Man hatte Garlef laufen lassen. Es passte ins Bild. Für viele war er ein Held. Auch wenn die abgebrannte Mühle als Kollateralschaden schmerzte.

Ja. Vielleicht hatte der Junge Übles im Schilde geführt. Alles sprach dafür, dass er Nahrung suchte und einbrechen wollte. Aber warum hätte er die Mühle abfackeln sollen? Viel wahrscheinlicher war doch, dass Garlef ihn an der Mauer gestellt und liquidiert hatte. Um die Tat zu vertuschen, wird er ihn mit Benzin übergossen und angesteckt haben. Anders lässt sich kaum erklären, dass die Leiche derart verkokelt war. Dass die Mühle niederbrannte, wird Garlef zumindest billigend in Kauf genommen haben.

Man könnte es eine Jugendsünde nennen. Verblendung. Wie viele Menschen sind später in der braunen Brühe mitgeschwommen? Dass Garlef bis zum Schluss nichts daraus gelernt hatte, kann ich ihm nicht verzeihen. Nein, ich will nicht vergessen. Aber ich möchte Frieden schließen mit der Vergangenheit.

In der neu eingerichteten Teestube im Erdgeschoss der grünen Mühle will ich eine *Teetied* mit *Kluntjes* und 'n *Wulkje Rohm* einnehmen und mich erinnern. An eine glückliche Kindheit im wunderschönen Greetsiel.

Kulinarischer Aufhänger: Sinbohntjesopp

Erstveröffentlichung in: *Grünkohl, Mord und Pinkel*, Hrsg.: Regine Kölpin, Wellhöfer Verlag Mannheim 2016

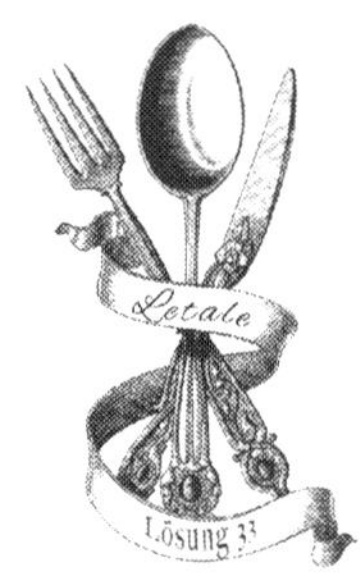

ÜBER DIE ERFINDUNG DES TATARS

Ein Tatsachenbericht

Er wurde in einem Zug geboren. Also nicht an einem Stück, das versteht sich ja von selbst. Ich meine, wenn Kinder zur Welt kommen, geschieht das in der Regel an einem Stück – nicht die Kinder, den Vorgang der Geburt meine ich. Die Kinder natürlich auch. Normalerweise jedenfalls. Also, er ist in einem Stück und in einem Zug geboren worden, und zwar in der Transsibirischen Eisenbahn. Die ist ja etwas länger unterwegs, so dass seine Mutter irgendwann nicht mehr an sich halten konnte, und da ist es halt passiert.

Von den Tataren sagt man ja, dass sie Tag und Nacht unterwegs waren. Die schliefen im Sattel und aßen im Sattel, und weil sie schlecht kochen konnten im Sattel, haben sie das rohe Fleisch halt weich geritten. Sich einfach draufgesetzt, und weil man beim Reiten ja immer ein bisschen auf und ab wippt, wurde das Fleisch schön durchgewalkt, bis es mürbe war und bekömmlich. Mein Vater hatte die gleiche Technik bei den nordamerikanischen Indianern beobachtet.

So ungefähr war das auch mit Rudiks Mutter, einer Tatarin, die mit der Eisenbahn quer durch Sibirien zu ihrem Mann nach Wladiwostok fuhr. Irgendwo in der Nähe von Irkutsk war der kleine Rudik schließlich so durchgeschüttelt, dass es ihn nicht mehr im Bauch hielt.

Dass so ein Mensch wie Rudik nirgends sesshaft werden konnte, war gewissermaßen orprogrammiert. Natürlich kann man einwenden, es habe an mir gelegen. Natürlich war ich nicht die Frau, die so einen Mann fesseln konnte. Genau genommen konnte das ja keine Frau. Selbst die Männer, denen er sich so leidenschaftlich zugewandt hat, haben ihn früher oder später nur noch von hinten gesehen. Ich meine, bei Männern geht das ja nun mal nur so von hinten, aber Rudik hat dann eben immer das Weite gesucht. Wien, Paris, Dänemark, sogar Australien. Ein Herumtreiber war er, wie mein Vater. Bis der Körper ihm einen Strich durch die Rechnung machte. Meinem Vater. Rudik viele Jahre darauf genauso.

Angefangen hat aber alles in Leningrad bei mir. Ein gutes halbes Jahrhundert ist das nun her. Mein Vater hatte damals endlich das Zeitliche gesegnet, sodass ich ein Zimmer zur Untermiete frei hatte. Den Namen meines Vaters werden Sie kennen. Samuel Falke, besser bekannt als Sam Hawkens. Reisender in Sachen Wilder Westen, seit der Jahrhundertwende Wilder Osten: die erste Russische Revolution, Blutsonntag, Februar-, dann Oktoberrevolution. Immer zugegen, wo es knallte. Völlig durchgeknallt halt. »Hihihihi«, und »wenn ich mich nicht irre.« Sie wissen Bescheid. Ein notorischer Hallodri und Streuner. Seinen Skalp hatte er den Pawnees hinterlassen, seine Perücke mir. Die und das Haus. Die Perücke hab ich verbrannt. Das Haus war mein Asyl. Die bittere Wahrheit ist: Es gibt Reisende und Hinterlassene. Reisende kann man nicht aufhalten. Der Rest muss sehen, wo er bleibt. Ich bin nicht Reisende, ich bin Gestrandete, Verlassene, Tochter einer Leipzigerin in Leningrad. Von einem Herumtreiber gezeugt. Am Ende nur dazu da, ihm die Sesshaftigkeit zu versüßen und ihn bis zu seinem Tod zu pflegen.

Als Rudik bei mir einzog, war ich endlich frei, aber abgewirtschaftet. Zu alt, um ein neues Leben zu beginnen. Zurück in das Land meiner Eltern? Nein. Das Reisen war mir noch verhasster als die Fremde. Da bescherte das Schicksal mir mit Rudik den Sohn, der mir bis dahin nicht vergönnt gewesen war.

Getanzt hat er damals am Institut. Mit der Dudinskaja, der Sizova, der Kugakpina. Aber gehört hat er mir. Er war doch noch ein halbes Jüngelchen, kaum 16 Jahre alt. Ich war ihm alles: Vermieterin, Haushälterin, Vertraute, Mutter. Ohne mich wäre er nie der geworden, dem bald darauf die Welt zu Füßen lag.

Sie haben ihn dann tatsächlich nach Österreich geschickt. Dort hat er mit dem Kirow-Ballett die Goldmedaille geholt. Er war so stolz!

»Baba«, sagte er, als nach seiner Rückkehr bei mir anklopfte. »Sieh mal, was man in Wien jetzt trägt!« Und dann schlug er den Schal zurück, den er um Schultern und Brust geschlungen hatte. Da guckte mich mit großen Knopfaugen unter einem grauen Lockenbüschel ein Zwergpudel an. »Wie sollen wir ihn nennen?«, fragte er mich. Er sagte wirklich »wir«. Es war unser Hund, so wie er mein Junge war.

»Rudolf Nurejew«, hab ich gesagt, und er: »Ja?«

»Nicht du! Er!«, hab ich gesagt, und er hat gelacht.

»Aber wie willst du uns beide auseinanderhalten, Baba?«

»Du bist kein Hund«, hab ich geantwortet, und wie ich es gesagt habe, wusste ich auf einmal, dass es doch genau so war. Genau so. Er war ein Hund. Ein Schuft, wie er im Buche steht. Manchmal hat man ja so eine Vorahnung, noch ehe es irgendwelche Anzeichen gibt. Ich war die Tochter meines Vaters, aber ich hatte es nicht sehen wollen. Heute weiß ich: Es war von vornherein unausweichlich. Wer schon in einem Zug geboren worden ist …

Dann kam die Anfrage wegen Paris. Die Bonzen wollten ihn erst nicht gehen lassen. Man kann ihnen ja vieles vorwerfen, aber doof waren die nicht. Mir ist dadurch auch einiges klarer geworden. Er war so beschäftigt in der letzten Zeit. Sonst war er immer hereingestürmt, hatte bei mir geklopft, den kleinen Nurejew abgeholt und ist mit ihm erst einmal eine Runde um den Block gelaufen. Tagsüber war das Vieh ja immer bei mir. Ja, ich nenne die Dinge heute beim Namen. Ein Vieh. Genauso aufbrausend, dickköpfig und arrogant wie sein Herrchen. Damals war ich völlig vernarrt in ihn. In den Hund, meine ich. In den großen Nurejew wohl auch. In seinem Herzen ist er immer der wilde Steppensohn geblieben. Durchgeknallt halt. Kommt, setzt alles in Flammen, zieht wieder ab und hinterlässt Trostlosigkeit und Zerstörung.

Na, als ich jedenfalls die Briefe gelesen und die Unterlagen studiert hab, ist es mir wie Schuppen von den Augen gefallen. Bis dahin waren das alles für mich Heiligtümer gewesen, ich schwöre es! Ich habe immer alles vorsichtig beiseitegelegt, wenn ich in seinem Zimmer saubergemacht habe, keinen Blick drauf geworfen, er war für mich doch der Größte.

Ja, und dann war mir klar, was er vorhatte. Er wollte mich verlassen. Abhauen in den Westen. Er stand gewissermaßen nackt vor mir. Ungeschminkt. Keine Perücke, die ich hätte verbrennen können, und doch das gleiche Gefühl des Missbrauchtwordenseins.

Ich hab lange überlegt. Hätte ich ihn anzeigen sollen? Dann wäre es aus gewesen mit den Bühnen der großen weiten Welt. Die Fonteyn hatte um ihn gebuhlt. Er hätte sie nie zu Gesicht bekommen.

Aber das war mir nicht genug. Ich wollte eine Rache, die mir persönlich Genugtuung verschaffte. Eine physische, eine niederträchtige Rache. Ich wollte ihn im Innersten angreifen, so wie er mich verletzt, missbraucht hatte. Wie ich ein Leben lang verletzt, missbraucht worden war. Viel zu spät hatte ich verstanden, dass es keine Hoffnung gab. Einmal hinterlassen, immer hinterlassen.

Am Vorabend seiner Abreise gab es ein großes Essen mit allen Leningrader Apparatschiks, die wollten den Künstlern noch einmal so richtig sozialistische Lebensart einbläuen, bevor sie sie in den Westen ziehen ließen, wohl wissend, dass der eine oder die andere dort auf der Strecke bleiben würde. Das Risiko bestand ja immer. Aber sie konnten es doch nicht lassen, sich international zu brüsten. Ich wusste genau, wie sehr mein schmales Jüngelchen die fetten salzigen russischen Speisen hasste, die nur mit Unmengen von Wodka herunterzuspülen waren. Er nippte immer nur. Wer von den Tänzern da zugeschlagen hätte, der hätte auch gleich einpacken können. Unsereins kann so leben, ja, Bauern, Proleten, einfache Leute halt. Aber die Tänzer? Diese grazilen Geschöpfe, immer hart an der Grenze zur Unterernährung! Na, jedenfalls hab ich gesagt: »Rudik«, sag ich. »Ich mach dir was ganz Leckeres, einen kleine kalte Vorspeise, mein Abschiedsgeschenk an dich, ich hab mir was ganz Besonderes aus feinstem Filet einfallen lassen!« In Sachen Erfindungsgeist sind die Sachsen ja unschlagbar, und auch ich hatte das wohl von meinen Eltern geerbt. Die Brandenburger mögen sich heute die Currywurst auf die Fahnen schreiben. Schmackhaft geht anders.

Er konnte gar nicht ablehnen. Es war köstlich! Ich konnte es mir selbst nicht verkneifen, es wenigstens vorsichtig einmal abzuschmecken. Ich musste doch wissen, ob er es überhaupt essen würde! Alles drin, was er liebte: ganz fein gehackte Zwiebeln, Essiggurken, Kapern, Knoblauch, ein Sardellenfilet, ein Schuss Olivenöl, und dann mit Salz, Pfeffer, Senf, Paprika und frischer Petersilie abgeschmeckt. Außerdem ein winziges Schüsschen Cognac, der hat mich damals ein halbes Vermögen gekostet. Aber dafür konnte ich ihn später auch in aller Ruhe genüsslich selbst vernaschen. Ja, und die Hauptsache: zartestes fein gewiegtes rohes Fleisch! Eine echte Tatarenspeise, und so habe ich es auch genannt: »Tatar«.

»Dir zu Ehren«, hab ich gesagt, und er hatte tatsächlich zwei dicke Krokodilstränen in den Augen! Er hat es aufgegessen bis auf das letzte Krümelchen, und ich hab genüsslich zugeguckt.

Erst als er aufstand, fiel ihm ein, dass er sich noch von dem Pudelchen verabschieden wollte. »Ach«, hab ich gesagt, »ich hab ihn zu einer Freundin gebracht, damit er sich nicht an dein Essen machen konnte, er war ja völlig wild darauf! Und dir hätte es doch nur weh getan, von ihm Abschied nehmen zu müssen!«

Damit gab er sich zufrieden. »Er ist in meinem Herzen – wie du, meine beste Baba!«, hat er gesagt und mich innig gedrückt.

Mehr kann man nicht wollen. Er hat mich immer im Herzen behalten!

Nur den Hund nicht. Der war ganz woanders gelandet.

Kulinarischer Aufhänger: Tatar

Erstveröffentlichung in: *Der Sachse lässt das Reisen nicht*, Hrsg.: Dr. Annett Hartmann, Claudia Puhlfürst, Buchvolk Verlag Zwickau 2013

EINEN IM TEE

Endlich Ruhe. Sie hatte die Kinder aus dem Zimmer gejagt. – Ruhe? Der Text der Hörspielkassette, hundertmal abgenudelt, klang zwar nur dumpf durch Wände und Decke, aber sie kannte sie auswendig, jedes Wort tickte durch ihr Hirn wie ein Morsesignal. Schleichende Kinderfüße, ein zarter Kuss auf ihren Unterarm, ein Knistern in ihrem Rücken, wo die Kekstüte stand. Sie war zu erschöpft, um wieder zu meckern. Sie blieb einfach mit geschlossenen Augen sitzen.

Er war endlich wieder weg. Zehn Jahre Ehe, fünf glückliche, drei stressige und zwei grauenhafte – endlich Ruhe?

Mit den Kindern hatte es angefangen. Zuerst schien es das schiere Glück, das ihre verliebten Anfangsjahre krönte mit diesem manifest gewordenen Zeugnis ihrer Liebe, diesem Wunder, diesem Schöpfungskrönchen.

Das zweite Krönchen – im Überschwang der Begeisterung gleich hinterhergezeugt – hätte sie schon stutzig machen müssen. Die Arbeitstage wurden länger, Dienstreisen kamen hinzu. Er tut es für uns, dachte sie, und ihr wurde warm ums Herz, wenn sie ihre Glückssterne in den Schlaf sang, während sie auf seine Ankunft wartete.

Mit dem dritten Kind gewann das Elend langsam die Oberhand. Als sie strahlend mit dem Säugling im Arm das Haus betrat – ihre Eltern und die beiden Erstgeborenen hatten sie aus dem Krankenhaus abgeholt – , schlich er sich gerade unter die Dusche. Als sie ihm das Frühstück bereitet hatte und sich neben ihm niederließ, um den Säugling zu stillen, hatte er ihr von der neuen Arbeitsstelle in der anderen Stadt erzählt. Er käme jeden Freitagabend und brauchte montags erst wieder zu fahren. Sobald er etwas Passendes gefunden habe, würden sie hinterherkommen.

Ein paarmal war er tatsächlich schon Freitagabend gekommen. Dann hatte er bis spät in die Nacht die Aufnahmen von den Sendungen geguckt, die er unter der Woche nicht hatte sehen können, weil er bis tief in die Nacht arbeiten musste. Später guckte er sie samstagnachmittags. Am Sonntag musste er ausschlafen, ehe sie sechs frisch gebügelten Hemden, die gereinigten Anzüge, die gewaschenen Socken und die sauber zusammengefaltete Unterwäsche für ihn einpackte, weil er wegen des hohen Verkehrsaufkommens in den Abendstunden frühzeitig aufbrach.

Dann der Parfümgeruch aus dem Wäschesack mit sechs zusammen geknuddelten Hemden – und Lippenstiftspuren. Erst hatte sie gedacht, es müsse Ketchup sein, aber er hasste Ketchup, und der Geruch war ein anderer. Er hatte alles abgestritten, und seine Hemden brachte er jetzt zu einer Reinigung in der anderen Stadt, die Anzüge auch. Nur seine Unterwäsche brachte er noch mit, und so genau sie sie auch prüfte, Spuren von vorangegangenen Samenergüssen waren nicht zu erkennen – Was hätte das auch schon besagt?

Sie rief ihn zu unterschiedlichsten Tageszeiten an. Da sie anscheinend regelmäßig in irgendwelche Besprechungen platzte, geriet sie immer öfter an die Mailbox. Sie war ohnmächtig, Gefangene ihrer Wahnvorstellungen und Sklavin der Kinder, die Tag und Nacht an ihren Nerven zerrten. Wenn sie ihm von ihren Sorgen und Nöten erzählte, war er genervt. »Du solltest wieder arbeiten gehen. Das täte dir besser«, sagte er. Von Hinterherkommen war keine Rede mehr.

Sie fühlte sich im Stich gelassen, gedemütigt, missbraucht. Begann ihn zu hassen, seine selbstzufriedene rücksichtslose Art, den Tee zu schlürfen, seinen herablassenden Umgang mit den Kindern, und dass er immer alles liegen ließ, was er anfasste. Wenn er weg war, atmete sie auf und fluchte hinter ihm her.

Sie hatte immer gerne spannende Bücher gelesen, war in den letzten Jahren kaum noch dazu gekommen, aber jetzt mutierte sie zu einer begeisterten Krimileserin, verschlang alles, was ihr zwischen die Finger kam, auch wenn von der ohnehin spärlichen Nacht kaum etwas übrig blieb. Sie studierte alle Arten von absichtlich oder fahrlässig herbeigeführten Todesfällen, und ihr Wille nahm Konturen an.

Er sollte büßen. Eine andere sollte ihn auch nicht glücklich machen. Sie begann, ihm Schlafmittel in den Tee zu träufeln, den er für die Fahrt mitnahm. Nicht so viel, dass es ihn umgehauen hätte, aber gerade so viel, dass er schläfrig sein musste auf der langen Autofahrt. Was wollte man ihr nachweisen, falls er einen Unfall hatte? Er nahm halt immer einen Schlummertrunk mit, weil er nach der langen Fahrt so aufgedreht war. Dass er unterwegs schon davon getrunken hatte, war einfach unüberlegt.

Als er heute gegangen war, geschah es nach einem hässlichen Streit, im Verlaufe dessen sie ihm vieles gesagt hatte, was sie ihm immer schon einmal hatte sagen wollen – natürlich kaltblütig lächelnd, nicht schreiend und tränenüberströmt, wie es heute aus ihr herausgebrochen war. Als sie ihm zitternd und schluchzend seinen Tee fertig machte, tat sie die dreifache Ration hinein – endlich Ruhe haben. Sie begleitete ihn nicht zur Tür, er ging wortlos. Draußen war es neblig und nass. Es dämmerte bereits.

Seitdem wartete sie auf den Anruf der Polizei. »Versuchen Sie bitte ruhig und gefasst zu sein. Ihr Mann hatte einen Unfall ...«

Es war ganz ruhig jetzt. Die Kassette längst abgelaufen. Aus dem Kinderzimmer kam schon lange kein Geräusch mehr. Die Kinder mussten sich schlafen gelegt haben. Sonst guckte sie immer noch einmal nach ihnen, deckte sie zu, küsste sie, die süßen unschuldigen Engelchen, die nichts dafürkonnten, aber doch Beginn und Ursache ihres Leids waren.

Lange saß sie bewegungslos da, dachte an die Kinder, dachte: ‚Es ist mir egal, alles ist mir egal.‘

Irgendwann ging sie schließlich doch die Treppe hinauf.

Die Kinder lagen im Zimmer verteilt und schliefen. – Schliefen? Die Kekstüte stand auf dem Boden, überall Krümel, drei Becher – und die leere Thermoskanne.

Er musste sie im Flur stehen gelassen haben.

Kulinarischer Aufhänger: Tee

2. Preis Short Story-Wettbewerb der VHS Leverkusen 2000

bisher unveröffentlicht

SCHLACHTFEST

Der Jungbauer lässt mit dem Hochdruckreiniger schillernde kleine Regenbogen über Pflastersteinen wachsen. Die Jungbäuerin rührt summend den Wurstebrei, während ihre Schwiegermutter duftende Majoranblättchen für die Würzmischung hackt. Nur der Hofhund hinter der Scheune würgt nach dem opulenten Knochenmahl.

Kein Wunder. Der Altbauer war schon immer ein Kotzbrocken gewesen.

Kulinarischer Aufhänger: Wurstebrei

»Mini-Glauser« für Kürzestkrimis, zur Eröffnung der Criminale im April 2012 ausgezeichnet

Erstveröffentlichung in: *Mordsküche*, Hrsg.: Greta Wallenhorst, Der Kleine Buch Verlag Karlsruhe 2012

MANN OH MANNA

oder

Wie der liebe Herrgott uns einmal vom Sofa auf die Straße gelockt hat

Als Oma Pachulkes Kekse auf dem Charlottenburger Weihnachtsmarkt im Winter 2009 Furore machten, war das eigentlich nur ein kleiner Nachgeschmack eines viel größeren Furors, eines Volkszorns nämlich, der Jahre davor bereits zum Ausbruch gekommen war. Auslöser waren ebenfalls Oma Pachulkes Kekse, auch wenn der ursächliche Zusammenhang zwischen Keksen und Krawallen bis zu jenem Zwischenfall im Dezember 2009 keinem bewusst war. Auch danach erfuhren die wenigsten davon. Genau genommen nur wir drei: ihr Neffe, der Penner Paul und meine Wenigkeit, Kommissar Kachelmann. Und das ist auch gut so. Die Menschen würden sich nur unnötig aufregen. Solche Kekse wie Oma Pachulkes wird ohnehin kein Sterblicher mehr gebacken kriegen. Dazu war nämlich ein noch viel größerer Furor nötig, bei dem ich besser gleich diese Geschichte beginnen lassen sollte. Als Ermittler zäumt, man das Pferd ja in der Regel von hinten auf: Das Kind liegt im Brunnen, und wir fragen uns, wie es von dem Kinderwagen im

Supermarkt in Pusemuckel vor vielen Jahren dorthin gekommen ist. Ein äußerst mühsames und aufwändiges Vorgehen im Rückwärtsgang. Da zu der furiosen Wirkung von Omas Pachulkes Keksen ohnehin niemals ein amtliches Feststellungsverfahren durchgeführt wurde und – Gott sei Dank – niemals stattfinden wird, werde ich diesmal dem geneigten Leser zuliebe in die Rolle des ordentlichen Chronisten schlüpfen.

Der liebe Herrgott war es nämlich, der im Herbst 1982 ganz schön stinkig war, was seine Schöpfung anging. Das erste deutsche Retortenbaby war gerade zur Welt gekommen, aber obwohl die Menschen ihm damit das letzte Alleinstellungsmerkmal seiner Allmacht aus den Händen zu nehmen trachteten, produzierten sie doch ansonsten immer noch den gleichen Mist wie Anno Adamin, als er sie mit Fug und Recht des Paradieses verwiesen hatte. Im Westen tobte der Falklandkrieg; im Osten massakrierten libanesische Milizen Palästinenserfamilien in den Flüchtlingslagern Sabra und Schatila. Der Ost-West-Konflikt schien zwar entschärft, aber die Deutschen rechts und links der Demarkationslinie hatten es sich auf dem Sofa bequem gemacht. Statt endlich auf Gottes Werben um Frieden und Freiheit auf der ganzen Welt zu hören, wurden sie Thomas Gottschalks Werbung für Gummibärchen und Fernsehwetten hörig.

Gott grollte und sann über etwas nach, was er sich lange verkniffen hatte: sich einzumischen, um die Menschen aufzumischen. Während er noch darüber nachdachte, ob er sich lieber in Form eines Wunders, einer großen Flutwelle oder einer neuen Kreatur manifestieren sollte, fiel sein Blick auf Oma Pachulke, und sein Zorn erhielt einen Dämpfer. Oma Pachulke stand nämlich in ihrer kleinen Wohnküche in der Zillestraße und backte Plätzchen für ihren Führer. Sie knetete den Teig und sang dazu aus vollem Halse einen Schlager der Zwanziger: »Amalie geht mit 'nem Gummikavalier ins Bad!« Wo sie nicht mehr ganz textstark war, summte oder pfiff sie vor sich hin. Ihr ganzes Erscheinungsbild war so rund und rosig und appetitlich, dass Gott sich dachte: ‚Wer von dem Backwerk dieser Frau isst, der soll meine Offenbarung empfangen.' Und er flüsterte Oma Pachulke etwas ins Ohr, sodass sie ganz beflügelt weiter knetete und mischte und buk. Als sie aber am Ende das Blech aus dem Ofen zog, wies das Ergebnis mit den Pachulkeschen Zimtsternen nur noch eine entfernte Ähnlichkeit auf, denn in Wirklichkeit handelte es sich um göttliches Manna.

Oma Pachulkes gute Laune war hin. Ihr Zug fuhr am nächsten Tag in aller Herrgottsfrühe los, und sie wurde es nie und nimmer schaffen, vor Ladenschluss die Zutaten für einen neuen Teig zusammen zu kriegen. Also verstaute sie die missratenen Plätzchen, nachdem diese und ihr Ärger einigermaßen abgekühlt waren, in drei Keksdosen: eine kleine für sich selbst, damit sie nach ihrer Rückkehr auch noch etwas zu schnabulieren hätte, eine für Ilse und eine für ihren Führer, mit dem sie auf dem Leipziger Bahnhof ein Stelldichein vereinbart hatte. Anderntags machte sie sich mit Sack und Pack und einem Taxi auf den Weg zum Bahnhof Friedrichstraße, von wo aus sie zu der ersten Auslandsreise ihres Lebens aufbrach: Sie wollte in Prag ihre Busenfreundin aus Volksschultagen, Ilse Bendix, treffen. Ilses Eltern waren in den dreißiger Jahren mangels lückenloser Arierahnen Böses ahnend nach Amerika ausgewandert. Nach einem halben Jahrhundert endlich war sie auf einen Europa-Trip zurückgekommen, der sie allerdings in einem großen Bogen um Deutschland herum von Prag über Pisa nach Portugal führte. Da Oma Pachulke eine äußerst patente Frau war, wollte sie das Schöne gleich mit dem Nützlichen verbinden. ‚Warum sollten Plätzchen nur zum Advent schmecken?', fragte sie sich. ‚Das Porto für das Weihnachtspäckchen kann ich mir sparen!' Die meiste Zeit hatte sie ohnehin nur für die Stasi gebacken, und Christian hatte in die Rohre geguckt. Diesmal würde sie ihrem geliebten Neffen, den sie zärtlich »Führerchen« zu nennen pflegte, die Kekse höchstpersönlich und schon am 19. September aushändigen.

Was Oma Pachulke nicht bedacht hatte: Der Personenverkehr nach Prag war eine Transitstrecke. Die Mitnahme von Waren war ihr durchaus gestattet, aber deren Einfuhr während der Durchfuhr sorgte für einigen Aufruhr im Getriebe des Arbeiter- und Bauernstaats. Christian Führer konnte seine Tante zwar völlig unbehelligt herzen und küssen und zu ihrem Anschlusszug nach Prag geleiten. Doch als er von der schusseligen Alten die für ihn bestimmte Keksdose im letzten Moment aus dem Fenster des anfahrenden Zuges heraus überreicht bekam, gelang es ihm nur dank des rechts- und ordnungswidrigen Bahnhofsgetümmels mit seinem vorzeitigen Weihnachtsgruß unerkannt abzutauchen. Oma Pachulke jedoch wurde im Zug unverzüglich vom Sicherheitspersonal der Deutschen Reichsbahn gestellt und aufs Übelste bedroht. Sie konnte sich weiterer Verfolgung nur entziehen, indem sie die für Ilse bestimmte Keksdose zu Untersuchungszwecken preisgab.

An dieser Stelle geben wir nun auch Oma Pachulke – wenn auch mit einem gewissen Bedauern – preis und richten unsere geteilte Aufmerksamkeit auf das Zimtstern-Manna in Dosen. Der Schaffner, der sich, kaum dass er im Zugbegleiter-Abteil angekommen war, an der für Ilse Bendix bestimmten Keksdose vergreifen wollte, kriegte Gottes Botschaft zur Strafe in den falschen Hals. Er lief rot und blau an und gab den Löffel ab, ehe ein Notarzt zu Hilfe eilen konnte. Seiner Kollegin hatte es den Appetit verschlagen. Sie händigte die beschlagnahmte Dose samt Rapport über den Unglücksfall brav ihrem zuständigen Kader aus. Der schickte das Corpus Delicti ins Labor, wo die sozialistisch-lebensmittelchemiewissenschaftliche Elite der Arbeiterpartei ihren Forschungstrieb an Ilses Keksen auslebte, ohne auch nur die mindesten landesverräterischen Spurenelemente sichern zu können. Die Restkekse verschwanden schließlich samt Kiste in den Untiefen der Stasi-Magazine. Bekanntermaßen stand der Stasi zuletzt das Wasser bis zum Hals, weshalb ihren Mitgliedern schließlich nur die Wahl zwischen Abtauchen oder Kopfaufrechthalten blieb. Was sie nicht rechtzeitig vernichteten, landete nach der Wende in den Klauen der Ramscher und Schrottverwerter. Aufgrund der feuchten Lagerung war Oma Pachulkes Dose mittlerweile von einem braunen Rostfilm überzogen, sodass sie keine Interessenten fand, die sie oder ihren Inhalt einer genaueren Prüfung unterzogen hätten. Letzterer war aufgrund der göttlichen Ein- und Backmischung vom Zahn der Zeit aber wunderbarerweise unangeknabbert geblieben. Ein Händler, der jedes Wochenende an der Straße des 17. Juni seine Waren feilbot, entsorgte den lästigen Ladenhüter schließlich ins Dickicht des Tiergartens. Da nun kam Paulchen ins Spiel, der als Angehöriger des Prenzlauer Prekariats im Gegensatz zu den Heerscharen Berliner Business People, die den Tiergarten täglich durchjoggten, über die nötige Freizeit verfügte, die Berliner Flora gründlicher zu inspizieren. Wenngleich Paulchens Keksdosenverwertungspläne aufgrund seines vormittäglichen Katers noch nicht sonderlich klar konturiert waren, ließ er die Dose doch unbesehen in einen mitgeführten Müllsack gleiten, in dem sich bereits viele, viele Wasser- und Bierflaschen befanden, für deren Leerung, nicht aber Entsorgung andere Mitmenschen bereits Sorge getragen hatten. Mit einem prall gefüllten Müllsack begab sich Paul schließlich zufrieden zur S-Bahn-Haltestelle Tiergarten. Für uns höchste Eisenbahn, dass wir unseren Fokus in einen großen Zeitsprung wieder zurück auf das Leipziger Bahnhofsgetümmel am 19. September 1982 richten, um die Spur von Oma Pachulkes Lieblingsneffen und der Zündkraft der in seinem Besitz verbliebenen Zimtsterne wieder aufzugreifen. Am darauffolgenden Montag, dem 20. September 1982, hielt Pfarrer Christian Führer nämlich in der Nikolaikirche zu Leipzig eine Messe, die er mit dem berühmten Friedensgebet schloss. Wir können nicht ausschließen, dass er zu dem Zeitpunkt bereits von den Zimtsternen seiner Tante gekostet hatte und daher möglicherweise so mitreißende Worte fand. Gesichert ist, dass er im Anschluss an seinen Gottesdienst mit der Keksdose durch die Reihen der versammelten Gläubigen schritt. Alle, die davon kosteten, standen auf wie ein Mann und verließen das Gotteshaus, beseelt von dem Wunsch nach Frieden, Freiheit und fremdländischen Früchten. Montag für Montag fanden die Kekskonsumenten sich nun zusammen, wurden mehr und mehr, bis die Kirchenbänke nicht mehr ausreichten, die Menschen auf die Straße quollen und die Massen sich schließlich zu immer größeren Demonstrationszügen formierten. Der göttliche Funke sprang auf andere Städte über, die Montagsdemonstrationen gerieten zur Volksbewegung, die schließlich alle Dämme niederriss, sodass seit Jahrzehnten verfeindete Brüder endlich wieder zueinanderfanden und freie Wahlen ausriefen, nach denen sich jeder Bundesbürger heute entscheiden kann, ob er eins der drei öffentlich-rechtlichen Programme oder einen der gebührenfreien 87 Privat- oder Lokalsender genießen will.

Um die Geduld des geneigten Lesers nicht über die Gebühr zu strapazieren, werde ich nun endlich den Bogen zum Charlottenburger Weihnachtsmarkt schlagen. Ich hatte im Dezember 2009 den Job des Charlottenburger Adventsmarktansprechpartners übernommen, einen Dienst, um den mich viele Kollegen insgeheim beneideten, wähnten sie mich doch jeden Abend an Glühweinständen herumlungernd, um schickerten Touristinnen Geleitschutz ins Hotel anzubieten. In Wirklichkeit war dies einer der stressigsten Jobs meiner dreißigjährigen Kriminalerlaufbahn. Die osteuropäischen minderjährigen Geldbeutel-Beutejäger waren mir an Zahl und Sprintschnelligkeit einfach Kilometer voraus. Ich schob also schon reichlich Frust, als ich am zweiten Advent der für die Schlossanlagen zuständigen Kuratorin der Stiftung Preußische Schlösser und Gärten Berlin-Brandenburg in die Arme lief, die mich ganz offensichtlich händeringend gesucht hatte. Ein Einbruch im Mausoleum! Ich müsse sofort mitkommen. Gerade eben habe sie den Frevel erst festgestellt, habe gar nicht erst bei der Polizei angerufen, die ja doch Stunden brauchen und aufgrund des Weihnachtsmarktes sowieso keinen Parkplatz finden würde, sondern sie habe sofort an mich gedacht, wo sie mich doch neulich so bewundert habe, als sie mich hinter diesen rumänischen Kindern herrennen gesehen habe, Kommissar Kachelmann, der sei doch noch ein richtiger Mann, habe sie gedacht, sie habe ja schon seit ihrer Jugend immer gerne diese James-Bond-Filme gesehen und ... Ehe sie mir weitere Details aus ihrem Privatleben offenbaren konnte, hatten wir den Tatort erreicht, und ich konnte sie zum Zwecke der Spurensicherung auf sicheren Abstand beordern. Tatsächlich hatte jemand das schwere Metalltor geknackt – mit einem primitiven Brecheisen, wie es aussah. Luises Sarkophag war unversehrt. Überhaupt sah nichts danach aus, als habe der Eindringling irgendetwas entwendet oder beschädigt. Allerdings hatte er etwas hinterlassen: eine leere Lambrusco-Flasche und einige Kekskrümel. Ich begutachtete sie genauer und stellte fest, dass es sich um Überreste von misslungen Zimtsternen älteren Datums handeln musste. Steinhart. Zu Ermittlungszwecken ließ ich mir einen der Krümel auf der Zunge zergehen. Augenblicklich durchfuhr mich der Strahl der Erkenntnis, und alles war sonnenklar: Paulchen! Der Penner Paul musste in der vergangenen Nacht hier Obdach gesucht haben. Na warte, dem würde ich die Leviten lesen! Die Kuratorin stellte ich ruhig, indem ich ihr versicherte, ich sei dem Täter bereits auf der Spur, dann flitzte ich los in Richtung Weihnachtsmarkt. Ihre bewundernden Blicke in meinem Rücken beflügelten meine Schritte.

Paulchen stand mit einer Keksdose in der Hand am Kinderkarussell und verhandelte gerade mit einem älteren Herrn, mit dem sich der Kreis an dieser Stelle endlich schließen soll. Auch wenn es nur ein kleiner Krümel Manna war, dessen ich teilhaftig geworden war, war mir sofort klar, was hier gebacken war: Der von göttlicher Erkenntnis durchleuchtete Paul hatte die Kindlein an Gottes Wort teilhaben lassen wollen. Hier sei die Antwort auf Pisa, hatte er gelallt, wer von diesen Keksen koste, habe sein Studienplätzchen bereits sicher. Während die Eltern unverzüglich ihre Kinder in Sicherheit brachten, hatte der ältere Herr sich genähert, den Paul und ich augenblicklich als Christian Führer identifizierten. Er war eben aus dem Seniorenheim der Caritas am Klausenerplatz gekommen, wo er die letzten Habseligkeiten seiner jüngst verstorbenen Tante in Empfang genommen hatte: eine alte Dose, in der sich eine Fahrkarte der Reichsbahn nach Prag und zurück und ein steinharter Zimtstern befunden habe, genau die gleiche Sorte, die die gute Oma Pachulke ihm vor siebzehn Jahren mitgebracht hatte auf dieser Reise nach Prag.

Was wir mit den letzten Keksen gemacht haben? – Wir haben sie an die Fische im Schlosspark verfüttert. Ist der Fisch nicht das Symbol des Herrn, sein besseres Ebenbild? Paulchen hat mit der Kuratorin einen Deal geschlossen: Er darf im Mausoleum nächtigen und hält tagsüber Predigten im Park. Ich mache jetzt die Wettervorhersage. Ein angenehmer Job. Sollen andere doch die Welt retten!

Kulinarischer Aufhänger: Zimtsterne

1. Platz Corona-Wettbewerb zum Thema »Transit« im März 2009 für die Kurzgeschichte »Mann oh Manna«

Erstveröffentlichung in: *Corona Magazine 218* (eMagazine)

veröffentlicht in: *Phantastische Weihnachten*, Hrsg.: Helke Böttger, Netnovela Teltow 2012

veröffentlicht in: *Herbst Träume*, Hrsg.: Peter Segler, Peter-Segler-Verlag Oberschöna 2015

veröffentlicht in: *Unfassbar*, Hrsg.: Patrick Schön, p.machinery Murnau 2017

veröffentlicht in: *Basilikumdrache und Schöpfungskrönchen*, Verlag in Farbe und Bunt Mülheim an der Ruhr 2016

veröffentlicht als: *Listen to the Universe*, Phantastische Gutenachtgeschichten Vol.4, Der Verlag in Farbe u. Bunt Mülheim a.d.Ruhr 2018

EISZEIT

Zeit spielt im Urlaub keine Rolle«, sagt Hubert immer, und jetzt sind sie alle weg zum Pool, die Kinder und Hubert. Nur ich sitze hier mit den verwaisten Schüsselchen, halbvoll mit viel zu süßem Zitroneneis, das schmilzt, und beobachte die Wespen, die über dem Tisch tanzen und sich über den Nachtisch hermachen, von dem bald nichts mehr übrig sein wird als eine klebrige Masse, in der eine Wespe bereits zuckend um ihr Leben kämpft. Wie lange leben Wespen? Wie lange können sie in schmelzendem Zitroneneis überleben?

Zeit spielt keine Rolle. Ich lehne mich zurück, schließe die Augen im Sonnenschein und konzentriere mich auf das Zirpen der Grillen.

Kulinarischer Aufhänger: Zitroneneis

Erstveröffentlichung in: *Kühner Kosmos,* Hrsg.: Dr. Hanne Landbeck, Landbeck Verlag Berlin 2011

Regina Schleheck

© Foto by Barbara Dünkelmann

gebürtig in Wuppertal, in Köln aufgewachsen, lebt heute als hauptberufliche Oberstudienrätin, freiberufliche Autorin, Herausgeberin und Referentin sowie fünffache Mutter in Leverkusen. Seit 2002 veröffentlicht sie Kurzgeschichten, Erzählungen, Romane, Hörspiele und mehr, wurde vielfach ausgezeichnet, unter anderem mit dem Glauser-Preis in der Sparte Kurzkrimi, für den sie 2021 erneut nominiert war. Auch im Genre Phantastik hat sie sich durch eine Fülle an Veröffentlichungen und Auszeichnungen einen Namen gemacht.

Letale Lösungen II

Wir können auch anders

Menschliche Begegnungen geraten in Regina Schlehecks zweitem Band der Kurzkrimi-Reihe „Letale Lösungen" zu einer Gratwanderung zwischen GAU und Glück, die nicht zwangsläufig tödlich ausgehen muss. Den Auftakt der Sammlung vieler ausgezeichneter Texte machen drei Kinderkrimis. Aber Achtung: Auch wenn es harmlos oder humorig losgeht, kann es heftig werden. Kumpelei, Konflikte oder Karma geben den Ausschlag, wer auf der Strecke bleibt oder durchkommt. Die Autorin schildert in 38 manchmal super kurzen fiesen Geschichten liebevoll und bitterböse den ganz normalen Wahnsinn des Alltags. Sie legt Lesenden, die in die Schuhe der Figuren schlüpfen, nahe, dass wir alle auch anders könnten – als Drohung wie Anstoß zur (Selbst-)Reflexion.

Letale Lösungen III

Unfassbar – Böse Kurzkrimis

Die Protagonist:innen im dritten Band von Regina Schlehecks Kurzkrimi- Reihe „Letale Lösungen" sind In-die-Ecke-Gedrängte, die sich auf dem weiten Gelände des Miteinanders in ein Labyrinth mit ungewissem Ausgang verirrt haben und Unfassbares erleben oder tun. Die hier zusammengetragenen 40 Geschichten – viele preisgekrönt – sind keine leichte Kost: Sie scheuen weder derbe Sprache noch Tabuthemen, verlassen gelegentlich den Boden der Realität und nehmen ungewöhnliche Perspektiven ein – um sie uns nahezubringen.

„Und dann ist es nur ein ganz kleiner Schritt, bis wir erkennen: Wir mögen uns noch so erhaben fühlen, wir sind keinen Deut besser als die Außenseiter, die Perversen, die Kindsmörder. Das ist nicht nur hohe Kunst, das ist auch eine verdammt wichtige."

Wenn Spiegel Urteile fällen, in einem Frosch ein König steckt, oder Spindeln hundert Jahre währenden Schlaf bringen, dann wissen wir, dass wir bereits tief im Märchenwald sind.

Er entführt uns in zauberhafte Zeiten und ferne Welten, die schon unsere Vorfahren fesselten. Wer weiss schon, ob sich die Schneekönigin und der Rattenfänger in Sachen Kindesentführung zusammen taten? Warum sah jeder weg als Blaubart die Bräute meuchelte? Und Hänsel und Gretels Tat: war der Stoß der Hexe in den Ofen wirklich Notwehr? Wurde die Erbse unter der Prinzessin gemobbt? Und warum bekommt die böse Stiefmutter nicht dreimal lebenslänglich?

Insgesamt sechzehn Geschichten und Gedichte, basierend auf Märchen aus Deutschland, Frankreich und Irland, werden hier neu erzählt und legen dabei die kriminellen Hintergründe der FairyTales offen. Entführung, Totschlag, Irreführung, Willkür und sogar Mord im Märchenwald – mit und ohne „Happily Ever After" …?

SHERLOCK HOLMES

Eine dreiteiligen Reihe um den berühmtesten Detektiv der Welt aus der Feder von David Gray.

London im Jahr 1890: Zwei Jahre, nachdem Jack the Ripper die Hauptstadt des britischen Empires in Angst und Schrecken versetzte, wird Sherlock Holmes von seinem Bruder Mycroft gebeten, einen höchst merkwürdigen Fall zu übernehmen.
Was für Mister Sherlock Holmes und seinen alten Freund Dr James Hamish Watson zunächst wie ein etwas skurriler Routinefall aussieht, entpuppt sich jedoch als ein gefährliches Katz-und-Maus-Spiel, bei dem die Jäger rasch zu den Gejagten werden …

Band 1	**Band 2**	**Band 3**
Der Geist des Architekten	*Das Grab der Molly Maguire*	*Die Augen der Göttin*
160 Seiten, 13,00 EUR	354 Seiten, 16,00 EUR	384 Seiten, 16,00 EUR
12 x 18 cm, Hardcover	12 x 18 cm, Hardcover	12 x 18 cm, Hardcover
ISBN 978-3-946425-69-4	ISBN 978-3-946425-74-8	ISBN 978-3-96815-003-1

Falls euch das Buch gefallen hat, besucht unsere Präsenzen im Netz und folgt uns auf den sozialen Medien:

roterdrache.org

www.roterdrache.org/catalog

editionroterdrache

Verlag.EditionRoterDrache

Edition Roter Drache

RoterDrache2006

Die Edition Roter Drache ist Amigo in
DAS SYNDIKAT e.V.

www.das-syndikat.com